Ruth Schneeberger

Mama, du bleibst bei mir

Autorin

Ruth Schneeberger, 1978 am Niederrhein geboren, hat nach ihrem Abitur bei der »Neuen Rhein Zeitung« als Journalistin mit dem Schreiben angefangen und seitdem nie wieder aufgehört. Zwischendurch absolvierte sie ein Studium der Kunstgeschichte, Germanistik und Kommunikationswissenschaften in Köln und München. Es folgten Stationen bei »RTL«, »Kölner Stadtanzeiger« und »Elle«. Von 2006 bis 2018 war sie erst Redakteurin und später Textchefin bei »SZ.de« in München, seit 2019 ist sie Autorin der »Süddeutschen Zeitung« und lebt in Berlin. Von 2008 bis 2018 kümmerte sie sich um ihre nach einem Schlaganfall schwer pflegebedürftige Mutter. »Mama, du bleibst bei mir« ist ihr erstes Buch.

RUTH SCHNEEBERGER

Mama, du bleibst bei mir

Vom Glück und Unglück, einen Angehörigen zu pflegen

blanvalet

Zum Schutz der Persönlichkeitsrechte sind die Namen der meisten genannten Personen geändert. Orte, die eine genaue Identifizierung der beschriebenen Einrichtungen ermöglicht hätten, werden nicht genannt. Die Erlebnisberichte zeigen die Sicht der Autorin, und diese muss nicht mit der Wahrnehmung anderer beteiligter Personen übereinstimmen. Erzählungen werden so wiedergegeben, wie sie der Autorin berichtet wurden, abgesehen von Änderungen zur Wahrung der Anonymität.

MIX
Papier aus verantwortungsvollen Quellen
FSC® C014496

Verlagsgruppe Random House FSC® N001967

1. Auflage

Neumarkter Str. 28, 81673 München
Umschlaggestaltung und -motiv: FAVORITBUERO, München
Fotos: © Sibylle Fendt/OSTKREUZ (Nr. 2, 3, 5); © privat (Nr. 1, 4, 6, 7)
KW · Herstellung: sam
Satz: Uhl + Massopust, Aalen
Druck und Bindung: GGP Media GmbH, Pößneck
Printed in Germany
ISBN 978-3-7645-0706-0

www.blanvalet.de

Für Mama

»Es gibt nichts Gutes, außer man tut es.«

Erich Kästner

INHALT

VORWORT

Heute wird ihr Bett leer bleiben

Mit der Leiche meiner Mutter haben sie sich Mühe gegeben. Mehr als mit ihrem kranken Körper, als sie noch lebte. Um den Holzsarg herum sind üppige rosa Rosen verteilt. Sogar eine weiße Engelsskulptur bewacht die Szene am Rande. Meiner Mutter hätte das gefallen.

Ich widerstehe dem Reflex zu prüfen, ob sie wirklich in dem Sarg liegt. Mich würde nichts mehr wundern. Ein kitschiges Lied lang darf ich bleiben und still auf das Arrangement blicken. Dann soll ich die Einäscherungshalle verlassen, bevor ihr Körper den Flammen übergeben wird.

Als der Ofen seinen Schlund öffnet, drehe ich mich um. Ich will das Feuer nicht sehen, das meine Mutter verschlingt.

Solange sie krank war, sind nur wenige Menschen sorgsam mit meiner Mutter umgegangen. Dabei sollte man eigentlich das Gegenteil erwarten können: Ein Mensch, der vollständig auf andere angewiesen ist, nicht mehr laufen, nicht mehr sprechen, sich nicht einmal mehr im Bett umdrehen kann, der sollte doch auf Hilfe hoffen können. Hatte ich gedacht – und wurde eines Besseren belehrt.

Nach einem schweren Schlaganfall gab es kein Heim, in dem meine Mutter hätte leben können. Schon in der Rehaklinik zeichnete sich ab, dass sie von den Pflegekräften einfach nicht verstanden wurde. Der Pflegenotstand führt dazu, dass Menschen wie meine Mutter, mit speziellen Anforderungen und Bedürfnissen, in Pflegeeinrichtungen durch jedes Raster fallen.

Sie kann nicht sprechen? Dann kann sie sich auch nicht beschweren. Sie kann die Notrufklingel nicht bedienen? Dann klingelt sie auch nicht ständig wie andere schwierige Patienten. Sie isst ihr Essen nicht allein? Dann wird sie wohl keinen Hunger haben. Sie trinkt nichts? Da kann man ihr auch nicht weiterhelfen. Sie möchte nicht den halben Tag zusammengesunken im Rollstuhl sitzen? Ja, was soll sie denn sonst machen? Außerdem ist Mobilisierung Vorschrift …

Weil meine Mutter zwar körperlich extrem eingeschränkt, aber geistig noch klar war, war eine solche Behandlung umso schlimmer für sie. Sie litt wie ein Tier. Erst die schlimme Krankheit und dann auch noch die fremden, oft gleichgültigen Menschen, das Unverständnis, das ihr in diversen Einrichtungen begegnete. Es muss ihr vorgekommen sein wie eine Bestrafung dafür, dass sie krank geworden war. Mir war schon bald völlig klar: Ich nehme sie mit zu mir nach Hause.

Das ist nun zehn Jahre her. Und jetzt liegt meine Mutter in diesem Sarg. Bald wird nichts mehr von ihr übrig sein außer einem Häufchen Asche. Und sehr viele Erinnerungen. Mehr gute als schlechte. Und ein dringender Appell an die Pflege in diesem Land, dass sich so gut wie alles ändern muss.

Meine Mutter hat sich ihr halbes Leben lang um Bedürftige gekümmert. Um Obdachlose, Flüchtlinge, ihre eigene Mutter im Alter, kleine Kinder, hilflose Tiere. Immer war sie die Kämpferin, die sich wie eine Löwin für ihre Schutzbefohlenen einsetzte. Doch als sie selbst Hilfe benötigte, versagten die gängigen Hilfsangebote kläglich. Hätte ich sie nicht gepflegt, wäre meine Mutter binnen kürzester Zeit gestorben.

Was klingt wie ein böses Märchen aus einem Entwicklungsland, ist bitterer Pflegealltag in einem Hochentwicklungsland, in dem wir gut und gerne leben. Aber möglichst nicht hilfsbedürftig werden sollten. Wer in Deutschland sterbenskrank wird, womöglich über Jahre hinweg auf andere angewiesen ist, der ist verraten und verkauft. Mich wundert es nicht mehr, dass viele Menschen vor einem solchen Lebensende so viel Angst haben.

Meine Mutter hatte einen unbändigen Lebensmut. Sie wollte leben, trotz aller Einschränkungen, und sie wollte gut leben. Um ihr das zu ermöglichen, habe ich alles getan, wovon ich in diesem Buch erzählen will. Heute kann ich sagen: Es hat zu Hause – trotz aller Widrigkeiten – gut funktioniert. So gut, dass meine Mutter anstatt der diagnostizierten sechs Monate noch ganze zehn Jahre überlebte. So gut, dass ich mir in dieser Zeit kaum ein anderes Leben hätte vorstellen können. Wir haben alles getan, was möglich war, und es hat sich gelohnt. Für uns beide. Dass es ganz zum Schluss doch sehr hart wurde, lag nicht in unserer Hand.

Da hatte das Schicksal eingegriffen. Dagegen ist niemand gefeit.

Eine wichtigere als diese Zeit werde ich vielleicht nicht mehr erleben. Ich habe mich auf ein Abenteuer mit ungewissem Ausgang eingelassen, dessen Auswüchse ich anfangs nicht einmal erahnte. Sehr vieles ist schiefgegangen, aber auch sehr vieles ist gut gegangen. Und ich wusste immer, wo ich hingehöre.

Meine Mutter konnte sich über die kleinsten Dinge freuen: ein Eis im Bett essen, mitten im Winter. Die Katze streicheln, über Stunden. Im Fernsehen Krimis gucken, bis tief in die Nacht. All das war für sie etwas Besonderes. Weil sie es alleine nicht mehr realisieren konnte. Sie dankte es mir mit dem schönsten Lächeln der Welt. Sie konnte strahlen, heller als die Sonne.

Natürlich wäre ich zwischendurch auch mal gerne ausgerissen und hätte weiterhin die Nächte durchgetanzt wie meine Freundinnen oder sonntags mal den halben Tag im Bett verbracht. Stets verantwortlich zu sein für einen Pflegebetrieb – und nichts anderes war mein Zuhause, als ich zwischen dreißig und vierzig war –, kann einen streckenweise mürbe machen. Diese Phasen gibt es, da muss man nichts beschönigen. Aber es gibt auch die anderen Phasen. In denen ich mir nichts Tolleres vorstellen konnte, als meine Mutter zu pflegen.

Für uns war die häusliche Pflege die einzige Option. Alles andere wäre für meine Mutter fatal und für mich unerträglich gewesen. Wer pflegt, bekommt tiefe Einblicke in die Situation, der hilfsbedürftige Menschen hierzulande ausgesetzt sind. Ich kenne Heime, in denen hauptsächlich Hilfskräfte die Arbeit machen, weil alle anderen zu teuer sind. Mit teils tödlichen Auswirkungen für die Patienten. Ich kenne Krankenhäuser, in denen meine Mutter angeschrien wurde, weil sie nicht sprechen konnte. Und ich kenne Ärzte, die sich eine Kopfpauschale für die Vermittlung ins Heim erhofften.

Ich kenne aber auch Ärzte, die alles dafür getan haben, dass meine Mutter weiterleben durfte. Oft waren es junge Assistenzärzte, noch unverbraucht von einem krankmachenden Gesundheits- und Pflegesystem. Ärzte, die noch Ideale hatten. Schwestern, die meiner Mutter auf der Intensivstation ein Radio besorgten, damit sie ihren Lieblingssender hören konnte. Und Pfleger, die sich mit ähnlicher Hingabe um meine Mutter kümmerten wie ich. Weil sie sich anstecken ließen von ihrem Lebensmut, der so bewundernswert war.

Um all diese Erfahrungen reicher, um viele Nerven und Zehntausende Euro ärmer fahre ich an diesem Winterabend aus dem Krematorium nach Hause, in unsere leere Wohnung. Das Bett meiner Mutter wird an diesem Abend leer bleiben, aber ich bin nicht allein.

Für ihre Asche habe ich eine elfenbeinfarbene Schmuckurne ausgesucht, die ein Goldkranz ziert. Wie eine römische Vase, das hätte meiner Mutter gefallen. Nichts Düsteres, wie die üblichen schwarzen Urnen. Ich sehe sie an und freue mich, dass sie da ist. Zu Hause stelle ich sie auf die Fensterbank, bevor ich sie später zum Friedhof bringe.

Heute werde ich kein Abendessen für meine Mutter zubereiten, ich werde ihr nicht die Medikamente mit Pudding geben und sie nicht zum Trinken animieren. Wir werden uns nicht über das Fernsehprogramm streiten, und sie wird nicht bis nach Mitternacht fernsehen. Ich werde mir keine Sorgen mehr um ihre Lunge machen müssen, die sie zuletzt so gequält hat. Ich werde keine Sorge haben müssen, ob sie einen epileptischen Anfall hat. Ich werde keine Angst mehr haben müssen, dass sie stirbt.

Ich muss überhaupt nichts mehr für meine Mutter tun. Jetzt muss ich mich nur noch um mich selbst kümmern.

Aber wie ging das noch mal?

Obwohl ich weiß, dass Angehörige unter der Pflege auch leiden können und es mir zeitweise genauso ging, möchte ich andere zur Pflege ermutigen. Warum? Weil ich erstens glaube, dass Sie, liebe Leser, sich oft viel besser um Ihre Lieben kümmern können als fremde Menschen. Zweitens, weil es neben der schwierigen auch die andere, sehr positive Seite gibt, und die findet bislang viel zu wenig Erwähnung. Pflege kann eine glücklich machende, existenzielle Erfahrung sein, extrem bereichernd für Pflegebedürftige und auch für Sie selbst. Und weil ich drittens hoffe, dass wenn mehr Angehörige auf ihre Bedürfnisse aufmerksam machen, sich auch die Pflege insgesamt verbessern wird. Also: nur Mut!

EINFÜHRUNG

Gedanken und Fakten zur Pflege

Was passiert, wenn jemand pflegebedürftig wird? Er kommt ins Heim. So denken die meisten.

Das stimmt aber nicht. Drei Viertel der offiziell 3,4 Millionen Pflegebedürftigen in diesem Land werden zu Hause gepflegt. Die meisten von ihren Angehörigen, davon wiederum die meisten ohne zusätzliche professionelle Hilfe. Nur ein Viertel der Pflegebedürftigen wohnt laut Statistischem Bundesamt in Heimen.

Warum ist das kaum bekannt? Wir diskutieren in der Öffentlichkeit vor allem die Heimversorgung und den dortigen Pflegenotstand. Zu kurz kommen dabei die Pflegebedürftigen selbst und ihre Angehörigen, die in Deutschland nach wie vor die Hauptarbeit in der Pflege leisten.

Pflegende Angehörige sind die größte und zugleich unsichtbarste Gruppe in der Altenpflege. Auf jeden Pflegebedürftigen kommt im Schnitt ein pflegender Angehöriger, doch das sind eben nur die offiziellen Zahlen. Der Deutschen Ärztezeitung zufolge pflegt fast jeder zehnte Deutsche. Die meisten im höheren Lebensalter: Ab fünfundsechzig Jahren kümmert sich jeder zweite um seinen hilfsbedürftigen Partner. Gepflegt wird aber in jedem Alter – sogar von Kindern. Aktuell gibt es deutschlandweit fast eine Viertelmillion pflegender Kinder.

Und zu Hause wohnen nicht nur die leichten Fälle, zunehmend werden auch Intensivpatienten dort versorgt. Angehörige kümmern sich um alle – von Pflegegrad 1, leichtem Hilfsbedarf, bis hin zu Pflegegrad 5, schwerster Pflegebedürftigkeit. Ganz zu schweigen von den Millionen Menschen, die nicht in eine Pflegebedürftigkeit eingestuft werden. Und doch diskutieren wir seit Jahren über den Pflegenotstand außerhalb des Zuhauses.

Laut Bertelsmann-Stiftung fehlen bis zum Jahr 2030 bis zu fünfhunderttausend Pflegekräfte in Deutschland. Rund 1,1 Millionen Menschen arbeiten heute in der professionellen Altenpflege, je zur Hälfte Fach- und Hilfskräfte, hat das Bundesgesundheitsministerium errechnet. In fast vierzehntausend Heimen und bei genauso vielen Pflegediensten. Überall fehlt es an Personal. Aufgrund enormer Arbeitsverdichtung fühlen die Pflegekräfte sich überfordert und unterbezahlt, viele steigen nach ein paar Jahren wieder aus. Und immer wieder lesen wir von Pflegeskandalen.

Warum also werden Angehörige nicht besser unterstützt? Das würde viele Probleme auf einmal lösen. Und wieso werden Pflegekräfte so schlecht bezahlt, obwohl Deutschland händeringend nach ihnen sucht?

Die Antwort liegt auf der Hand: weil sich mit Pflege sehr viel Geld verdienen lässt, wenn man den höchsten Kostenfaktor senkt – die Personalkosten. Fast fünfzig Milliarden Euro

Umsatz hat die Pflegebranche 2015 erzielt, seit 2005 stieg dieser jährlich um fünf Prozent. Damit wächst der deutsche Pflegemarkt schneller als die Gesamtwirtschaft. Bis 2030 soll der Umsatz auf bis zu vierundachtzig Milliarden Euro steigen, prognostiziert die Unternehmensberatung Roland Berger.

Die Frage, warum davon so wenig beim Personal ankommt und noch weniger beim Patienten, um den es eigentlich gehen sollte, ist damit schon beantwortet. Es gibt, wie so oft, zu viele Akteure und Investoren, die hohe Gewinne schöpfen wollen. Der Pflegemarkt ist seit der Öffnung des Marktes für die Privatwirtschaft zu einem Renditegeschäft geworden. Seitdem haben fünfundsiebzig Prozent mehr private Heime eröffnet. Die Zahl der öffentlichen Heime sank in zwanzig Jahren um fünf Prozent. Fast die Hälfte der Heime und Pflegedienste ist inzwischen in privater Hand. Nur noch fünf Prozent der Heime gehören den Kommunen. Der Rest ist gemeinnützig – noch.

Allein im zweiten Halbjahr 2017 wurden drei große Altenheimketten von Hedgefonds übernommen. Global operierende Konzerne kaufen den Pflegemarkt in ganz Europa auf.

Wen wundert es da, dass laut Umfragen nur sechs Prozent der Deutschen freiwillig ins Heim ziehen würden? Neun von zehn Menschen haben Angst davor.

Dieses Buch handelt davon, wie stattdessen die Pflege zu Hause funktioniert.

Pflegebedürftig kann jeder werden. Die einen benötigen im Alter nur ein wenig Unterstützung im Alltag, die anderen werden schon jung zum schwersten Pflegefall, wieder andere werden behindert geboren. Unsere Gesellschaft macht aus diesen Umständen viel zu große Probleme. Weil sie nicht richtig hinschaut. Und weil sie die Pflege nicht in den Alltag integriert.

Pflegende Angehörige müssen nicht ihr Leben opfern, um einen Angehörigen zu Hause zu versorgen. Ich selbst habe neben der Pflege meiner Mutter Vollzeit gearbeitet.

Und Pflege bedeutet eben nicht automatisch Qual und Leid. Meiner Mutter und mir hat sie viel Kraft gegeben. Wir haben uns unser eigenes kleines Reich erschaffen, in dem wir über weite Strecken sehr zufrieden gelebt haben. Das ist das Glück in der Pflege.

Auf der anderen Seite wird die Situation pflegender Angehöriger an zu vielen Stellen unnötig erschwert. Ich kann deshalb auch jeden verstehen, der enerviert die Pflege aufgibt. Es fehlen dringend Unterstützungsangebote, die Bürokratie ist fast unüberschaubar. Die Politik hat Versprechen gemacht, die sie nicht einhält. Familien werden in ihren schwersten Stunden alleingelassen. Das ist das Unglück in der Pflege.

Trotzdem plädiere ich für die Pflege zu Hause, weil sie in den Einrichtungen kaum noch funktioniert. Wie das gelingen kann und was sich dafür noch alles ändern muss, davon handelt dieses Buch.

Ich möchte allen Mut machen, die dafür sorgen möchten, dass ihre Angehörigen zu Hause bleiben können. Und ich will die Diskussion eröffnen für eine neue Sicht auf das Thema. Denn Pflege kann Spaß machen.

Auch die Politik muss sich der häuslichen Pflege jetzt

dringend widmen, anstatt fieberhaft zu versuchen, die ausgebluteten Einrichtungen zu reanimieren. Der Schlüssel zur Rettung des Pflegesystems liegt nicht in den Heimen, sondern zu Hause.

KAPITEL 1

Wie alles anfing

Bevor meine Mutter krank wurde, war ich ständig auf Partys. Wenn es gut lief, fing die Tanzwoche für mich am Mittwochabend an und endete am Dienstag in der Früh. Zwischen neunzehn und neunundzwanzig Jahren habe ich mein Leben so vollgepackt mit Vergnügen, dass ich mich manchmal fragte, wie das weitergehen solle, wenn ich älter würde. Ich konnte mir überhaupt nicht vorstellen, anders zu leben. Die Neunzigerjahre haben mich geprägt wie viele andere Kinder des Spaß-Jahrzehnts und der Techno-Bewegung.

Ich war Stammgast in Elektro-Clubs, erst in meiner Heimat am Niederrhein, dann in Köln, schließlich in München. Tagelang die Nächte durchzumachen fiel mir leicht, weil ich kaum Alkohol trank, dafür aber umso mehr tanzte. Tanzen war für mich wie für andere das Joggen. Es hielt mich fit und gut gelaunt. Als Kind war ich zehn Jahre lang Ballerina, nun tanzte ich wie besessen zu elektronischer Musik. Sie war meine Droge, ich brauchte keine andere. Deshalb war das Nachtleben auch gut mit meiner Arbeit zu vereinbaren. Viel geschlafen habe ich ohnehin nie – ein Umstand, der uns noch sehr zugutekommen sollte.

So war ich auch im November 2007 auf einer Party, als der Anruf kam. In München hatte ein neuer Club eröffnet, da durfte ich nicht fehlen. Ich hatte gerade mein Studium beendet, mich von meinem Freund getrennt, einen festen Job angetreten, wohnte in einer WG und war optimistisch, fröhlich, frei. Als ich nach draußen ging, um frische Luft zu schnappen, sah ich, dass meine Mutter mir auf die Mailbox gesprochen hatte. Ich solle sie dringend zurückrufen.

Hätte ich gewusst, dass dies die letzten Worte sein würden, die ich von ihr hören sollte, ich wäre auf der Stelle zu ihr gefahren.

In den nächsten Tagen erreichte ich sie nicht. Das konnte schon mal vorkommen. Ich war in München und als Journalistin viel unterwegs; meine Mutter wohnte am Niederrhein und war Kommunalpolitikerin. Und zwar eine der engagierten Art. Fast ein Vierteljahrhundert setzte sie sich schon für Arme, Obdachlose, Tiere und die Umwelt ein. Immer stand sie auf der Seite der Schwachen. Es war ihr eine Selbstverständlichkeit, ihre Stärke für andere einzusetzen. Dementsprechend viel hatte sie zu tun.

Auch sie machte die Nächte durch, aber anders als ich. Sie schrieb in der Zeit Reden für den Stadtrat, Konzepte für Petitionen oder Strategien für den Wahlkampf. Jahrzehntelang war sie Fraktionsvorsitzende der Grünen in ihrer Stadt, eine Frau der ersten Stunde. Als Deutschland unter Außenminister Joschka Fischer erstmals wieder in den Krieg zog, trat meine Mutter aus Protest aus der Partei aus – und gründete ihre eigene. Mit der sie gleich wieder in den Stadtrat einzog.

Sie war unermüdlich, doch niemals fanatisch oder pedantisch. Bei uns wurde Fleisch gegessen, aber selten. Die Umwelt geschützt, aber mit gesundem Augenmaß. Meine Mutter war ein Genussmensch, lebenslustig, engagiert und mutig. Mit einer starken Mutter aufgewachsen, die die Familie ernährte, hatte sie als Kind viele Freiheiten genossen und war ein echtes Kölsches Mädchen: gesellig und mit viel Humor.

Ihr Lebensmotto war ein Zitat von Erich Kästner: »Es gibt nichts Gutes, außer man tut es.« Dicht gefolgt von Don Bosco: »Gutes tun, fröhlich sein und die Spatzen pfeifen lassen.« Diese Mischung aus Engagement und Gelassenheit erscheint mir heute eher selten.

Mit ihrem ganz eigenen Kopf und ihren Vorstellungen von einer friedlicheren, toleranteren, bunteren Welt hatte meine Mutter am tiefschwarzen Niederrhein aber erheblich zu kämpfen. Zumal als Frau. Themen, über die heute die halbe Welt spricht, waren damals erst noch mühevoll zu platzieren: Umweltschutz, Mitbestimmung, Frauenrechte, Hilfe für Flüchtlinge, die damals noch Asylbewerber genannt wurden, Anti-Atomkraft, Abrüstung. Sogar ich als Kind bemerkte den starken Widerstand. Schulkameraden nannten meine Mutter »Hexe« und fragten mich, warum wir denn Haus und Auto hätten, wenn wir doch Kommunisten seien.

Heute wünscht sich jeder zweite Deutsche einen grünen Kanzlerkandidaten, damals war das noch ein Traum meiner Mutter: Als Bürgermeisterkandidatin kämpfte sie auf verlorenem Posten, aber mit so viel Herzblut, dass sie die gesamte Bandbreite des Drucks, den wir von der großen politischen Bühne kennen, im Kleinen zu spüren bekam. Oft achtete sie bei so viel Gegenwind zu wenig auf sich selbst. Das blieb nicht ohne Folgen.

Während eines Wahlkampfs besuchte ich sie am Stand, sie war im Gesicht ganz grau. Ich konnte sie gerade noch zum Krankenhaus fahren, wo auf der Intensivstation Vorhofflimmern festgestellt wurde. Trotz ihres desolaten Zustands ließ sie es sich auf dem Weg dorthin nicht nehmen, dem Stadtdirektor noch aus dem Auto zuzuwinken – huldvoll wie die Queen. Um sich ja keine Schwäche anmerken zu lassen.

Das war nun ein paar Jahre her, und in dieser Zeit hatte sie Blutverdünner nehmen müssen, um keinen Schlaganfall zu erleiden. Eigentlich hatte sie deshalb kürzertreten wollen, doch ihre politischen Weggefährten hatten sie zu einer letzten Kandidatur überredet.

Jetzt, nach ihrem Anruf, trieb mich ein ungutes Bauchgefühl um. Es wurde von Tag zu Tag stärker. Auch mein Bruder hatte schon Freunde und Bekannte gebeten, nach ihr zu sehen. Wir lebten beide viele Hundert Kilometer entfernt und waren auf das Urteil des Umfelds angewiesen. Doch alle beteuerten, es gehe ihr gut. Sie sitze im Sessel und schaue fern. Heute kann ich mir das nur so erklären, dass meine Mutter noch verhältnismäßig fit gewirkt haben muss und vielleicht keine Hilfe annehmen wollte. Vielleicht hat es aber auch einfach keiner für nötig gehalten, genauer hinzuschauen, weil niemand glaubte, dass ihr wirklich etwas Schlimmes passiert sei.

Jedenfalls hielt ich das quälende Gefühl bald nicht mehr

aus. Als mich schließlich meine Kollegen in der Redaktion bestärkten, zu Hause nach dem Rechten zu sehen, weil ich ein einziges Nervenbündel sei, setzte ich mich noch am selben Tag in den Flieger.

Vor dem Abflug erreichte ich meine Mutter endlich telefonisch, aber sie war kaum zu verstehen. Dann legte sie einfach auf. Ich betete, dass sie mich noch ins Haus lassen könnte. Während des Fluges zitterte und weinte ich vor Angst. Was, wenn ich zu spät käme?

Als ich eintraf, war ihre Wohnung verschlossen. Erst nach langem Bitten hörte ich, wie meine Mutter langsam an die Tür kam. Ihr Mundwinkel hing herunter, genau wie der rechte Arm. Die ganze Körperhälfte wirkte schwach. Sie konnte schon jetzt nicht mehr sprechen. Jedenfalls nicht richtig. Ihre Sätze endeten im Nichts. Dass sie einen Schlaganfall erlitten hatte, war offensichtlich. Sie musste sofort ins Krankenhaus. Doch sie weigerte sich vehement.

Ich rief ein Taxi und lotste sie unter viel gutem Zureden hinein. Als der Taxifahrer das Fahrtziel lautstark wiederholte, wollte sie prompt aussteigen. Und als wir endlich in der Notaufnahme standen, wollte die Ärztin uns wieder nach Hause schicken.

Ich wusste schon, dass das Krankenhaus, in dem wir gelandet waren, nicht gerade Modellcharakter hatte. Eine Kollegin meines Vaters hatte dreißig Jahre zuvor in ihren Personalausweis eintragen lassen: »Im Notfall NICHT in dieses Krankenhaus!« Auch meine Mutter war extra in die Nachbarstadt gefahren, um mich dort zur Welt zu bringen, genau wie die Mutter meiner besten Freundin. Sein schlechter Ruf eilte dem Haus voraus.

Im Taxi hatte ich noch überlegt, fünfzig Kilometer weiter in die nächste Klinik zu fahren, mich dann aber dagegen entschieden. Wenn es ein Schlaganfall war, kam es auf eine schnelle Behandlung an. Und hier gab es sogar eine Stroke Unit, eine Station extra für Schlaganfälle.

Hätte ich gewusst, was uns erwartet, wäre ich mit meiner Mutter ganz weit weggefahren.

Die Ärztin in der Notaufnahme sah sich die Arme und Beine meiner Mutter an, deren Reflexe offenbar noch funktionierten, und bat sie, die Zunge herauszustrecken. Als sie das nicht konnte, befand sie, meine Mutter würde wohl nicht kooperieren wollen, und wir sollten doch bitte nach Hause gehen, anstatt ihre Zeit zu stehlen.

Kaum dass ich etwas darauf antworten konnte, standen wir auch schon wieder auf dem Flur. Ich frage mich bis heute, wieso die Frau dachte, wir wären zum Spaß da. Meine Mutter machte auf Außenstehende offenbar keinen besonders hilflosen Eindruck, sonst hätten ihre Freunde sie ja schon ins Krankenhaus gebracht. Aber zumindest Ärzte sollten die Anzeichen eines Schlaganfalles doch erkennen, hatte ich gedacht.

Vor Sorge war ich am Rande meiner Kräfte, aber irgendwie schaffte ich es, meine Mutter wieder in das Untersuchungszimmer zu bugsieren und die Ärztin aufzufordern, sie eingehend zu untersuchen.

»Fragen Sie sie doch mal etwas!«, bat ich inständig. Seufzend ließ sich die Ärztin zu einem »Welchen Tag haben wir heute?« herab. Erst dann wurde sie endlich aufmerksam: Meine Mutter faselte unverständliches Zeug.

Immer noch widerwillig, schickte sie uns auf den Flur vor der Stroke Unit. Endlich bekommen wir Hilfe, dachte ich. Doch ich hatte mich getäuscht.

Wir warteten vier Stunden auf ein Bett. Der Schlaganfall lag wohl schon ein paar Tage zurück, und die Chance auf eine Akutbehandlung war dadurch sowieso verstrichen. Dennoch ist die Gefahr groß, in den Folgetagen einen weiteren Schlaganfall zu erleiden, der dann tödlich enden kann. Das wissen auch Ärzte und Pfleger. Dennoch wurde meine Mutter erst mal nicht behandelt, und wir wurden ewig auf dem Flur sitzen gelassen.

Als sie endlich als Patientin aufgenommen wurde, war es spätabends, Ärzte waren nicht zu sehen, und es war nur noch ein Pfleger auf der Station. Es schien mir auch eher ein Pflegehelfer zu sein, denn er wirkte hilflos und beschwerte sich bei mir: »Ihre Mutter benimmt sich nicht normal!«

Kein Wunder, sie hatte einen Schlaganfall gehabt, und hier führte man sich so auf, als wären wir ins Krankenhaus eingedrungen und würden unter vorgehaltener Schusswaffe Absurditäten einfordern.

Ihr Zustand verschlechterte sich zusehends, sie wurde immer unruhiger und rutschte ungeduldig im Bett hin und her. Doch anstatt sich um sie zu kümmern, warf der Pfleger mir diesen Umstand vor. Es war völlig absurd.

Mir aber blieb nichts anderes übrig: Ich musste meine kranke Mutter in der Nacht auf der Station zurücklassen und hoffte, dass ihr bald geholfen würde.

In jener Nacht konnte ich kaum schlafen. Mich durchbohrte das schlechte Gewissen, sie in dieser fragwürdigen Einrichtung zurückgelassen zu haben. Als ich gegen Morgen endlich eingeschlafen war, rief mein Bruder an. Ein Arzt des Krankenhauses habe ihn gebeten, sofort zu kommen. Unsere Mutter liege im Sterben.

Ich begriff gar nichts mehr: Wieso war mein Bruder angerufen worden und nicht ich? Ich hatte sie doch eingeliefert. Und ich konnte viel schneller da sein als er. Er musste noch Hunderte Kilometer anreisen. Was war in der Nacht passiert?

Auf der Station herrschte wieder Chaos. Diesmal waren Ärzte da, aber keiner von ihnen wusste die Situation einzuschätzen. Meine Mutter hätte wohl eine Hirnschwellung gehabt, vermuteten sie, weshalb sie nun im Koma liege. Mein Bruder und ich, beide medizinische Laien, hatten inzwischen den Verdacht, dass unsere Mutter in der Nacht einen zweiten Schlaganfall gehabt haben musste. Der wieder nicht erkannt und deshalb auch nicht behandelt worden war. Wir redeten mit Engelszungen auf die Ärzte ein, doch sie hielten an ihrer Diagnose fest.

Nach einigen Tagen erwachte meine Mutter wider Erwarten aus dem Koma. Sie war rechtsseitig gelähmt und konnte nun gar nicht mehr sprechen. Jetzt glaubten uns die Ärzte den zweiten Schlaganfall. Leider zu spät. Weil sie also auch beim zweiten Mal nicht rechtzeitig behandelt wurde, sollte meine Mutter in diesem Zustand bleiben. Für den Rest ihres Lebens.

Das war mir damals aber noch nicht klar. Ich war erst mal nur froh, dass sie überlebt hatte.

»Hoffentlich bleibst du kein Pflegefall«, sagten ihre politischen Weggefährten am Krankenbett, halb ehrfürchtig, halb scherzend. Niemand konnte sich meine Mutter als hilflosen Menschen vorstellen. Am allerwenigsten sie selbst.

Mein Arbeitgeber gab mir drei Wochen frei. In der ersten Zeit im Krankenhaus war meine Mutter kaum ansprechbar. Die Ärzte versicherten, sie sei bis auf die Lähmung und die Aphasie – den Verlust des Sprechvermögens – wieder die Alte. Auf mich wirkte sie ganz anders als zuvor. Im Wachzustand war sie mal verwirrt, dann überemotional, dann wieder abgeflacht. Ich hatte Sorge, sie sei über die Umstände auch noch verrückt geworden.

Das würden sie schon wieder hinbekommen, meine Mutter würde hier am Stock wieder hinausspazieren, versicherten uns die Ärzte in der Reha-Klinik, in die sie kurz darauf eingewiesen wurde. In der Tat war das die beste Einrichtung, in der meine Mutter jemals war. Wenn, dann würde man sie dort wieder hinkriegen, hatten die Ärzte gesagt, als es darum ging, was weiter mit ihr passieren solle. Aber würde sie je wieder nach Hause zurückkehren können, ein selbstständiges Leben führen? Und was, wenn nicht?

Eigentlich hätten wir jetzt die erste Klinik verklagen müssen, in der sie falsch behandelt worden war. Zumal mein Bruder Anwalt war. Aber wir benötigten unsere ganze Kraft jetzt für unsere Mutter.

Es war ja noch alles offen. Wir hatten keine Ahnung, ob sie bald sterben oder sich doch wieder gut erholen würde. Also nahm ich mir ein Zimmer in Köln, um an den Wochenenden bei ihr sein zu können. Von Montag bis Donnerstag arbeitete ich in München, dann düste ich mit dem Flieger zu ihr ins Rheinland, um ihr in der Reha-Klinik zur Seite zu stehen. Die Rehabilitationsmaßnahmen waren auf mindestens ein halbes Jahr angelegt.

Der Anfang war extrem hart. Das Personal war sehr freundlich und wusste genau, was es tat. Man merkte gleich: Hier arbeiteten nur Profis. Doch als ich zum ersten Mal sah, wie die Schwestern zu dritt meine Mutter im Bett herumwälzten, um ihr eine Windel anzuziehen, brach es mir fast das Herz. Ich musste mich abwenden, um nicht in Tränen auszubrechen. Meine große, starke Mutter: plötzlich hilflos wie ein Baby. Sie konnte sich nicht einmal alleine im Bett umdrehen. Sie war inkontinent und musste mit passierter Nahrung gefüttert werden. Nichts ging mehr alleine.

Es war der Moment, in dem mir klar wurde, dass wir jetzt die Rollen tauschen würden. Ich war neunundzwanzig Jahre alt, meine Mutter einundsechzig, und ich war nicht länger das Kind.

Es war ein Schock. Die Gewissheit über ihren Zustand erwischte mich mit voller Wucht. Ich hatte keine Chance, mich zu fragen, ob ich diesen Rollentausch überhaupt wollte. Als ich klein war, hat meine Mutter mir die Windeln gewechselt. Sie hat mich gefüttert, mir das Laufen beigebracht, mich getröstet, wenn ich weinte, und mit mir gelacht, wenn ich fröhlich war. Jetzt würde es andersherum sein. Das war mir augenblicklich klar.

Anfangs traute ich mich aber nicht einmal, sie zu berühren. Ich hatte Angst, ihr wehzutun, etwas kaputtzumachen. Sie wirkte so zerbrechlich, ganz anders als sonst. Als eine Pflegerin kam, sie mit viel Schwung in einen Pflegerollstuhl setzte und befand, wir sollten jetzt spazieren gehen, das

Wetter sei so schön, war ich völlig überrumpelt. Wie, spazieren gehen? Ich sollte meine Mutter nach draußen schieben? Das hatte ich noch nie getan. Was, wenn unterwegs etwas passierte?

Nach dem ersten Schreck kam die Freude, sie mit ins Freie nehmen zu können, raus aus der Klinik. Ich musste sie nicht länger im Bett zurücklassen, ich konnte meine Mutter einfach mitnehmen, von der Welt der Kranken in die der Gesunden. Sie saß ein wenig schief im Rollstuhl und war noch blass und fahrig. Aus ihrem Bauch hing ein Schlauch, die Arme waren von Nadeln zerstochen, ihr Haar stand wirr vom Kopf ab. Und doch konnten wir beide jetzt zusammen spazieren rollen für eine halbe Stunde. Ein großer erster Schritt.

Meine Mutter genoss unsere erste Spazierfahrt sichtlich weniger als ich. Sie war das Sitzen nicht mehr gewöhnt, es war kalt draußen, sie wirkte noch sehr schwach, und vielleicht wusste sie auch nicht wirklich, wo sie war. Aber meine Zuversicht wuchs, mich in Zukunft um sie kümmern zu können. Wenn es so leicht ist, den Unterschied zu machen zwischen einem Pflegefall, der nur noch im Bett liegt und an die Wand starrt, und einem Menschen, der trotz aller Einschränkungen wieder am Leben teilhaben kann, wenn es dafür nur jemanden braucht, der ihm hilft, ihn aus dem Bett hebt und an die Hand nimmt, dann werde ich diejenige sein, beschloss ich.

Es gab noch einen weiteren Grund, warum es mir so am Herzen lag, mich selbst um meine Mutter zu kümmern: Die anderen verstanden sie einfach nicht.

Weil beide Schlaganfälle unbehandelt verlaufen waren, waren die von der Blutversorgung zu lange abgeschnittenen und dadurch zerstörten Areale im Gehirn besonders groß. Ihr Sprachzentrum war zerstört. Die Logopädinnen gaben sich die größte Mühe, sie hielten meiner Mutter Karten mit lächelnden Mündern vors Gesicht. Auch ein Sprachcomputer kam zum Einsatz. Doch sosehr sich alle kümmerten, ihre Sprache kehrte nicht zurück. Anfangs brachte meine Mutter nur unverständliche Laute zustande, später kristallisierte sich ein »Mumi« heraus, so ähnlich wie »Mami«. Damit konnten die Pfleger wenig anfangen.

Wie hätten sie auch wissen sollen, dass meine Mutter ihren Kaffee am liebsten mit einem Schuss Milch trinkt, ohne Zucker? Wie ahnen, dass sie stilles Wasser verabscheut, aber Sprudelwasser liebt? Dass sie auf gar keinen Fall Socken im Bett tragen will? Und der Kopf immer hoch gelagert werden muss?

Wir alle sind es gewohnt, ständig miteinander über alle möglichen Kleinigkeiten zu kommunizieren. Wenn einer das nicht kann, fliegt er raus aus unserem Verständnishorizont. Auch die besten Pfleger sind immer nur ein paar Stunden da, dann kommen neue. Das reicht nicht, um jemanden so gut kennenzulernen, dass man sich wortlos versteht.

Erschwerend kam hinzu, dass meine Mutter nicht nur unter Aphasie litt, sondern auch noch eine Umsetzungsstörung hatte, eine sogenannte Apraxie. In ihrem Hirn funktionierten die Gedanken noch, doch die Bewegungsabläufe waren nur teilweise koordiniert. Wenn sie Ja sagen wollte, schüttelte sie den Kopf. Meinte sie Nein, fing sie an zu nicken. Aber nicht immer. Und vor allem merkte sie den Unterschied selbst nicht.

Aus diesem Grund konnte sie auch keine Geräte mehr

bedienen. Immer wieder drückten Pfleger ihr die Fernbedienung in die Hand und wunderten sich, warum sie den Fernseher brüllend laut stellte oder die Sender einfach nicht fand. Auch die Notrufklingel war nicht für sie gemacht: Sie drückte sie, obwohl sie niemanden brauchte, und im Notfall fand sie sie nicht. Ich würde noch zahlreiche Stunden damit verbringen, Schwestern und Ärzten in zig Kliniken zu erklären, warum meine Mutter nicht selbst klingeln konnte. Und dabei immer wieder auf taube Ohren stoßen. Dabei gehört die Apraxie nicht selten zum Krankheitsbild nach einem Schlaganfall.

Auch mein Bruder, der regelmäßig in die Reha kam, hatte seine Schwierigkeiten. Unsere Mutter war immer eine Frau des Wortes gewesen. Rhetorisch hatte sie noch jeden in die Tasche gesteckt. Und normalerweise las sie jeden Tag Historienbücher. Wäre ich jemals zu Günther Jauch gegangen, ich hätte sie auf jeden Fall als Telefonjoker gewählt. Diese Version unserer Mutter mit der neuen zusammenzubringen, fiel meinem Bruder nicht gerade leicht. Darüber sprachen wir aber nicht. Stattdessen übernahm er wie selbstverständlich die gesamte Organisation mit den Behörden, Ämtern und der Krankenkasse. Ich dagegen kümmerte mich erst mal um das seelische Wohl unserer Mutter.

Denn wie viel schwerer muss das alles erst für sie gewesen sein? Jemand, der sein ganzes Leben auf Sprache aufgebaut hat, bekommt von heute auf morgen kein Wort mehr heraus. Jemand, der von Herzen gerne lachte, hat mit einem Schlag allen Grund dazu verloren. Jemand, der Geselligkeit liebte, ist Tag und Nacht ans Bett gefesselt. Jemand, der immer mit dem Kopf durch die Wand wollte, kann plötzlich nicht mal mehr nach einem Glas Wasser fragen. Und das Schlimmste: Sie konnte nicht mal darüber reden, wie es ihr ging.

Zumindest wie es mir gerade ging, wusste Valentin, ein Freund aus München, genau. Seit ich überstürzt abgereist war, hatten wir fast jeden Abend telefoniert. Er hatte selbst mit dreizehn Jahren seinen Vater verloren, den er sehr bewundert hatte. Jetzt sprach er mir Trost zu, erkundigte sich regelmäßig nach Fortschritten und nahm Musik auf, um mich aufzumuntern. Ich hörte sie über Kopfhörer auf jeder Reise zu meiner Mutter und zurück. Das hat mir in dieser angstbesetzten ersten Zeit sehr geholfen. Schließlich wusste ich nie, in welchem Zustand ich sie bei meiner Rückkehr vorfinden würde.

Einmal begleitete mich meine Freundin Nora, mit der ich sonst immer tanzen war. Ich war froh, den schweren Weg in die Klinik nicht immer allein zurücklegen zu müssen. Als sie sah, wie ich mit meiner Mutter umging, sagte sie: »Du machst das sehr gut.« Nora wusste damals noch nicht, dass ich meine Mutter zu mir nehmen wollte. Aber ich fühlte mich durch sie in meinem Entschluss bestärkt. Und war dankbar, solche Freunde zu haben.

Nach ein paar Monaten erzählte mir eine Therapeutin in der Klinik, dass meine Mutter Antidepressiva bekäme. Sie würde ansonsten oft weinen, wenn ich nicht da war. Ich war entsetzt. Meine früher so lustige Mutter war so verzweifelt? Allem Anschein nach fing sie an, ihre Situation zu begreifen – und daran zugrunde zu gehen.

Es raubte mir fast den Verstand zu wissen, dass meine Mutter so sehr litt. Wenn ich da war, gab sie sich redlich Mühe. Sie versuchte zu kommunizieren, und wir lachten gemeinsam über ihre fehlgeschlagenen Versuche. Sie trank mir zuliebe aus dem verhassten Schnabelbecher Kaffee und mit einem Strohhalm Wasser.

Offensichtlich versuchte sie mir gegenüber, gute Miene zum bösen Spiel zu machen. Um die Situation für mich erträglicher zu gestalten. Obwohl wir die Rollen getauscht hatten und ich mich jetzt um sie kümmern musste, blieb sie doch meine Mutter. Sie wollte nicht, dass ich wusste, wie schlecht es ihr ging.

Die Hoffnungen der Ärzte hatten sich nicht bestätigt. Sie würde nie wieder laufen können, das stand nun fest. Sie würde nie wieder sprechen können. Sie wäre nie wieder in der Lage, ein selbstbestimmtes Leben zu führen. Ihr Gesundheitszustand würde sich nie wieder ändern – höchstens zum Schlechteren.

Zum Ende der Reha-Maßnahmen sagte eine Ärztin mir und meinem Bruder, unsere Mutter habe nicht mehr lange zu leben. Zwei von vier Hauptschlagadern im Hals seien zu, die dritte halb, verstopft durch Kalkablagerungen. In der Theorie könne man mit solch einer Diagnose noch zehn Jahre leben. Das sei aber völlig unrealistisch. Wir sollten besser von sechs Monaten ausgehen.

Mein Bruder und ich fuhren schweigend nach Hause.

Am nächsten Tag war ich entschlossener denn je, die Sache anzupacken. Meine Mutter tat mir unendlich leid. Das Schicksal hatte sie hart getroffen, und ich wollte ihr zumindest die letzten Monate erleichtern, so gut es ging.

Sie sollte nicht mehr in Einrichtungen leben, sie sollte ein Zuhause haben, wo man sich um sie kümmert. Einen Ort, an dem sie sich geborgen fühlt. Wo es nicht ständig piepst und schrillt, wo Pfleger nicht immer nach den anderen Patienten sehen müssen, wenn man sie gerade braucht. Wo sie die Hauptperson ist und alles dafür getan wird, dass es ihr gut geht. Wo sie zur Ruhe kommen kann. Insgeheim hatte ich die Hoffnung, dass wir vielleicht doch noch zwei schöne Jahre zusammen haben könnten. Ich betete darum, obwohl ich sonst nie bete. Meine Mutter hatte einen würdevollen Lebensabend verdient. Und ich würde dafür sorgen, dass sie ihn bekam.

KAPITEL 2
Unsere eigene Sprache

Viele Menschen fragen sich, wie eine Verständigung funktionieren kann, wenn jemand nicht mehr sprechen kann und auch die Gestik eingeschränkt ist. Für meine Mutter und mich war das nie wirklich ein Problem. Der Grund liegt in unserer gemeinsamen Geschichte.

Sie war Sozialpädagogin und liebte Kinder über alles. Vor der Geburt meines Bruders hatte sie in einem Kinderhort gearbeitet. Was sie dort und während ihres Studiums gelernt hatte, wendete sie auch bei uns zu Hause an: Sie brachte uns vieles auf kreative Weise bei.

Singen, Malen, Hüpfen, Streicheln, die Sinne wurden immer angesprochen. Zugewandtheit, ganz viel Liebe und eine blühende Fantasie waren für sie die wichtigsten Instrumente zur Förderung ihrer Kinder. Deshalb schlüpften wir oft in die unterschiedlichsten Rollen, mal waren wir kleine Tiere, mal Fabelwesen. Wir erdachten eigene Sprachen, erfanden neue Wörter, wir bellten, schnurrten und lebten manchmal über Stunden und Tage in unseren erfundenen Parallelwelten.

In diesen kindlich bunten Universen galten unsere eigenen Gesetze, und die menschliche Sprache war nur eine von vielen Ausdrucksformen. Weil uns das so viel Spaß machte, behielten meine Mutter und ich Teile davon bis in mein Erwachsenenalter bei. Es gab eine Art Geheimsprache und Zeichen, die nur wir beide verstanden. Nicht mal mein Bruder war eingeweiht.

Weil eine Geheimsprache geheim ist, kann ich nur so viel verraten: Am liebsten tauchten wir ab in eine Welt, die man sich am ehesten als einen Mix aus Pumuckl und Ren & Stimpy vorstellen kann. Das aber lange, bevor es Ren & Stimpy überhaupt gab. Die beiden Comicfiguren, ein Hund und eine Katze, machen den ganzen Tag Unsinn und sind schreiend komisch, aber extrem makaber. Als Kinderserie gestartet, laufen die Folgen inzwischen höchstens noch im TV-Nachtprogramm, weil der Humor doch sehr speziell ist.

Als meine Mutter ihre Sprache verlor, halfen uns diese alten Geschichten sehr. Sie konnte wieder mitspielen, ohne große Worte zu verlieren, durch die alten Blicke, Zeichen und Töne.

In vielen Familien gibt es eine Art Geheimcode: erste Silben und Wörter eines Kindes, die Eingang in den Familienwortschatz finden; ein Fetzen einer Melodie, ein bestimmtes Räuspern oder Atemholen, eine Geste, eine Mimik, ein Augenrollen … Sie sind Zeichen des Miteinanders, der über Jahre gewachsenen innigen Verbundenheit, und sie haben eines gemein: Eine winzige Chiffre kann komplexe Gedanken und Gefühle ausdrücken, ohne großen Aufwand im Ausdruck zu erfordern. Oft haben diese geheimen Zeichen sich so eingespielt, dass sie zu Mustern im Gehirn werden, und selbst der Schlaganfall hatte sie meiner Mutter nicht nehmen können.

Hinzu kommt ein weiterer Aspekt, den man nicht unterschätzen darf und der bei allen Angehörigen ähnlich ist: Man kennt seine engsten Familienangehörigen in aller Regel sehr gut. Als der Schlaganfall meine Mutter erwischte, war ich neunundzwanzig Jahre alt. Die längste Zeit meines Lebens, zweiundzwanzig Jahre, hatte ich mit ihr zusammengelebt.

Ich wusste, dass sie keine Süßigkeiten isst. Mit einem Stück Kuchen konnte man ihr keine Freude bereiten, wohl aber mit einem Brathering oder einer sauren Gurke. Auf ein belegtes Brot durfte bloß keine Butter, dafür aber viel Senf. Und im Fernsehen wollte sie keine Liebesfilme schauen, sondern knallharte Thriller. Niemals durfte man sie vor acht Uhr morgens wecken oder vor Mitternacht schlafen legen. Und wehe, man kam ihr mit Schlagern oder Operetten im Radio. Sie wollte Rock hören, Klassik oder Blues.

Das bedeutet: Ich musste ihr all diese Fragen gar nicht stellen, mit denen Pfleger und Schwestern den ganzen Tag ankommen. Ich kannte meine Mutter so gut, dass sich die meisten Themen von selbst erledigten. Ein Großteil der Kommunikation, die mit Fremden aufkommt, war zwischen uns gar nicht nötig.

Auch kam es viel seltener zu Missverständnissen, weil ich die Antwort auf viele Fragen schon kannte. Oder es durch gezieltes Nachfragen herausfinden konnte. Für Fremde war ihr Kopfschütteln immer ein Nein und ihr Nicken ganz bestimmt ein Ja. Ich wusste: Oft war es umgekehrt.

Für viele mag es komisch klingen, dass ich mit meiner Mutter, wenn ich nicht bei ihr war, täglich bis zu einer halben Stunde lang telefoniert habe – obwohl sie nicht sprechen konnte. Für uns war das völlig selbstverständlich. Ich habe erzählt, und sie hat teilgenommen. Ich habe gefragt, und sie hat ebenfalls versucht zu erzählen. Irgendwann wusste ich schon aufgrund ihres Tonfalls, der Präsenz ihrer Stimme oder der Geschwindigkeit, wie es ihr ging. Und weil ich immer mit der Pflegerin besprach, wie der Tag gelaufen war, und jederzeit über alles informiert war, konnte ich ihre Laute auch immer besser deuten. Sie erzählte auf ihre Art, und ich verstand. Und wenn nicht, war es bis auf Ausnahmen nicht so schlimm.

Auch mein Bruder hat mit ihr telefoniert, auch er führte nach einer Weile Gespräche mit ihr, nur dass sie ihre Worte eben nicht ausformulieren konnte. Wir empfanden das bald kaum noch als größere Bürde. Sie selbst auch nicht. Wir hatten unsere Rollen bis in die Kommunikation hinein getauscht: So wie sie uns schon verstanden hatte, als wir noch zu klein gewesen waren, um zu sprechen, so verstanden wir nun sie.

Interessanterweise ging sie davon aus, dass sie sich allseits verständlich artikulierte. Sie ließ es nicht gelten, wenn man ihr sagte, man verstehe sie nicht. Dann wiederholte sie ihr einzig verfügbares Wort immer wieder: Mumi. In unterschiedlichen Betonungen, oft mit dem für einen normalen Sprachfluss üblichen Satzklang, begleitet von Mimik und Gestik. Manchmal versuchte sie auch, Zeichen zu machen. Sie war überaus gesprächig.

Ihre Sätze lauteten etwa so: »Mumi-mumi-mumi, mumi-mumi-muh. Mumumimumi? Mumi-muh!« Ich fand das – nach dem ersten Schock – sehr niedlich.

Mein Bruder sprach oft mit ihr in der Mumi-Sprache. Sie

antwortete ihm dann ganz selbstverständlich. Manchmal musste sie selbst darüber lachen.

Andere Male waren nicht so lustig, wenn es ihr nicht gut ging und sie sofort verstanden werden wollte. Dann konnten wir uns auch tüchtig streiten und dabei sehr laut werden. Weil wir beide die Geduld mit dem anderen verloren. Sie zeigte mir dann wütend den Vogel, und ihre Augen glühten. Das war einerseits dreist – weil sie es ja war, die nicht sprechen konnte. Andererseits war es auch schon wieder lustig. Und so endeten diese Dialoge über die Jahre erst in Streit und dann in Lachen.

Weil mein Bruder und ich ihr so nahe waren, konnten wir sie in dem Glauben lassen, sich verständlich auszudrücken. Weil es für uns ja auch so war. Mit anderen Menschen gestaltete sich das naturgemäß schwieriger – allerdings nicht mit allen. Einige hatten ebenfalls die Gabe, meine Mutter ohne Worte zu verstehen. Das war bei manchen Pflegern so, und auch meine Freundinnen plauderten bald hemmungslos mit ihr über Gott und die Welt.

Andere hingegen, vor allem Krankenhausärzte, die darauf angewiesen sind, vom Patienten selbst schnell verlässliche Antworten zu erhalten, und auch immer wieder Pfleger, waren mit der Sprachlosigkeit meiner Mutter völlig überfordert.

Viele gingen davon aus, dass sie nichts mehr begriff, nur weil sie sich nicht angemessen äußern konnte. Ein fataler Irrglaube, der uns noch viele Schwierigkeiten bereiten sollte.

Meine Mutter war körperlich extrem eingeschränkt. Aber ihr Verstand war fast noch derselbe wie früher. Und weil sie nun ans Bett gefesselt war und zur Passivität verdammt, schärften sich ihre Sinne. Sie bekam oft mehr von dem mit, was um sie herum vorging, als gesunde Menschen.

KAPITEL 3
Skandalös: Erfahrungen mit Heimen und Krankenhäusern

Einmal entschieden, meine Mutter zu pflegen, war ich Feuer und Flamme. Alle Ängste waren wie weggeblasen. Der Plan, ihr zu helfen, verlieh mir Flügel.

In München musste ich erstaunlicherweise nicht einmal lange nach einer bezahlbaren Wohnung für uns beide suchen. Wir hatten großes Glück, bei mir im Haus wurde gerade eine frei. Beim Betreten wusste ich sofort, dass meine Mutter hier gerne leben würde: in dem großen Zimmer mit Blick auf den schönsten Platz Münchens. Das würde ihr gefallen. Ihr Pflegebett würde ich an die hellste Stelle zwischen die Fenster stellen. So könnte sie den ganzen Raum überblicken. Ihr neues Reich. Mein eigenes Zimmer war klein, aber lichtdurchflutet und gemütlich – und ich würde sowieso die meiste Zeit bei meiner Mutter verbringen. Das ahnte ich schon.

Die Wohnung hatte nur einen Haken: Sie war völlig verwohnt und musste grundsaniert werden. Also würde es noch eine Weile dauern, bis wir einziehen konnten.

Ich ging weiter zur Arbeit, doch schon jetzt hatte sich mein Lebensmittelpunkt verschoben: Normalerweise waren mein Job, Freunde, Spaß, gutes Essen und Tanzen alles für mich. Nun drehten sich mein Kopf und mein Herz nur noch um die Pflege meiner Mutter.

Ich freute mich riesig darauf, sie zu mir nach Hause zu holen. Angst, dass etwas schiefgehen könnte, hatte ich nicht. Wenn ich heute darüber nachdenke, erstaunt mich meine Entschlossenheit selbst. Ich bin froh, dass ich so viel Kraft hatte. Sie kam wohl aus der festen Überzeugung, das Richtige zu tun. Für mich gab es keine Alternative.

Mein Bruder war von der Idee weniger angetan. Er wollte meine Mutter in ein Heim geben, weil das bei solch schweren Pflegefällen empfohlen wird. Bestimmt wollte er mich auch schützen. Anfangs stritten wir viel darüber.

Wenn mein Bruder und ich als Kinder frech waren, drohten unsere Eltern gerne: »Ihr kommt in die Kinderfreizeit!« Wir konterten unisono: »Und ihr ins Heim!« Dann war wieder Ruhe. In meiner Familie wurde immer viel Wert auf Individualität gelegt. Das Aufgehen in einer Gemeinschaft war uns allen zuwider, die Aussicht auf ein Ferienlager für Kinder oder ein Heim im Alter die Höchststrafe.

Dass meine Mutter nicht mit Neunzigjährigen in einer Bastelgruppe sitzen oder um sechs Uhr morgens geweckt werden wollte, wusste also auch mein Bruder. Er dachte aber, dass es keine Alternative gebe, wenn jemand so krank ist. Und er traute mir die Pflege alleine zu Hause nicht zu. Genau wie eine Freundin, die meinte, ich würde mich und mein Umfeld mit der Pflege meiner Mutter überfordern –

und damit auch sie. Sie hatte wohl Sorge, dass ich sie zu sehr beanspruchen würde, und vielleicht wollte sie sich nicht mit einem Thema beschäftigen, das für sie nur negativ besetzt war. Sie ließ sich einfach nicht mehr blicken.

Ob gegen Verwandte, Bekannte, Umstände, Ärzte, Behörden und die Krankenkasse, viele dieser Hindernisse schildere ich später noch: Ich musste erst einmal lange darum kämpfen, dass ich meine Mutter überhaupt pflegen konnte. Niemand schien mir das zuzutrauen, und es war in dieser hohen Pflegestufe auch nicht vorgesehen. Vielleicht war das ein entscheidender Punkt. Hätte ich nicht von Anfang an starke Widerstände gespürt, hätte ich wohl selbst mehr hinterfragt, ob ich das alles wirklich will und kann. Ich wollte einfach meine Mutter retten, ihr die letzte Zeit so schön machen wie nur möglich und ihre Würde bewahren. Doch die Außenwelt war voller Bedenken bis hin zu Unverständnis. So kam ich in den Kampfmodus. Und kämpfen hatte ich von meiner Mutter gelernt, darin fühlte ich mich sicher.

Außerdem hatte ich mir in der Reha genau abgeschaut, was gute Pflege im Falle meiner Mutter bedeutete. Was bei ihr möglich war und was nicht. Ich wusste, wie man sie rückenschonend in den Rollstuhl setzte. Wie man ihr das Essen eingab, ohne dass sie sich verschluckte. Wie man ihr die Medikamente verabreichte. Und wie man sie im Bett richtig lagerte, ohne dass sie sich wundlag.

Ich hatte also kaum Sorge, dass etwas schiefgehen könnte. Mein Unterbewusstsein tat automatisch das, was ich auch anderen nur empfehlen kann, die ihre Angehörigen zu Hause pflegen wollen: sich mit aller Kraft auf das Positive zu konzentrieren. Das stärkt einen selbst und den Betroffenen so sehr, dass man die negativen Aspekte gemeinsam übertrumpfen kann.

Die Sanierung der neuen Wohnung war aufwendiger als erwartet, immer wieder wurde der Einzugstermin verschoben. In der Zwischenzeit musste meine Mutter irgendwo untergebracht werden. Aber wo? Die Reha war vorbei. Blieb nur ein Heim, und zwar zur Kurzzeitpflege. Ich machte mich auf die Suche.

Wie findet man ein geeignetes Alten- oder Pflegeheim? Schwierig. Wirklich gute Einrichtungen sind meiner Erfahrung nach entweder unbezahlbar oder haben lange Wartelisten. Andere werden so kaputtgespart, dass jemand mit einem derart hohen Pflegebedarf wie meine Mutter einfach nicht versorgt werden kann. Das weiß ich heute. Dass es trotz des kurzen Aufenthalts so schlimm werden würde, konnte ich damals noch nicht ahnen.

Ich suchte ein Heim aus, das meiner Mutter gefallen würde. Ein herrschaftliches altes Gebäude, die Räume hübsch, sogar ein Einzelzimmer war frei. Über dem Bett hing ein Kristallleuchter. Dass es im Flur nicht gut roch, kein Bewohner zu sehen war und die Pflegedienstleitung im Aufnahmegespräch verkündete: »Dies wird das letzte Zimmer Ihrer Mutter sein!«, schob ich beiseite. Wir brauchten eine Lösung für den Übergang, und alle anderen besichtigten Heime waren mir wesentlich unangenehmer erschienen. Meine Mutter wurde also per Krankentransport dorthin chauffiert und in ihr Zimmer gerollt – und fühlte sich sofort unwohl.

Ich dachte noch, es läge daran, dass sie jetzt in einem Heim war. Dass sie nur vorübergehend bleiben sollte, schien sie mir nicht zu glauben. Doch bald schon zeichneten sich handfeste Probleme ab.

Immer wenn ich meine Mutter besuchte, lag sie im Bett und war nicht oder kaum versorgt. Anstatt dass sie morgens gewaschen und umgezogen wurde, blieb sie im Nachthemd liegen. Mittags wurde das Essen neben ihr auf den Tisch gestellt – und später unangerührt wieder abgeräumt. Weil sie nicht alleine essen konnte. Zum Füttern hatten die Pflegekräfte meist keine Zeit. Abends war meine Mutter hungrig und durstig, der Urin ganz dunkel. Zum Mittagessen gab es Rotwein – dabei durfte sie keinesfalls Alkohol trinken zu ihrem täglichen Medikamentencocktail von bis zu zwanzig Pillen. Bald war ich nicht einmal mehr sicher, ob ihr die Medikamente überhaupt gegeben wurden. Es schien, als wäre dieses Heim nicht auf schwere Pflegefälle eingestellt.

Ich sprach mit der Pflegedienstleitung. An den folgenden Tagen saß meine Mutter im Rollstuhl, von früh bis spät. Ich besuchte sie in jeder Mittagspause und fand sie entkräftet vor. Sie war noch nicht fit genug, um stundenlang alleine im Stuhl sitzen gelassen zu werden. Ihr Blutdruck spielte verrückt, sie war mehrfach kurz davor zu kollabieren, und wirkte verzweifelt. Es folgte ein weiteres Gespräch mit der Pflegedienstleitung.

Eine Ärztin schaltete sich ein, die wetterte, ich solle mich nicht so anstellen. Meine Mutter hätte keine Probleme, ich sei das Problem. Sie müsse täglich mobilisiert werden. Dass sie stundenlang gegen ihren Willen ohne Aufsicht im Rollstuhl sitze und Schwächeanfälle habe, hätte ich mir ausgedacht. Ich beschwerte mich bei der Heimleitung. Meiner Mutter wurde ein anderer Arzt zugewiesen, der sehr nett war. Er ordnete an, sie im Bett zu lassen. Damit war ein Problem gelöst. Blieben noch zahlreiche andere.

Zum Beispiel wurde meine Mutter nur noch von Hilfskräften versorgt, die kein Deutsch sprachen. Mich störte das nicht weiter, denn sie konnte ja auch nicht sprechen, aber eines Tages kam mir der Verdacht, dass die Hilfskräfte auch die Medikamente zusammenstellten. Mehrfach fand ich falsche Pillen auf ihrem Nachttisch. Ich sprach die Schwestern darauf an, doch sie winkten ab: »Medikamente werden in diesem Haus nur von Fachkräften gestellt! Das hat alles seine Ordnung! Da brauchen Sie gar nicht hinterherzuspionieren!« Am nächsten Abend sah ich, wie ein Pflegehelfer auf dem Flur die Tabletten verteilte, während die Schwestern auf dem Hof rauchten. Der Mann hatte erkennbar Schwierigkeiten, die deutsche Schrift auf den Verpackungen zu entziffern. Auch hier tat ich alles Menschenmögliche, um Gefahren für meine Mutter abzuwenden, aber es war wie immer in diesen Einrichtungen: Am Ende des Tages musste ich nach Hause fahren und darauf vertrauen, dass meine Mutter überleben und so schnell wie möglich nach Hause kommen würde, wo ich selbst auf sie aufpassen könnte.

Ich hatte ein furchtbar schlechtes Gewissen, sie jeden Tag dort zurückzulassen, und kam bald nicht mehr nur mittags in der Pause und abends, bis sie einschlief, sondern auch morgens vor der Arbeit vorbei, um sie zu wecken. Sie freute sich wie ein Schneekönig, wenn ich sie wachküsste – als wäre sie aus einem bösen Traum erwacht. Am Wochenende rollte ich sie durch den schönsten Park Münchens. Aber irgendetwas stimmte nicht mit ihr. Sie war blass und extrem zurückhaltend. Ich tröstete uns beide damit, dass sie nicht mehr lange dort bleiben müsse.

Meine Mutter war gerade ein paar Wochen in dem Heim, als ich einen Anruf erhielt. Sie sei auf dem Weg ins Krankenhaus, mit Herzproblemen. Man wisse nicht, was genau vorgefallen sei.

Ich raste durch den Stadtverkehr zu dem Pflegeheim, das seinen Namen nicht verdient. Gepflegt wurde meine Mutter dort nicht, nicht einmal angemessen versorgt. Am Ende stellte sich heraus, dass sie so lange falsche Tabletten bekommen hatte, bis ihr Herz nur noch mit halber Kraft schlug: Mit einem Puls von dreißig Schlägen pro Minute wurde sie ins Krankenhaus eingeliefert – Lebensgefahr.

Die Sanitäter wollten los, ich konnte mich gerade noch auf den Beifahrersitz setzen. Meine Mutter sehen durfte ich nicht. Wir fuhren mit Blaulicht durch die brütende Mittagshitze. Ich konnte nur hoffen, dass ihr Herz nicht genau in diesen Minuten stehen bleiben würde.

Im Krankenhaus wurde meine Mutter in die Notaufnahme geschoben. Sie sah elend aus, leichenblass. Als sie mich erkannte, streckte sie die Arme nach mir aus.

»Gut, dass Sie da sind«, sagte der Sanitäter und wunderte sich, dass sie auf mich reagierte. Bisher sei sie kaum ansprechbar gewesen. »Ich bin bei dir, Mama, und ich bleibe da«, flüsterte ich und strich ihr dabei über den Arm. Ich sagte es noch einmal, damit es auch wirklich zu ihr durchdrang. Ein bisschen von der Panik wich aus ihren Augen.

Dann schlossen sich die Türen der Notaufnahme. Ich musste draußen bleiben.

Ein Herzschrittmacher sei unumgänglich, sagten die Ärzte am nächsten Tag, also wurde meine Mutter in den OP gerollt. Ich wartete auf dem Krankenhausflur und betete, dass sie diesmal wussten, was sie taten. Und wir hatten Glück: Meine Mutter lebte, als sie aus dem OP-Saal geschoben wurde. Sie war sogar wach. Heilfroh nahm ich sie in den Arm.

Doch meine Erleichterung wich schon bald der Ernüchterung: Kaum war meine Mutter operiert, kümmerte sich niemand mehr um sie. Eine Stunde später standen wir immer noch auf dem Flur. Ob ich sie in ihr Zimmer bringen solle, fragte ich nervös eine Schwester. Auf keinen Fall, hieß es, und dabei wurde mir streng in die Augen geschaut. Dafür gebe es hier Helfer. Der Transport sei schon bestellt, ich müsse mich gedulden und dürfe das Bett nicht selbst bedienen. Für Vorschriften ist in diesen Einrichtungen meist genug Zeit.

Um uns herum wurden laufend Betten verschoben, die meisten leer. Ärzte kamen aus der Mittagspause, Pfleger wechselten sich ab. Ein Notfall wurde eilig vorbeigerollt. Patienten schlurften den Gang entlang. Mal leisteten uns andere Patienten in ihren Betten auf dem Flur kurz Gesellschaft, dann wurden sie wieder abgeholt. Um uns kümmerte sich konsequent niemand.

Meine Mutter wurde zunehmend unruhig und wieder sehr blass. Kein Wunder, sie war gerade am Herzen operiert worden und hatte heute noch keine Medikamente bekommen, außerdem war sie nüchtern, hatte noch nichts getrunken und auch keine Infusion anhängen. Inzwischen war es Nachmittag. Wahrscheinlich war ihr Blutdruck wieder zu hoch, wie immer, wenn sie keine Blutdrucksenker bekam. Zu hoher Blutdruck bedeutete bei ihr immer auch: erneute Schlaganfallgefahr.

Ich fragte nach, warum es so lange dauerte, eine Frischoperierte auf ihr Zimmer zu bringen. Nach zwei Stunden kam endlich der bestellte Transport. Ein junger Mann schob das Bett mit meiner Mutter drei Mal um die Ecke. Nach zwei Minuten waren wir auf dem Zimmer. Hätte ich gewusst, wie kurz der Weg war, hätte ich mich über die Schwestern hinweggesetzt und sie selbst dorthin gebracht.

Endlich Ruhe, die braucht sie jetzt dringend, dachte ich mir noch, da fing meine Mutter an zu zucken. Am ganzen Körper. Hatte sie nun auch noch einen Herzinfarkt? Ich drückte die Notrufklingel. Bald warf sie sich im Bett hin und her, und das, obwohl sie gelähmt war und sich sonst kaum bewegen konnte. Ich war mir sicher: Jetzt stirbt sie, und ich muss hilflos dabei zusehen. Immer heftiger bäumte sie sich auf, das Gesicht zur Fratze verzogen. Ich hatte schreckliche Angst, rannte aus dem Zimmer und suchte nach einer Schwester. In meinem Kopf hämmerte es: Warum hilft uns denn niemand?

Als endlich jemand kam, war der Spuk schon wieder vorbei. »Grand mal«, sagte der Arzt knapp. Nach meiner Beschreibung habe sie einen Ganzkörper-Krampfanfall gehabt. Könne vorkommen, man wisse nicht, was die Ursache dafür sei. Er ordnete ein neues Medikament an und rauschte wieder hinaus. Die Schwester maß meiner Mutter den Blutdruck: 190 zu 100. Sie war völlig erschöpft und schlief schnell ein.

Später stellte sich heraus, dass der Anfall vermeidbar gewesen wäre, wenn man meiner Mutter ihre normale Arznei verabreicht hätte. Stattdessen war die Medikamentenliste aus dem Heim falsch abgeschrieben worden. Das Mittel zur Vermeidung von Krampfanfällen hatte man einfach vergessen. Die Bilder von diesem schlimmen Anfall haben sich mir für immer eingebrannt. Noch Monate später träumte ich davon.

Nach diesem Ereignis beschloss ich, Urlaub zu nehmen und bei meiner Mutter zu bleiben, solange sie im Krankenhaus war. Es war schon mehr als genug vorgefallen, mein Vertrauen in die Institutionen schwand zunehmend. Den epileptischen Anfall hätte niemand mitbekommen, wenn ich nicht da gewesen wäre. Entsprechend hatte auch niemand die Medikamentenliste kontrolliert. Was sollte noch alles passieren?

Als ich am nächsten Tag ins Krankenhaus kam, war es Vormittag und aus dem Mund meiner Mutter hing ein Stück Brot. Ihre Früh-Medikamente waren unangerührt. »Wir sind hier kein Pflegeheim«, hieß es lapidar auf meine Nachfrage. Die anderen Patienten putzten sich ihre Zähne selbst, brauchten kaum Hilfe beim Waschen – und fürs Füttern war kein Personal vorgesehen. Da meine Mutter die Notrufklingel nicht bedienen konnte, kam auch niemand, wenn sie Hilfe brauchte. Für die Grundversorgung war auf dieser Station schlicht keine Zeit.

Also kam ich vormittags und blieb bis spätabends. Jeden

Tag. Ich putzte ihr die Zähne, verabreichte ihr die Medikamente und sorgte dafür, dass sie ausreichend trank. Ich gab ihr das Essen und setzte sie immer wieder einmal an die Bettkante, denn auch Physiotherapie war hier nicht eingeplant. Als meine Mutter plötzlich anfing, schwer zu atmen, hieß es, das solle sich ein HNO-Arzt anschauen. Der kam dann zwei Tage später.

Kaum hatte ich angefangen, ihm die Beschwerden meiner Mutter zu schildern, herrschte er mich an: Ich sei nun schon minutenlang am Reden und wolle mich wohl wichtigmachen. Ob ich vielleicht mal meine Mutter zu Wort kommen lassen könne? Ich fing an zu stottern, dass meine Mutter nicht sprechen könne. Wortlos drehte der Arzt sich um und verließ wutschnaubend das Zimmer. Ohne Behandlung.

Erst musste ich lachen, und dann kamen mir die Tränen – vor Zorn. Warum mussten wir so mit uns umgehen lassen? Meine Mutter war völlig hilflos. Wenn ich nicht da gewesen wäre, wäre sie schon dreimal in Einrichtungen gestorben. Alles, was wir wollten, war, dass die Leute hier ihre Arbeit taten. Immer wieder ist die Rede von Pflegenotstand, aber dass er so schwere Auswirkungen auch auf Krankenhäuser hat, war mir bis dahin nicht klar gewesen.

Meine Mutter nahm mich in den Arm und tröstete mich. Dabei war doch eigentlich sie diejenige, die Hilfe brauchte. Ich fragte mich, wie lange sie das alles noch aushalten würde. Und ich fragte mich auch, wie lange ich das alles noch aushalten würde.

Fünf Wochen lang blieb meine Mutter in dieser Klinik. Weitere Behandlungen gab es nicht, die Medikamentengabe und die Pflege übernahm ich. Natürlich tauchten diese Posten später trotzdem auf der Krankenhausrechnung auf.

Weil meine Mutter keine Physiotherapie bekam, konnte sie am Ende des Aufenthalts nicht mehr sitzen. Die Bauchmuskeln, die in der Reha ein paar Wochen vorher noch trainiert worden waren, hatten sich zurückgebildet, der Kopf sackte auf die Brust, sobald er nicht gestützt wurde. Sie war ein Schatten ihrer selbst. Doch die Ärzte hatten eine Idee: Sie überwiesen sie in ein anderes Krankenhaus.

Das sei eine Reha-Klinik, wurde mir erklärt, wo man sich genau mit »solchen Fällen« auskenne. Eine Reha-Station, extra auf ältere Patienten mit zahlreichen Gebrechen spezialisiert. Dort könne man ihr helfen. In ihrem jetzigen Zustand könne sie schlecht nach Hause. Es gebe da nur einen Haken: Wir müssten den Aufenthalt selbst zahlen. Da meine Mutter nach dem Schlaganfall bereits in Reha gewesen war, würde die Kasse die Kosten diesmal nicht übernehmen. Aber die zwei, drei Wochen würden sich auf jeden Fall für uns lohnen.

Meine Mutter wollte unbedingt nach Hause. Die neue Wohnung war aber immer noch nicht fertig. Ich überredete sie deshalb, auf die Ärzte zu hören. Ein bisschen Physiotherapie und Muskelaufbau könnten nicht schaden, dachte ich. Und vielleicht hatten wir ja diesmal wieder Glück mit der Station, so wie in der ersten Reha? Mein Bruder sah es genauso. Gemeinsam brachten wir sie dorthin.

Leider sollte genau dies die schlimmste Einrichtung sein, in der meine Mutter jemals war.

Es startete schon mit einer Ungerechtigkeit. Dass meine Mutter nicht versorgt wurde, kannte ich bereits. Dass aber stattdessen die Dame, die mit ihr im Zimmer lag, von den Schwestern verhätschelt wurde, war neu. Als ich am nächsten Tag die Klinik am anderen Ende der Stadt erreichte, war für meine Mutter schon wieder nicht gesorgt worden: kein Frühstück, nichts zu trinken, keine Medikamente, keine Zahnpflege, keine Morgenwäsche. Die zierliche Frau im Nebenbett hingegen war frisch gestriegelt und kicherte – denn sie wurde gerade von zwei Schwestern liebevoll an den Füßen gekitzelt. Was war denn hier los?

Mein Bruder wartete auf dem Flur und hatte Neuigkeiten für mich: Es laufe hier wohl so, dass man die Pfleger bestechen müsse, damit sie sich um die Patienten kümmerten, hatte er von anderen Angehörigen erfahren. Ich war empört und schwer dagegen, aber er hatte ganz pragmatisch schon eine Packung Pralinen im Krankenhauskiosk gekauft: DANKE stand in Riesenlettern darauf, darin steckten fünfzig Euro. Mein Bruder überreichte das Präsent dem Pflegedienstleiter, und an dessen Reaktion erkannte ich: Das war hier ganz selbstverständlich.

Von da an wurde meine Mutter zwar halbwegs versorgt, Kitzeln schien aber noch mal extra zu kosten. Die Angehörigen der Bettnachbarin ließen sich die ganze Zeit nicht blicken, doch offensichtlich waren sie finanziell sehr generös. Wie es armen Patienten ohne Angehörige hier wohl erging, daran mochte ich lieber gar nicht denken.

Die Versorgung war nun also halbwegs sichergestellt, dachte ich, sodass ich wieder arbeiten könnte. Falsch gedacht.

Jeden Mittag fuhr ich nun quer durch die Stadt, um in meiner Pause nach meiner Mutter zu schauen, nach Feierabend noch einmal. Immer fand ich dasselbe Elend vor: Meine Mutter hing im Rollstuhl, hätte alleine essen sollen, was sie nicht geschafft hatte, und sollte eigentlich aufrecht sitzen, was sie auch nicht schaffte. Denn der Krankenhaus-Pflegerollstuhl war kaputt, die Rückenlehne ließ sich nicht mehr aufrichten. War hier nicht eigentlich das Ziel, meine Mutter wieder aufzurichten? »Ach je, das alte Ding«, sagten die Schwestern jedes Mal, wenn ich sie darauf aufmerksam machte. Sie setzten meine Mutter trotzdem jeden Mittag wieder in denselben Stuhl. Also fand ich sie immer wieder so vor: zusammengesunken, den Kopf auf den Knien, das Gesicht von hilflosen Essversuchen verschmiert, vor Schmerzen wimmernd.

Die Mitarbeiter schienen hier längst abgestumpft zu sein, und sie hatten auch keine Zeit, regelmäßig nach ihr zu schauen. Also sahen sie das Elend gar nicht. Hauptsache, sie hatten sie nach Vorschrift mobilisiert, sprich: in den Stuhl gesetzt. Und konnten ein Häkchen machen in der Dokumentation.

Ich beschloss, das Wochenende darüber zu wachen, dass meine Mutter nicht in den Stuhl gesetzt wurde. Sie konnte sich ja selbst nicht wehren. Ich hatte den Eindruck, dass die Ärzte und Pfleger mit meiner Mutter hier nichts anzufangen wussten, mit dem Krankheitsbild überfordert waren und sich deshalb eher fernhielten – bis auf den nötigsten Kontakt.

Außerdem herrscht in Reha-Einrichtungen der Anspruch, dass der Patient in einem besseren Zustand entlassen wird, als er eingeliefert wurde, dass er also deutliche Fortschritte macht. Bei meiner Mutter hatten sie offenbar den Eindruck, dass das nicht möglich wäre.

Bald bemerkte ich ein neues Problem: Meine Mutter hatte schlimme Krämpfe. Sie zog den rechten Arm, der eigentlich gelähmt war, zum Kopf, und ihr Gesicht verzerrte sich dabei vor Schmerz. Spastiken wurde das genannt, und sie bekam bereits Medikamente dagegen. Doch jetzt passierte das jede Viertelstunde – und es wurde immer schlimmer.

Ich redete mit den Schwestern, doch die winkten ab. Das sei ganz normal bei solchen Patienten. Am nächsten Tag war es noch heftiger: alle paar Minuten mehrere Spastiken hintereinander. Es schien sehr anstrengend zu sein, meine Mutter war richtig fertig. Ich wollte mit einem Arzt sprechen, doch am Wochenende war keiner da. Völlig genervt gab eine Schwester ihr am Abend eine Tablette.

Als ich am nächsten Mittag wiederkam, saß meine Mutter ausnahmsweise nicht im Stuhl, sondern sie lag im Bett – kreidebleich. Ihre Medikamente waren nicht angerührt, umgezogen war sie auch nicht. Und sie ließ sich auch nicht wecken. Ich wollte von der Schwester wissen, was los sei. »Darüber sprechen Sie besser mit einem Arzt«, sagte sie mit abwehrendem Kopfschütteln.

Es kam ein Arzt, den ich noch nie gesehen hatte. Mit schlechten Nachrichten: Meine Mutter liege im Koma. Die gute Nachricht: Da sie nun Intensivpatientin sei, müssten wir die Reha an diesem Tag nicht selbst bezahlen. Wie, Intensivpatientin, fragte ich, müsse dann nicht auch eine Intensivbehandlung erfolgen? Sie auf die Intensivstation verlegt werden, anstatt sie einfach in ihrem Zimmer liegen zu lassen? Man müsse abwarten, was passiert, sagte der Arzt. Er wisse auch nicht, warum sich ihr Zustand so plötzlich verschlechtert habe. Dann war er wieder weg.

Ich sprach meine Mutter an, aber sie reagierte nicht. Ich versuchte sie wachzurütteln, es funktionierte nicht. Ich streichelte ihren Arm, ihren Kopf, gab ihr einen Kuss – kein Lebenszeichen. Sie atmete, aber nur schwach. Ihre Wangen waren eingefallen. Ich maß ihren Blutdruck mit dem Messgerät, dass ich inzwischen immer dabeihatte, er war viel zu hoch. Sie brauchte dringend ihre Medizin. Ich rief in der Redaktion an, um Bescheid zu sagen, dass ich heute nicht mehr kommen würde.

Nachdem ich eine Weile neben meiner Mutter gesessen hatte, beschloss ich intuitiv, sie zu wecken. Ich hatte Angst, dass sie sonst vielleicht nie wieder aufwachen würde. Auf das Personal konnte ich hier nicht vertrauen. Niemand schien ein Interesse daran zu haben herauszufinden, was genau meiner Mutter fehlte, sonst hätten sie sie weiter untersucht. Mein Eindruck war: Für das Personal hier war sie als Patientin mit höchstem Pflegegrad plus Sprach- und Umsetzungsstörung einfach zu anstrengend. Sie ahnten nichts von ihrem Lebenswillen, sie hatten sie hier noch nicht glücklich gesehen. Sie glaubten wohl auch nicht daran, dass meine Mutter noch irgendeine Lebensqualität haben konnte. Hier ging es ihr einfach immer schlechter. Ich musste diesen Teufelskreis durchbrechen, und zwar sofort.

Ich bewegte ihren Kopf hin und her, vorsichtig, dann Arme und Beine, kräftiger. Keine Reaktion. Erst nach zwanzig Minuten bemerkte ich, wie sie ganz langsam zu mir zurückkam. Um sofort wieder wegzudämmern. Aber ein Anfang war gemacht. Voller Hoffnung rief ich eine Schwester. Diesmal hatte ich Glück: Sie war jung und motiviert und wollte mich dabei unterstützen, meine Mutter aufzuwecken. Ich solle sie wieder rufen, wenn sie noch mal zu sich gekommen sei. Es dauerte Stunden, doch am frühen Abend war meine Mutter wieder wach. Die Schwester hatte mir geholfen, ihr in mühevoller Kleinarbeit Milliliter um Milliliter Joghurt einzuflößen, in den wir ihre Medikamente gemörsert hatten. Zwei Stunden später war sie wieder ganz die Alte.

Am nächsten Tag verriet mir eine Fachkraft, warum meine Mutter hier fast gestorben wäre: weil sie nach dem ersten Medikament gegen die Spastiken am selben Abend noch ein zweites Medikament bekommen habe. Erst danach habe man bemerkt, dass die beiden Arzneien unverträglich gewesen seien. Man hätte sie ihr nie zusammen geben dürfen – vor allem nicht als hirngeschädigter Patientin. Deshalb das Koma.

Mir fiel ein Stein vom Herzen, dass meine Mutter erneut einen schweren Pflegefehler überlebt hatte – und ich war froh, dass sie kurz darauf auch schon wieder entlassen werden sollte. Zuvor wurde ich noch zu einem Gespräch geladen: Mehrere Fachärzte, Physiotherapeuten und das gesamte Pflegeteam – die meisten hatte ich bei meiner Mutter noch nie gesehen – sollten abschließend über »den Fall« meiner Mutter beraten und mir das Ergebnis mitteilen: extrem schwierig.

Es sei absolut davon abzuraten, einen solchen Patienten zu Hause zu versorgen. Auch ein normales Heim sei nicht geeignet. Es gebe »höchstens« noch ein Pflegeheim für extreme Pflegefälle, irgendwo in den Bergen.

Ich ließ mir nicht anmerken, dass ich ihnen nicht mehr traute. Ich hatte genug von den Experten, die meiner Mutter nicht helfen konnten und sie immer noch kränker machten. Nur weil sie nicht mehr sprechen konnte und viel Pflege benötigte, sollte sie abgeschrieben werden? Kam gar nicht infrage. Ich war überzeugt: Mit der richtigen, auf sie zugeschnittenen Pflege und viel Ruhe würde es ihr bald besser gehen. Bei uns zu Hause. Wenn wir nur endlich loslegen dürften.

Doch die Sanierung der neuen Wohnung verzögerte sich immer wieder. Es half alles nichts: Sie musste noch einmal in die Kurzzeitpflege. Gleich um die Ecke der Klinik war ein Platz in einem Pflegeheim frei. Zwar nur im Zweibettzimmer mit einer etwas schwierigen alten Dame, dafür waren die Pflegekräfte hier bemüht, ja sogar freundlich. Sie behandelten meine Mutter mit Respekt und wuschen sie regelmäßig, auch das Füttern war kein Problem. Das hatte ich schon gar nicht mehr für möglich gehalten. Hier sollte sie zwei Wochen bleiben.

Doch ihr Auszug war schon wieder gefährdet: Die Kasse stellte sich quer. Eigentlich hätte längst ihr Pflegebett nach Hause geliefert werden sollen, denn die Wohnung war nun endlich einzugsbereit. Aber die Privatversicherung musste das Bett erst noch bewilligen.

Dazu sollte meine Mutter begutachtet werden, um die Frage zu klären, ob sie das Bett auch wirklich brauche. Ein Blick in die Akten hätte zwar genügt: Höchste vorläufige Pflegestufe, halbseitig gelähmt, bettlägerig – wer sonst sollte ein Pflegebett benötigen, wenn nicht sie? Doch das musste erst noch mal ein Gutachter bestätigen.

Das Problem: Der Gutachter wollte nicht ins Heim kommen, weil dies nicht ihre künftige Versorgungssituation sein würde. Sie sollte ja zu Hause gepflegt werden. Nach Hause wollte der Gutachter aber auch nicht kommen, weil meine Mutter nicht dort war. Denn da stand ja noch kein Bett. Eine kafkaeske Situation. Die Kasse schlug vor, meiner Mutter unbegrenzt weiteren Aufenthalt in der Kurzzeitpflegestation zu finanzieren. Offenbar wusste sie selbst nicht, wie das Problem zu lösen sei.

Dies war die Stunde meines großen Bruders. Ich weiß nicht genau, wie er es angestellt hat, aber in diversen recht dominanten Telefonaten hörte ich immer wieder die Begriffe »Dienstaufsichtsbeschwerde« und »Sozialgericht« heraus. Nicht zum ersten Mal fragte ich mich, wie dieser ganze Wahnsinn von Leuten bewältigt werden soll, die niemanden an ihrer Seite haben.

Als endlich das ersehnte Pflegebett in unserer Wohnung stand und meine Mutter bei mir einzog, war ich extrem erleichtert.

All der Ärger, die ewigen Sorgen mit sündhaft nachlässigem Pflegepersonal und gefährlich arroganten Ärzten in unterbesetzten Einrichtungen, mit überforderten Organisationen und Menschen, die meine Mutter zuvor nie gesehen hatten, aber dann davon ausgingen, sie wüssten, was das Beste für sie sei, all diese Probleme fielen nun von mir ab. Ich merkte erst jetzt, wie sehr auch ich darunter gelitten hatte, wie stark an mir gezerrt worden war, wie kräftig ich mich gegen all das hatte auflehnen müssen, um meine Mutter zu schützen.

Ich weiß, dass es auch hoch motivierte Schwestern und Pfleger gibt. Die Empathie und Sorgfalt zeigen, die darum bemüht sind, die Würde eines Menschen zu bewahren, trotz chronischen Zeitmangels. Ärzte, die einen schwer kranken Menschen nicht aufgeben. Doch unsere Erfahrung war eine ganz andere.

Ich war erschüttert – und heilfroh, dass meine Mutter endlich bei mir war. In Sicherheit.

Der Schlaganfall lag nun schon fast ein Jahr zurück. Und wir konnten endlich wieder aufatmen.

KAPITEL 4
Mit Pflegedienst und Helfern zu Hause

»Was tun Sie sich da an?«, fragte eine Ärztin in der Reha. »Sie sind doch noch so jung! Wollen Sie etwa Ihren Job aufgeben?«, hieß es vom Sozialdienst im Krankenhaus.

Niemand konnte glauben, dass ich meine Mutter wirklich zu mir nach Hause nehmen wollte. Wie sollte das funktionieren, mit einem so schwer pflegebedürftigen Menschen?

Ehrlich gesagt sah ich das Problem gar nicht. Es war doch offensichtlich, dass ich meine Mutter am besten verstand. Menschen, die in einer Einrichtung viele, zum Teil schwer beeinträchtigte Patienten zu versorgen hatten und für die meine Mutter eine völlig Fremde war, hätten das ja auch gar nicht leisten können. Nur ich wusste, was sie meinte, wenn sie »Mumi« sagte. Und »Mumi« sagte sie mittlerweile den ganzen Tag. Auch ihre pflegerische Versorgung würde ich zu Hause allemal besser hinbekommen als die Einrichtungen, in denen sie zuletzt gewesen war. Zumal ich gar nicht vorhatte, sie ganz alleine zu pflegen.

Wie kann man pflegen und gleichzeitig arbeiten?

Das öffentliche Bild von der Pflege zu Hause: Eine ältere Dame betreut rund um die Uhr ihren pflegebedürftigen Mann. So war es lange, und es ist immer noch der klassische Fall. Aber die häusliche Pflege ist inzwischen viel bunter, als viele sich das vorstellen: Teenager kümmern sich um erkrankte Eltern, um Großeltern oder ein behindertes Geschwisterkind, Frauen mittleren Alters jonglieren zwischen Kindern und Elternpflege – und auch immer mehr Männer pflegen zu Hause. Die meisten davon sind im Rentenalter und kümmern sich um ihre Partnerin, jüngere beteiligen sich oft nur organisatorisch daran, dass ihre Gattin die Schwiegermutter pflegt. Doch es gibt auch immer mehr jüngere Männer, die ihre Eltern pflegen, zehn Prozent davon mit Vollzeitjob. Wie machen sie das? Sie delegieren mehr. Tagsüber bei der Arbeit, organisieren sie die Pflege um ihren eigenen Job herum. Sie beschäftigen private Pfleger oder Pflegedienste in ihrer Abwesenheit und sorgen damit auch dafür, dass sie selbst nicht so schnell Burn-out-gefährdet sind, wie man es von vielen Angehörigen inzwischen kennt.

All das wusste ich zu Beginn der Pflege noch nicht, aber ich hielt es genauso. Weil ich selbst einen Vollzeitjob hatte, musste meine Mutter tagsüber von jemand anderem gepflegt werden. Ich freute mich darauf, mich um sie zu kümmern, ihre Pflege zu organisieren und Ansprechpartnerin für alles zu sein. Außerdem pflegte ich sie nun jeden Abend bis spät in die Nacht, jedes Wochenende und immer, wenn ihre Pflegerinnen Urlaub hatten oder krank waren. Aber meinen eigenen Job zu kündigen war für mich keine Option.

Weder wäre das finanziell möglich gewesen, noch hätte ich es gewollt. Ich liebte meine Mutter, aber ich liebte auch meine Arbeit. Ganz ähnlich wie sie, die etliche Jahre sehr engagiert gearbeitet hatte. Es musste eine andere Lösung geben.

Ich kann nur dazu raten, sich als Angehöriger gut zu überlegen, ob man für die Pflege seine Arbeit aufgeben will. Ich halte es für besser, so weit wie möglich Normalität und ein eigenes Leben zu bewahren. Auf Angehörige kommen im Laufe der Pflege ohnehin oft genug Probleme zu, die man am Anfang nicht einmal erahnt. Umso wichtiger ist es, dass man gestärkt bleibt – wenn möglich, durch das Umfeld, den Freundeskreis, die Familie und auch durch den Job. Das persönliche Netz ist es, das einen auffangen kann – weniger das soziale, das man sich immer erst erkämpfen muss.

Ich kann mir auch Angehörige vorstellen, die in der Pflege eine neue Aufgabe sehen, der sie sich lieber widmen als ihrem Beruf. Das verdient alle Ehren, und manchmal ist das auch genau richtig. Doch es kann finanziell schnell schwierig werden, wenn man nicht ausreichend abgesichert ist. Denn im Schnitt dauert die Pflege zu Hause neun Jahre. Das wird oft unterschätzt – auch von Ärzten, so wie bei uns.

Wüsste man das vorher, könnte man sich freuen, seine Lieben noch länger bei sich zu haben, und man könnte sich Kräfte und Mittel besser einteilen. Aber so ist es nicht. Und auch wenn ein Arzt prognostiziert, dass ein Patient nur noch Wochen oder Monate zu leben hat, muss das so nicht stimmen. Natürlich möchte man als Angehöriger möglichst viel Zeit mit dem Menschen verbringen, den man liebt, und wenn man hört, dass diese Zeit derart begrenzt ist, neigt man dazu, alles selbst in die Hand nehmen zu wollen und sich zu überfordern. Doch letztlich geht es um Qualitätszeit, gleich, ob man noch sechs Monate gemeinsam hat oder zehn Jahre.

Weil die meisten Menschen sich mit Pflege nicht beschäftigen, bevor sie selbst oder direkte Angehörige betroffen sind, sind auch viele Arbeitgeber überfordert mit dem Thema. Angehörige sollten ihren Arbeitgebern deshalb klarmachen, dass sie mit dem Beginn der Pflege so zu behandeln sind wie ein Elternteil. Dass es zwar zu Ausfällen kommen kann und wird, und das nicht nur in den ersten Wochen nach Eintritt eines Pflegefalls. Dass sie aber weiterhin als volle Arbeitskraft ernst genommen werden können und auch für höhere Aufgaben geeignet sind – so sie es denn möchten. Und wie es etwa für Väter von Kindern ja auch normal ist.

Solange es in Betrieben nicht selbstverständlich ist, dass Arbeitnehmer ihre Eltern pflegen, müssen mutige Angehörige ihre Rechte konkret einfordern. Firmen sollten sich, um die Arbeitskraft ihrer Angestellten zu erhalten, genau wie bei Eltern, die kleine Kinder haben, um die Vereinbarkeit von Arbeit und Familie kümmern. Denn Familien, das sind nicht nur Vater, Mutter, Kind. Es sind auch erwachsene Kinder und ihre pflegebedürftigen Eltern. Und es sind alleinerziehende Mütter mit behinderten Kindern. All das ist Realität und darf nicht länger nur das Problem des Einzelnen sein.

Wer die Pflege zu Hause gut organisiert, der kann nicht

nur ein normaler Arbeitnehmer sein. Er kann sogar ein besonders fähiger Arbeitnehmer sein, weil er sein Organisationstalent im privaten Rahmen täglich unter Beweis stellt. Ganz ähnlich wie viele arbeitende Mütter.

Ich selbst habe meinen Arbeitgeber nicht um Erlaubnis gefragt, ob ich meine Mutter pflegen darf. Für mich war das damals das Natürlichste der Welt, und so hatte auch mein Chef nicht den Eindruck, dass sich die Pflege meiner Mutter übermäßig auf meine Arbeit auswirken würde. Und das hat sie auch nicht – bis auf das letzte Jahr.

Dass ich meinen Job nicht aufgegeben habe, hat sich deshalb als genau richtig herausgestellt. Meine Arbeit war die perfekte Abwechslung zur Pflege – und umgekehrt. In einer Redaktion herrscht immer Zeitdruck, alles muss sehr schnell erledigt werden. Bei uns zu Hause war das Gegenteil der Fall: Meine Mutter konnte vieles nur noch ganz langsam machen. Um sie zu pflegen, musste ich mich ihrem Tempo anpassen. Das erdete mich. Umgekehrt fühlte ich mich im Büro oft wie im Urlaub – im Gegensatz zu den zahlreichen Aufgaben, die zu Hause auf mich warteten, war dort alles auf viele Köpfe verteilt, und ich war nicht allein verantwortlich. Außerdem bekam ich durch die zahlreichen Themen, durch die man sich als Journalist täglich wälzt, tagsüber den Kopf frei von dem Pflegethema und kehrte abends oft wie frisch erholt nach Hause zurück. Mein Eindruck war, dass ich durch diesen Abstand auch viel bessere Laune hatte, als wenn ich den ganzen Tag meine Mutter versorgt hätte.

Auch ihr fiel es dadurch leichter, meine Hilfe anzunehmen, weil sie miterlebte, dass ich neben ihrer Pflege auch noch ein eigenes Leben hatte.

Eine gute Organisation ist in der Pflege sehr viel wert. Bei uns sah sie so aus, dass vom ersten Tag an morgens und abends ein Pflegedienst kam, der meine Mutter wusch und umzog. Damit blieb aber noch sehr viel Pflege und Hausarbeit übrig, die von jemand anderem übernommen werden musste. Am Wochenende und abends war ich das. Tagsüber, während ich arbeitete, beschäftigten wir eine private Pflegerin. Und wenn ich im Urlaub war, kam mein Bruder.

Was für mich ausschlaggebend war: Zu Hause hat man die Hoheit darüber, welche Stimmung herrscht. Ich wollte für das Lebensende meiner Mutter eine friedliche, fröhliche und soweit wie möglich sorglose Stimmung schaffen. Viele Menschen meinen, dass Alter, Krankheit und nahender Tod automatisch mit Leid, Qual und Verzicht einhergehen. Ich ahnte: Wenn die Pflege für meine Mutter und auch mich funktionieren sollte, mussten wir es anders halten. Ohne diese negativen Zuschreibungen, dafür mit viel Liebe, Zuwendung und Optimismus. Dafür brauchten wir Leute, die diese Stimmung mittragen wollten – und konnten.

Das klappte nicht mit allen Mitarbeitern, einige waren von diesem Ansatz überfordert. Dass meine Mutter nicht traurig im Bett lag, nicht bemitleidet und nicht auf ihre Krankheit reduziert werden wollte, kam für viele überraschend. Dass sie weiterhin Spaß am Leben haben wollte – trotz aller Einschränkungen.

Das Praktische war: Ich konnte mir die Mitarbeiter selbst aussuchen und bei Bedarf auch wieder auswechseln, wenn es nicht passte. Natürlich konnte ich mir die Pfleger nicht selbst backen, und das Angebot bestimmt die Auswahl. Aber wenigstens hatte ich immer noch weitgehend die Kontrolle darüber, wer meine Mutter wann und wie pflegte.

Das ist in Heimen und Krankenhäusern ausgeschlossen. Da muss man nehmen, was kommt, und oftmals froh sein, wenn überhaupt die Mindestversorgung gewährleistet wird.

Zu Hause hingegen ist der Patient die Hauptperson, um ihn dreht sich der ganze Zirkus. Im Nebenzimmer wartet kein noch pflegebedürftigerer Mensch oder ein Notfall, der immer vorgeht. Zu Hause geht es darum, den Patienten in seinem Umfeld, seiner Geschwindigkeit und unter Berücksichtigung seiner persönlichen Stärken und Schwächen zu unterstützen. Und ihn nicht laufend zu bevormunden.

Auch deshalb konnte meine Mutter nur zu Hause gepflegt werden. Die nötige Pflege war viel zu intensiv für eine Einrichtung. Niemals hätte man dort rund um die Uhr einen solchen Aufwand betreiben können. In allzu vielen Einrichtungen fehlen Manpower, Zeit und die Möglichkeit, sich auf eine einzelne Person zu konzentrieren. Zu Hause aber konnten wir uns ganz auf sie einlassen. Und das war auch bitter nötig.

Die Pfleger

Eine Vierundzwanzig-Stunden-Pflege durch ausgebildetes Pflegepersonal ist in Deutschland nicht bezahlbar. Da kommen schnell dreißigtausend Euro im Monat zusammen, dafür hätte das Geld meiner Mutter kein halbes Jahr gereicht.

Deshalb greifen viele Angehörige auf Agenturen zurück, die Pflegerinnen aus osteuropäischen Ländern vermitteln. Mit etwa eintausendachthundert Euro monatlich aufwärts sind sie erheblich günstiger, und nur deshalb ist die Pflege für viele alte Menschen hierzulande überhaupt machbar. Weil aber viele dieser Hilfskräfte illegal beschäftigt sind oder ihre Anstellung sich zumindest vor zehn Jahren, als diese Frage für uns akut war, noch deutlich am Rande der Legalität bewegte, wollten wir das nicht. Mein Bruder kannte sich aus mit legalen Beschäftigungsverhältnissen und fragte beim Arbeitsamt in München an. Wir brauchten eine Pflegerin, die tagsüber, wenn ich arbeitete, bei meiner Mutter war. Zusätzlich zum Pflegedienst, der immer nur kurz vorbeischneite. Und so kam Christoph zu uns.

Ich wollte eigentlich keine Männer mit meiner Mutter allein lassen. Zu oft schon hatte ich davon gelesen, dass sich Pfleger in Heimen an Frauen vergingen. Dabei dreht es sich nach dem Stand der Forschung weniger um sexuelle Befriedigung als um Machtausübung. Meine Mutter war völlig wehrlos, das perfekte Opfer. Im Zweifel hätte sie mir nicht einmal davon erzählen können, wenn jemand sie bei der Intimwäsche unsittlich berührt hätte. Ich wollte dieses Risiko also lieber nicht eingehen, doch als meine Mutter Christophs Bewerbung in Händen hielt, wollte sie ihn unbedingt zum Pfleger haben. Ich bezog sie stets in die Auswahl ihrer Helfer mit ein, zeigte ihr die Fotos der Bewerber vom Arbeitsamt, und wenn jemand zum Vorstellen bei uns vorbeikam, fragte ich sie später nach ihrer Meinung. Schließlich war sie es, die Tag für Tag mit den Menschen auskommen musste. Bei Christoph hatte sie sofort ein gutes Gefühl.

Und sie hatte recht. Christoph war Mitte zwanzig, sein Vater Arzt, und er selbst hatte schon in verschiedenen Behinderteneinrichtungen gearbeitet. Meine Mutter war für ihn ein einfacher Patient: Sie verletzte sich nicht selbst, konnte nicht wegrennen, hatte keine unkontrollierten Bewegungs- oder Gefühlsausbrüche und gab keine Schreie von sich. Sie war lieb und geduldig, musste nur gefüttert und medizinisch versorgt und ein bisschen bewegt werden. Christoph hatte schon mit Multi-Spastikern gearbeitet und war ein Ausbund an Empathie. Er verstand meine Mutter auch ohne Worte. Und wenn nicht, war es auch nicht schlimm. Christoph behielt stets die Ruhe. Er war von Kopf bis Fuß tätowiert, ein lustiger Kerl, hatte immer etwas zu erzählen, und seine Pfannkuchen waren legendär.

Die Pflege sah er genauso wie ich, weder als Zumutung noch als Problem. Sie machte ihm einfach Spaß. Für ihn war es ein Vergnügen, meiner Mutter etwas Gutes zu tun. Er wusste selbst, dass nicht die Krankheit meiner Mutter im Vordergrund stehen sollte und alle Probleme, die damit zusammenhingen. Das musste ich ihm gar nicht erklären, wie später vielen anderen. Ihm war klar, dass er auch nicht ständig über ihre Behinderung reden oder meine Mutter bemitleiden musste. Er behandelte sie wie einen ganz normalen Menschen, der einfach nur mehr Hilfe brauchte. Christoph war ein Volltreffer. Vor allem für meine Mutter, aber auch für mich. Ich konnte mich mal wieder mit Freunden treffen, denn er sorgte in dieser Zeit ausgezeichnet für alles. Er war pünktlich, motiviert und zuverlässig. Bei ihm musste ich mir keine Sorgen machen.

Nach zwei Jahren wollte Christoph sich weiterbilden, zum Kinderpfleger.

Leider ist der Pflegenotstand so groß, zumal in München, wo schon Krankenschwestern und Polizisten sich kaum noch die Miete leisten können, dass oft erst mal jeder Pfleger genommen werden muss, den man bekommen kann. Deshalb hatten wir nach Christoph eine Reihe von Mitarbeitern, die nicht ansatzweise so motiviert waren wie er.

Zum Beispiel Anissa, die noch jung war und zwar sehr gut pflegen konnte, dazu aber eigentlich keine Lust hatte. Weshalb sie ständig fehlte. Ich musste dann jedes Mal von der Arbeit nach Hause kommen, um meine Mutter selbst zu betreuen. Was auf Dauer nicht funktionieren konnte. Das war ihr aber egal, sie kaufte von meinem Geld, das fürs Einkaufen gedacht war, sich selbst Parfüm – und klagte später gegen ihre Kündigung. Ähnlich wie Dagmar, deren hervorragende Kochkünste meine Mutter gerne länger genossen hätte. Leider meldete sie sich ständig krank. Danach kam Emma, eine ehemalige Sportlehrerin aus Rumänien, die sogar bei uns wohnte. Allerdings vermisste sie ihre Familie so sehr, dass sie jeden Abend weinte. Als ich einmal in Urlaub war und mein Bruder mich zu Hause vertrat, reiste Emma überstürzt ab, weil ihr Mann in Rumänien verunglückt sei, sie müsse zur Bezahlung der Krankenhausrechnung sofort ihren Lohn im Voraus erhalten. Später stellte sich heraus, dass sie sich stattdessen bei unserem Zahnarzt die Zähne hatte richten lassen. Sobald die Rechnung für die Zuzahlung kam, floh sie außer Landes und ward nie mehr gesehen.

Ich will unsere ehemaligen Pfleger damit nicht bloßstellen. Ihre Namen sind, wie alle anderen in diesem Buch, anonymisiert (bis auf die Angehörigen in Kapitel 10). Im Vergleich zu vielen Pflegediensten und anderen Beteiligten waren es genau diese privaten Einsatzkräfte, die uns am meisten bei der Pflege meiner Mutter geholfen haben. Ich erzähle diese Episoden, um zu zeigen, was sich alles ereignen kann, wenn man Angehörige zu Hause pflegt. Mit einem fremden Menschen können auch fremde Eigenheiten und Probleme ins Haus kommen. Darauf muss man sich einlassen, und damit muss man auch erst mal klarkommen.

Deshalb rate ich dazu, sich mit der Auswahl der Pfleger zu Hause besondere Mühe zu geben. Wenn Sie von Anfang an ein ungutes Gefühl haben, hören Sie darauf, trotz des Pflegenotstands. Es kann eine Weile dauern, bis Sie die passende Pflegeperson gefunden haben. Man sollte Auswahlgespräche führen und auch den Pflegebedürftigen unbedingt in die Auswahl mit einbeziehen. Er ist derjenige, dem die Helfer sehr nahekommen. Manchmal kann es nicht schaden, im Zweifel ein polizeiliches Führungszeugnis zu verlangen oder zumindest Zeugnisse von Ansprechpartnern, um sich zu erkundigen. Ich hätte das in einigen Fällen wohl tun sollen. Vorsicht ist auch geboten, wenn sich plötzlich obskure Vermittler mit rührenden Geschichten bei Ihnen melden.

Und dann kann man natürlich auch Glück haben. So wie wir am Ende mit Constanze. Dem bisherigen Pflegedienst hatte ich kündigen müssen, weil er schwere Pflegefehler gemacht hatte. Ich stand allein mit der Pflege da – als auf einmal Constanze anrief. Sie kannte meine Mutter schon, weil sie vorher aushilfsweise bei unserem Pflegedienst gearbeitet hatte. Begeistert von unserer guten Stimmung zu Hause, bot sie uns ihre Hilfe an.

Constanze war ein echter Sonnenschein. Sie strahlte morgens schon beim Aufschließen der Wohnung und blieb nachmittags freiwillig länger, weil sie meine Mutter so liebgewonnen hatte. Ohne Extrabezahlung. Sie trug jeden Tag bunte Kleidung, die von meiner Mutter ausgiebig bewundert wurde. Auch mir war sie eine große Hilfe, weil sie mich motivierte, als die Pflege meiner Mutter ganz am Ende doch noch schwierig wurde. Bis dahin war eher ich der Motivationscoach für die Pfleger gewesen.

Sie blieb bei uns bis zum Tod meiner Mutter. Dass ich das Ende meistern konnte, ist auch Constanze zu verdanken. Ihre unermüdliche Leistungsbereitschaft und ihr fröhliches Wesen waren für meine Mutter die pure Wohltat und für mich eine große Unterstützung. Fast wie von einer Schwester.

Die ambulanten Pflegedienste

Der Personalmangel in der Pflege betrifft natürlich auch die Pflegedienste. Immer mehr schießen in ganz Deutschland aus dem Boden, auch weil es immer mehr Alte zu versorgen gibt. Und weil man mit der Pflege hierzulande viel Geld verdienen kann. Bei den Mitarbeitern kommt das Geld aber meist nicht an.

Händeringend suchen die Pflegedienste deshalb laufend nach Leuten, die für wenig Geld Pflege im Minutentakt leisten, sich zwischendurch durch den Stadtverkehr quälen und dazu noch die irrsinnigen Dokumentationsvorgaben der Krankenkassen bedienen. Jeder Handschlag wird einzeln abgerechnet und muss daher auch dokumentiert werden. Zähneputzen soll drei Minuten dauern, Windelwechseln fünf. Bei meiner Mutter dauerte alles länger. Weil die Kasse aber nur eine bestimmte Anzahl an Verrichtungen übernimmt, kommt so ein Pflegedienst zu einem Patienten des höchsten Pflegegrads täglich nur für eine Stunde. Vierzig Minuten am Morgen und zwanzig Minuten am Abend.

In dieser Zeit schafften es die Pflegedienstmitarbeiter morgens, meine Mutter zu waschen und sie umzuziehen. Abends wurde ihr nur das Nachthemd angezogen und eine Teilwäsche gemacht. Heißt: Windeln wechseln. Wenn sie Stuhlgang hatte, dauerte alles länger. Das stand dann am Ende des Monats bei uns extra auf der Rechnung, weil die Kassen ja nur eine Stunde täglich zahlen.

Alles andere haben wir neben hauswirtschaftlichen Tätigkeiten, wie Bettwäsche wechseln, Kleidung waschen, einkaufen, putzen und kochen, selbst erledigt: Zähne putzen, Haare waschen, Medikamente verabreichen, für genügend Flüssigkeitszufuhr sorgen und diese dokumentieren, meine Mutter in den Rollstuhl setzen und mit ihr rausfahren, ihren Tagesablauf gestalten, sie wecken und schlafen legen. Und obendrein immer wieder mal die Arbeit des Pflegedienstes übernehmen. Wenn dieser ausfiel – oder die Arbeit in der vorgegebenen Zeit oder aus Mangel an Können einfach nicht schaffte.

Gedacht ist das so: Profis kommen ins Haus und erledigen die Pflege zur Entlastung der Angehörigen, die sich in dieser Zeit zurückziehen können. Gemacht wird es so: Aufgrund des Personalmangels wird bei den Pflegediensten jeder eingestellt, der nicht bei drei auf den Bäumen sitzt, auch Leute ohne Sprachkenntnisse und völlig ohne Ausbildung. Die Folge: Aufgaben werden vergessen, falsch oder sehr nachlässig ausgeführt.

Den Stuhlgang musste ich oft genug neu wegwischen. Und die Lagerung mit Kissen, damit meine Mutter aufrecht im Bett sitzen konnte, hat in den zehn Jahren kaum einer hinbekommen. Oft lag sie nach der Pflege in einer unmöglichen Haltung im Bett. Wir mussten die Lagerung fast jedes Mal neu machen.

Abgerechnet wurde aber, völlig unabhängig von der Qualität der Leistung, meist im Minutentakt, eine Viertelstunde über der Zeit kostete extra. Wenn ein Mitarbeiter langsamer war als die anderen, weil er neu und noch nicht eingearbeitet war, ging das auch auf unsere Kosten. Ich blieb also meistens bei der Pflege dabei, wenn ich zu Hause war, um aufzupassen. Einerseits, dass die Kosten nicht ausuferten. Andererseits, damit meiner Mutter nichts passierte.

So wie mit den privaten Pflegern haben wir auch mit Pflegediensten das ganze Spektrum erlebt. Angefangen von bestens ausgebildeten Mitarbeitern, die zielgerichtet und empathisch, mit guter Laune und viel Hingabe meine Mutter versorgten. Der erste Pflegedienst, den wir beschäftigten, war absolut vorbildlich. Zwei erfahrene Pfleger mit sanftem Langmut wechselten sich in der Pflege meiner Mutter ab und behandelten sie wie ein frisch geschlüpftes Küken. Sie war hochzufrieden und strahlte nach jedem Besuch erleichtert. Doch als die Pflegedienstleitung wechselte und immer mehr gute Mitarbeiter abwanderten, dachte ich: Es gibt so viele Pflegedienste, wir nehmen einfach den nächsten. Das war ein Fehler.

Was nun folgte, war eine Mischung aus Hilflosigkeit, Chaos und Frechheit.

Für manche Pflegedienstmitarbeiter war es schon ein Problem, wenn ich überhaupt zu Hause war. In meiner eigenen Wohnung. Das waren sie nicht gewohnt.

Viele ältere Leute mit niedrigeren Pflegestufen wohnen alleine und brauchen den Pflegedienst nur für kleinere Hilfen wie Strümpfe anziehen, Medikamente richten, Blutdruck messen oder als Einkaufshilfe. Ihnen fehlen vor allem menschliche Nähe, Zuspruch und ein kleiner Plausch mit einem echten Menschen, abseits der Ansprache aus dem Fernseher. Bei uns war das anders.

Meine Mutter benötigte den Pflegedienst nicht für menschliche Nähe, die bekam sie von mir und der Pflegerin den ganzen Tag. Stattdessen brauchte sie konkrete medizinische Hilfe für den Blasenkatheter und professionelle pflegerische Versorgung beim Windelwechseln, Anziehen und Waschen. Es nützte daher nichts, wenn Hilfskräfte vorbeikamen, die anderswo nur Essen zubereiteten. Die waren naturgemäß mit einem schweren Pflegefall überfordert.

Trotzdem wurden uns immer wieder solche Leute geschickt. Und immer wieder passierten deshalb schlimme Fehler.

Drei Pflegedienste zogen meiner Mutter den PuFi heraus.

Das ist ein Dauerkatheter in Ballonform, der durch die Bauchdecke in die Blase eingeführt wird. Ein Herausziehen ist sehr schmerzhaft für den Patienten. Und doch vergaßen die Mitarbeiter immer wieder, dass der PuFi-Beutel unten am Bettrand hing, drehten meine Mutter im Bett auf die Seite und zogen ihn ihr damit aus dem Bauch.

Erschwerend kam hinzu, dass der PuFi dann neu gelegt werden musste – im Krankenhaus. Dafür musste zuvor erst tagelang der Blutverdünner abgesetzt werden. Und ich durfte im Anschluss meine Mutter zu Hause wieder gesund pflegen, wenn sie mit einem Dekubitus oder Krankenhauskeim entlassen worden war. Ein paar Sekunden Unachtsamkeit des Pflegedienstes bedeuteten für uns deshalb wochenlange Probleme, Schmerzen und unnötiges Leid.

Insgesamt drängt sich mir nach zehn Jahren Pflege der Verdacht auf, dass einige Mitarbeiter in dieser Branche auffallend wenig Fingerspitzengefühl mitbringen. Etwas, das sich wiederum negativ auf den Ruf einer Branche auswirkt, in der es auch zahlreiche ausgezeichnete Mitarbeiter gibt.

Manchmal mussten wir froh sein, wenn überhaupt jemand zum Dienst erschien. Ausgerechnet an Heiligabend guckten wir dumm aus der Wäsche. Die Pflegedienstleiterin hatte vergessen, uns in den Plan aufzunehmen, und da Weihnachten war, kam auch die nächsten Tage niemand vorbei. Ich habe mich während der Feiertage also ganz alleine um meine Mutter gekümmert.

Die schlimmste Verfehlung eines Pflegedienstes aber passierte ein knappes Jahr vor dem Tod meiner Mutter. Ich hatte mal wieder einem Pflegedienst kündigen müssen, doch der neue machte keinen besseren Eindruck. Ständig wurden irgendwelche jungen Männer aus diversen osteuropäischen Ländern durchgeschleust, die mal mehr, mal weniger Ahnung hatten und nur wenig bis gar kein Deutsch sprachen. Mit einem Mitarbeiter war es besonders schlimm. Er war schon oft von seinem Kollegen angelernt worden, jedes Mal war ich dabei gewesen. Doch die Verständigung mit ihm war schlicht nicht möglich. Außerdem hatte er zuvor noch nie einen komplett hilfsbedürftigen Patienten versorgt, das sah ich mittlerweile auf den ersten Blick. Er wusste nicht einmal, wie er meine Mutter anzufassen hatte, wenn er ihr das Nachthemd anziehen sollte. Ich hatte der Pflegedienstleitung schon mitgeteilt, dass er meine Mutter nicht würde pflegen können.

Eines Tages stand er trotzdem alleine vor der Tür. Ich versuchte, ihm begreiflich zu machen, dass er wieder gehen solle. Doch er verstand kein Wort, lächelte nur und machte sich an die Arbeit. Ich blieb anfangs dabei; er aber fragte in bruchstückhaften Worten so viele Dinge, die ich entweder nicht verstand oder ihm nicht beantworten konnte, weil wiederum er mich nicht verstand, dass ich irgendwann völlig enerviert das Zimmer verließ. Ich hoffte nur, dass er es selbst merken und in Zukunft einfach nicht mehr alleine kommen würde. Das war ein großer Fehler.

Ein paar Minuten später hörte ich einen herzzerreißenden Schrei. Ich rannte in das Zimmer meiner Mutter – und fand sie heulend auf der Seite liegend vor. Der Pfleger stand hilflos daneben und beschwerte sich mit Händen und Füßen darüber, dass sie sich nicht mehr umdrehen wolle. Ich versuchte sie zurück auf den Rücken zu drehen, um sie anzuziehen, denn sie war splitternackt. Aber sie wehrte sich mit aller Kraft dagegen und schrie wie am Spieß. Weil sie außerdem völlig erstarrt wirkte, hatte ich Sorge, sie hätte einen neuen Schlaganfall erlitten.

Der Pflegedienstmitarbeiter wollte trotzdem mit seiner Arbeit fortfahren, um ein Häkchen in die Dokumentationsmappe setzen zu können. Ich musste ihn aus der Wohnung werfen und einen Krankenwagen rufen. Später stellte sich heraus, dass der Pfleger meiner Mutter die Schulter gebrochen hatte. Davon – und von dem, was daraus folgte – würde sie sich nie wieder erholen. Müßig zu erwähnen, dass der Pflegedienst später mithilfe einer Kanzlei jegliche Schuld von sich weisen sollte.

Glücklicherweise gibt es auch gute Pflegedienste. Und sehr gute Pfleger. Dabei ist für mich nicht mal entscheidend, ob jemand eine längere Ausbildung genossen hat oder nicht. Es kommt auf die Motivation an und auf die Empathie. Ist beides vorhanden, kann eine Hilfskraft sogar besser sein als eine Fachkraft, die die Pflege nur auf eine ganz bestimmte Weise gelernt hat – und sie dadurch vielleicht weniger individuell am Patienten ausrichtet als der ungelernte Kollege.

Passen Sie auf, wer Ihre Angehörigen wie pflegt – auch wenn Pflegedienstmitarbeiter es oft gar nicht gerne haben, dass man ihnen auf die Finger schaut. Es geht vor allem darum, dass Sie zu Einsatzbeginn erkennen, wer es kann und wer nicht. Da ist die Bandbreite nämlich sehr groß. Haben Sie einen schweren Pflegefall zu Hause, können Sie keine Laien gebrauchen, die lauter Fehler machen. Sie haben dann das

Recht, darauf zu bestehen, dass jemand anders kommt. Ein guter Pflegedienst macht das auch möglich. Könnte aber sein, dass Sie länger danach suchen müssen. Lassen Sie sich dadurch nicht entmutigen. Wenn Ihr Angehöriger nur wenig Hilfe benötigt, ist das Ganze eh nicht so wild.

Ein großes Problem ist, dass viele Pflegedienste mittlerweile Aufnahmestopps verhängen, weil die Personalnot so groß ist. Wenn ich einem Pflegedienst gekündigt hatte, musste ich deshalb manchmal auch solche Pflegedienste engagieren, die von Anfang an keinen guten Eindruck machten. Einfach, um die aktuelle Versorgung sicherzustellen. Machen Sie nicht denselben Fehler wie ich und halten Sie Ihren Pflegedienst fest, sobald Sie einen guten gefunden haben! Ich dachte zu Beginn, die Qualität wäre überall vergleichbar. Das hat sich als Irrtum herausgestellt.

Ich gehe außerdem davon aus, dass sich die Suche außerhalb von München etwas einfacher gestaltet. Denn hier gesellt sich zum Pflegenotstand eben auch noch das Problem der hohen Mieten, die Arbeitnehmer mit normalem oder geringem Gehalt kaum noch bezahlen können. Deshalb müssen viele Pflegedienste hier mit Notlösungen arbeiten, die unter normalen Umständen kaum denkbar wären.

Nutzen Sie die kostenlose Erstberatung, für die die Pflegedienstleitung zu Ihnen nach Hause kommt. Lassen Sie sich einen unverbindlichen Kostenvoranschlag geben und fragen Sie nach der »Bezugspflege«. Das bedeutet, dass möglichst immer dieselben Pfleger zu Ihnen nach Hause kommen. Wird das von vornherein ausgeschlossen, ist insbesondere die Pflege eines schwer Pflegebedürftigen wie auch eines dementen Angehörigen in meinen Augen mit diesem Pflegedienst zu Hause kaum möglich. Liegt nur eine geringe Pflegebedürftigkeit vor, ist das weniger wichtig. Vielleicht freut sich dann Ihr Angehöriger, wenn öfter neue Leute vorbeikommen und frischen Wind ins Haus bringen.

Und noch ein wichtiger Punkt: Unterschreiben Sie auf keinen Fall während des Erstbesuchs einen Vertrag mit dem Pflegedienst. Sollte er das von Ihnen verlangen, handelt es sich mit hoher Wahrscheinlichkeit um einen unseriösen Anbieter. Sie brauchen Zeit, um sich den Vertrag in Ruhe durchzulesen. Manche Pflegedienste verlangen von Privatpatienten schon beim Beratungsgespräch eine Einzugsermächtigung. Auch davon sollten Sie die Finger lassen. Wer Sie drängeln will, hat andere Interessen als Ihr Wohl. Nehmen Sie sich Zeit für die Auswahl eines passenden Pflegedienstes – und wechseln Sie bei größerer Unzufriedenheit. Ein ständiger Wechsel in der Pflege kann schwierig sein, ist aber immer noch besser als dreiste Abzocke oder gefährliche Pflege. Eine gute Lösung ist möglich – wenn Sie dafür sorgen. Und manchmal erkennt man einen passenden Pflegedienst schlichtweg an der Sympathie, die man für die Mitarbeiter empfindet. So einfach kann es auch sein.

KAPITEL 5
Wie ich zur Detektivin werde

Nach gut einem Jahr der häuslichen Pflege – meine Mutter hätte laut Diagnose längst tot sein sollen – war sie die zufriedenste Kranke, die man sich vorstellen kann. Ein Umstand, der all die Probleme mit Pflegern und Pflegediensten verblassen ließ. Sie lag immer noch die meiste Zeit des Tages im Bett, doch sie war wach, fröhlich und freundlich, musste nur noch die Hälfte der anfangs verordneten Medikamente einnehmen, hatte keine Schmerzen mehr und keine Krämpfe, und wir fuhren regelmäßig zu ihrer großen Freude stundenlang draußen spazieren.

Beim Einzug in unsere neue Wohnung war sie noch ein Bündel Elend gewesen: Sie konnte nicht mehr sprechen, sich kaum ohne Unterstützung bewegen, sich schlecht konzentrieren, hatte viel Gewicht verloren, war deprimiert, hatte ständig Krämpfe auf der gelähmten Körperseite, stand unter Schmerzmitteln, sollte täglich achtzehn Medikamente schlucken und war ein kompletter Pflegefall, den die Ärzte abgeschrieben hatten.

Was war innerhalb dieses Jahres passiert, das zu einer solchen Verbesserung geführt hatte? Ich war zur Detektivin geworden.

Dazu musste ich meine Mutter genau beobachten. Und ich hielt auch die Pfleger dazu an. Ich wollte wissen: Wann genau und warum hat meine Mutter Schmerzen? Wodurch werden sie ausgelöst? Was könnte sie lindern? Wie genau müssen wir sie hinsetzen, damit sie anständig essen, aber auch ausruhen kann und ihre Muskeln nicht einseitig strapaziert werden? Wie fühlt sich ihr Bauch an, nachdem sie gegessen oder getrunken hat? Verändert sich ihre Haut durch das Liegen?

Bald merkte ich, dass jede Kleinigkeit, die wir zu ihren Gunsten änderten, große Auswirkungen auf ihr Befinden hatte. Von da an spürte ich jedem Detail nach und gab nicht auf, bis ich das Problem gelöst hatte. Und davon gab es viele. Meine Mutter konnte uns schließlich nicht selbst erzählen, wann sie Bauchschmerzen hatte oder was sie essen wollte, von welchem Medikament ihr schwindelig wurde und welcher Körperteil wehtat. Wir mussten all das selbst herausfinden. Durch Ausprobieren, Herantasten und das Dokumentieren ihres Blutdrucks.

Wie sich herausstellte, übernahm ihr Blutdruck die Alarmfunktion ihres Körpers. Anfangs wollte mir das niemand glauben. Die Ärzte schüttelten den Kopf darüber. Doch weil ich mich so intensiv mit ihr befasste, wusste ich bald, dass ich auf der richtigen Fährte war. War der Blutdruck nur geringfügig höher als sonst, konnte es sein, dass sie sich einfach aufgeregt oder zu viel Kaffee getrunken hatte, ein Medikament abgesetzt wurde oder das Wetter im Umschwung war. Auch auf Schlafmangel reagierte sie sehr empfindlich.

Blieb der Blutdruck über Tage zu hoch, kündigte sich

meist ein gesundheitliches Problem an. Wenn er dann noch höher wurde, konnte ich mir sicher sein: Sie hatte entweder eine Blasenentzündung und deshalb Schmerzen, die den Blutdruck in die Höhe trieben. Oder eine starke Erkältung, die sich noch nicht in Fieber oder Schnupfen ausdrückte. Oder eine andere Krankheit – von Zahnschmerzen bis zur Gelenkentzündung im Fuß. Weil ich und die Pfleger von solchen Krankheiten also nie wirklich überrascht wurden, konnten wir, bis der Arzt kam, die Anzeichen sammeln, die dann meist zu einer zielsicheren Diagnose führten. Und damit zur Lösung des Problems.

Erst viel später habe ich herausgefunden, dass diese Krankenbeobachtung, die ich rein intuitiv gemacht habe, früher auch von Ärzten durchgeführt wurde und heute noch Pflegekräften beigebracht wird. Weil sie bei Patienten, die sich selbst nicht mehr äußern können, Leben retten kann. Doch im Pflegealltag der meisten Einrichtungen geht das natürlich unter.

Der Arzt meiner Mutter, ein Traum von einem Hausarzt, war das einzig gute Mitbringsel aus dem ersten Heim. Er war derjenige, der dort angeordnet hatte, dass sie im Bett bleiben dürfe. Dabei hatte er es nicht gerade leicht mit ihr: Da sie keine eindeutigen Erklärungen abgeben konnte über ihr Befinden oder den Verlauf einer Krankheit, war er stattdessen auf unsere Schilderungen angewiesen – meine und die der Pflegerin. Erschwerend hinzu kam der Umstand, dass meine Mutter so gut wie keine Fachärzte aufsuchen konnte, weil die meisten keine behindertengerechten Praxen haben. Größere Untersuchungen mit spezifischem medizinischem Gerät konnten also entweder gar nicht oder nur im Krankenhaus durchgeführt werden, was wir nach den schlechten Erfahrungen mieden wie der Teufel das Weihwasser. Worin uns der Arzt auch bestärkte.

Ich versuchte immer, dabei zu sein, wenn Dr. H. vorbeikam, um meine Mutter zu untersuchen. Konnte ich für seine Visite mal nicht von der Arbeit nach Hause fahren, telefonierte ich mit ihm. Jede Woche. Er blieb die ganzen zehn Jahre an unserer Seite. Dadurch kannte er meine Mutter nach einiger Zeit fast so gut wie ich.

Er war nicht nur einer der wenigen Ärzte in München, die überhaupt noch regelmäßig Hausbesuche machten. Sein größter Vorteil war, dass er meine Mutter als den Menschen behandelte, der sie früher gewesen war. Auch das fällt leichter, wenn der Arzt zum Patienten nach Hause kommt anstatt ins Heim. Für ihn war meine Mutter nicht der Schlaganfall oder die alte, multimorbide Frau, als die sie in vielen Einrichtungen behandelt wurde. Er stellte sie sich als die lustige, lebensbejahende Person vor, die sie vor ihrer Krankheit gewesen war. Selbst über sechzig Jahre alt, konnte er sich besonders gut in ihre Situation einfühlen. Nie stellte er ihre Krankheit in den Vordergrund, sondern immer ihr fröhliches Wesen.

Weil er Krankheiten auch gerne mal herunterspielte, war er sich mit meiner Mutter meist einig, dass nichts zu tun sei. Das war für mich nicht immer einfach, weil ich ja den Dingen unbedingt auf die Spur kommen wollte. Dr. H. war der Meinung, dass sich die meisten Befindlichkeitsstörungen von allein erledigten.

Insgesamt waren wir ein gutes Team. Der Arzt, der mich immer wieder beruhigte und meine Mutter bei Laune hielt.

Ich, die alles genau beobachtete und mir über Monate und Jahre hinweg ein Wissen aneignete, das exakt auf die körperliche und emotionale Verfassung meiner Mutter zugeschnitten war. Und meine Mutter, die sich nach einer Weile vertrauensvoll auf alles einlassen konnte, was wir mit ihr anstellten. Denn sie hatte gelernt: Was immer ihr passierte, wir kümmerten uns um sie – bis es ihr wieder besser ging. Dieses Vertrauen machte sie mit der Zeit sehr gelöst. Sie konnte sich entspannen.

Allein schon dadurch fielen viele Wehwehchen von ihr ab. Sie musste keine Angst mehr haben, falsch behandelt zu werden und daran zu sterben. Sie musste sich nicht sorgen, dass ihr die falschen Medikamente verabreicht wurden. Sie konnte nachts durchschlafen bis spät in den Morgen und am Nachmittag noch mal ein mehrstündiges Schläfchen halten, ganz nach ihrem eigenen Rhythmus. Auch dadurch ging es ihr bald schon viel besser.

Außerdem hatte ich herausgefunden, dass die schlimmen Armkrämpfe, die sie auf der Reha-Station vor dem Koma gehabt hatte, ebenfalls durch Schmerzen ausgelöst waren: Sie hatte schlicht eine Blasenentzündung, die dort nicht bemerkt worden war. Sobald sie zu Hause auskuriert war und wir außerdem verstanden hatten, dass sie keine Milchprodukte mehr vertrug, traten solche Krämpfe nie wieder auf.

Schritt für Schritt sorgten wir dafür, dass weniger Blutdrucksenker nötig waren, weil wir die Ursachen für den Bluthochdruck behandelten, auch über die Ernährung. Sie brauchte keine Schmerzmittel mehr, und auch die Antidepressiva wurden niedriger dosiert. Der Arzt strich weitere

Medikamente von der Liste. Sie bekam immer noch einen Medikamentencocktail, aber nur das Nötigste. Seitdem war sie viel wacher, orientierter und auch fokussierter. Der Alltag machte ihr wieder Spaß, weil sie nicht ständig durch körperliche Störungen abgelenkt war. Schon nach ein paar Monaten zu Hause befand der Arzt, sie sei wie ein neuer Mensch. Kein Vergleich zu ihrem Zustand im Heim, wo er sie kennengelernt hatte.

Anfangs wurde sie zu Hause zusätzlich noch durch eine Logopädin und einen Physiotherapeuten schwer bearbeitet. Die Logopädin kam zweimal die Woche und zeigte meiner Mutter Strichmännchen mit hängenden Schultern oder faustgroße Buchstaben und übte mit ihr Mundbewegungen ein. Sie war jung, frisch und sehr engagiert. Doch sie musste bald erkennen, dass ihr Unterricht für meine Mutter eine Qual war. Das Sprachzentrum in ihrem Kopf war durch die Hirnblutung so zerstört worden, dass da nichts mehr zu holen war – außer den Lauten, die sie sowieso schon von sich gab. Die junge Frau schärfte mir ein, dass ich weiter mit meiner Mutter Ja und Nein sagen üben müsse, damit auch andere Leute sie verstehen könnten und weil diese Fähigkeit sonst schnell wieder verloren ginge, was ich auch brav tat. Dann einigten wir uns darauf, meine Mutter nicht länger mit einer Therapie zu quälen, die ihr nichts nützte.

Stattdessen konzentrierten wir uns lieber auf die Physiotherapie. Denn da machte meine Mutter schnell große Fortschritte, was für mich erstaunlich war. Ausgerechnet sie, die ihr Leben lang mit Sprache zu tun gehabt hatte, dafür aber der unsportlichste Mensch der Welt war, quälte sich jetzt durch den Sprechunterricht, legte aber in den Sportstunden eine stramme Motivation an den Tag.

Der Physiotherapeut, ein Berg von einem Mann, begann mit winzigen Muskelübungen und lief schon nach ein paar Besuchen – unter den schreckgeweiteten Augen von Arzt, Pflegerin und mir – mit meiner Mutter durch den Raum. Na gut, er ersetzte quasi ihre rechte Körperhälfte, indem er mit seinem eigenen Bein das gelähmte Bein mitbewegte. Aber links lief meine Mutter ganz von selbst, und dass sie überhaupt aufrecht stehen und sich länger als ein paar Sekunden auf den Beinen halten konnte, das hatte ihr niemand mehr zugetraut. Auch ich konnte diesen Fortschritt kaum glauben.

Leider befand die Krankenkasse nach ein paar Monaten, dass der Physiotherapeut zu teuer sei. Günstigere Therapeuten sagten uns ab, weil die Parksituation in unserem Viertel derart angespannt war, dass all die Knöllchen, und von denen gab es viele, ihren Stundenlohn aufgefressen hätten.

Der Arzt besorgte uns stattdessen ein tolles Übungsrad. Damit konnte meine Mutter durch die Tretkraft der gesunden Körperseite die gelähmte Seite mit aktivieren. Fast wie ein gesunder Mensch konnte sie so mit den Füßen Fahrrad fahren, während sie am Bettrand saß. Sie mochte die Übungen zwar nicht, aber sie taten ihr gut, und die Pflegerinnen trainierten begeistert mit ihr. Bis die Kasse nach der Probephase des Gerätes befand, auch das sei zu teuer. Und es wieder abtransportiert wurde.

Seitdem übten wir selbst mit meiner Mutter jeden Tag: Fahrradfahren im Bett, gerades Sitzen an der Bettkante,

Drehübungen mit dem Kopf. Nach einer Weile massierte sie sich selbst regelmäßig mit der gesunden Hand die gelähmte. Auf Wunsch drehte sie die Fußspitzen im Uhrzeigersinn. Und mir wurde es zur ständigen Gewohnheit, nach dem Aufstehen und vor dem Schlafengehen die Arme und Beine meiner Mutter durchzubewegen. Bald spürte ich selbst körperliches Unbehagen, wenn sie stundenlang nicht bewegt worden war oder der Pflegedienst sie wieder mal falsch hingesetzt hatte.

Uns einte somit auch eine körperliche Verbundenheit. Hatte meine Mutter Schmerzen, schickte ich mich an, den Grund herausfinden. Fing sie an zu nörgeln, machte ich mich auf die Suche nach der Ursache, weil ich sonst keine Ruhe hatte. Ich glaube, das ist nicht viel anders als bei einem Kind.

Mein Bruder war mir in all der Zeit eine unschätzbare Hilfe. Zum einen, weil er sich um alle Verträge kümmerte, Rechtsstreitigkeiten vor Gericht ausfocht und mir den Rücken freihielt, indem er sich für meine Mutter in den ersten Jahren mit der Kasse und den Ämtern herumstritt. Alle Rechtsfragen konnte ich getrost an ihn weiterleiten. Und zum anderen, mindestens genauso wichtig, wegen seines Humors. Durch die räumliche Trennung konnte er die Pflegesituation mit mehr Abstand betrachten. Ich schrieb ihm oft aufgeregte SMS wegen himmelschreiender Ungerechtigkeiten, und mein Bruder antwortete mit einem Witz. Das holte mich schnell wieder auf den Boden zurück und machte vieles erträglicher. Und es brachte uns stärker zusammen.

Eines Tages, mein Bruder war gerade zu Besuch, fand ich meine Mutter irgendwie verändert vor. Sie sah aus wie vor ihrer Krankheit. Es dauerte einen Moment, bis ich merkte: Mein Bruder hatte sie geschminkt, wie sie es früher selbst getan hatte: Lippenstift, Mascara, ein bisschen Lidschatten. In diesem Moment wusste ich: Er hatte akzeptiert, dass sie nur zu Hause gepflegt werden konnte. Und er half nun kräftig dabei mit. Nie wieder hat er ein Wort darüber verloren, dass sie ins Heim müsste.

Die Zeit mit meiner Mutter wog alle anderen Ärgernisse auf. Weil sie fast den ganzen Tag im Bett lag, hatte sie viel Muße, um nachzudenken. Und weil sie nicht mehr viel tun konnte außer fernsehen, blieb ihr vor allem das Beobachten. Sie merkte genau, wann und warum ich maßlos genervt war. Da musste ich ihr gar nichts erzählen. Sie versuchte dann oft, mich aufzuheitern.

Wenn sie das Gefühl hatte, ich sei zu streng mit dem Personal gewesen, sah sie mich mit großen Augen an und guckte entschuldigend. Ich musste lachen, und der Ärger war verflogen. Und ich wusste auch gleich wieder, für wen ich das alles tat.

Hatte sie den Eindruck, ich würde übertreiben, schaute sie mich eindringlich an und machte eine wegwerfende Handbewegung. Sprich: Ich solle mir nicht so viele Sorgen machen. Einerseits war das absurd, weil sie ja gar nicht mitbekam, was ich im Hintergrund noch alles zu stemmen hatte, wenn ich nicht bei ihr war. Weder mit Rechtsstreitigkeiten noch mit dem Ärger mit Ämtern, Behörden oder der Krankenkasse wollten mein Bruder und ich sie belasten, wir erzählten ihr nichts davon. Andererseits dachte ich mir dann: Wenn sogar meine Mutter so gelassen bleibt, obwohl sie ja in diesem Zustand ist, dann kann ich das auch. Ihre Gemütsruhe war einfach ansteckend.

KAPITEL 6
Eine neue Form von Lebensglück

Eines weiß ich ohne Zweifel: Meine Mutter war glücklich. Dass sie überlebt hat. Dass sie zu Hause sein durfte. Dass wir uns um sie kümmerten. Dass sie keine Angst mehr haben musste. Dass wir bei ihr waren. Ich gehe so weit zu behaupten: Die Jahre, in denen meine Mutter gepflegt wurde, gehörten zu den glücklichsten ihres Lebens.

Wie kann das sein? Es widerspricht all unseren Vorstellungen, dass ein hilfloser Kranker glücklich sein kann.

Ich habe schon angedeutet, was für ein Typ Mensch meine Mutter vor der Erkrankung war: durchsetzungsstark, kämpferisch, auch schon mal aufbrausend, oft mit dem Kopf durch die Wand. Aber auch fröhlich, gesellig und lustig. Mal war sie voller positiver Energie, malte zarte Aquarellbilder, töpferte niedliche Puppen und dekorierte die Wohnung neu. An anderen Tagen hingegen fiel ihr der Alltag schwer, dann war sie melancholisch und litt darunter, dass ihre Ehe zerbrach. Manchmal hatte ich richtig Angst um meine Mutter. Am Ende fehlte ihr die Stabilität. Der Druck in ihrem Job und die vielen Belastungen waren einfach zu heftig geworden.

Jetzt aber hatte sie ihre Lieben rund um die Uhr um sich

und bekam mehr Zuwendung, als sie sich in gesunden Zeiten hätte träumen lassen.

Ich legte schon früh einen Tagesablauf fest, um ihr Struktur und Halt zu geben. Wenn ich morgens aus dem Haus ging, schlief meine Mutter meist noch. War sie wach, sorgte ich für frische Luft und machte zur Radiomusik Beinübungen mit ihr. Musik ist für Schlaganfallpatienten wichtig, hatte ich gelesen. Meine Mutter konnte ganze Melodien mitsummen, manchmal kam im Überschwung sogar ein halber Refrain aus ihrem Mund, lautähnlich zwar und etwas verwaschen, aber es hörte sich ähnlich an wie der Text. Dann tanzte ich mit ihr: Sie im Bett sitzend, ich davorstehend, hielten wir uns an den Händen. Wenn ich sie so unbeschwert sah, kamen mir vor Rührung fast die Tränen.

Dann musste ich schnell los, und die jeweilige Pflegerin kam ins Haus. Sie machte Frühstück, putzte meiner Mutter die Zähne, gab ihr die Medikamente und machte Sportübungen mit ihr, bis der Pflegedienst kam. Der wusch sie und zog sie um, danach war sie meist so erschöpft, dass sie wieder schlafen musste. In der Zeit konnte die Pflegerin einkaufen, putzen, waschen. Und das Mittagessen zubereiten: Fingerfood. Damit meine Mutter selbstständig essen konnte und nicht gefüttert werden musste. Insgesamt versuchten wir, ihre Eigenständigkeit zu erhalten, so gut es ging.

Das lief nicht immer ohne Probleme ab, denn die Krankheit machte meine Mutter mit der Zeit ziemlich bequem. Den ganzen Tag im Bett zu liegen und bedient zu werden, hatte natürlich auch etwas Schönes.

Manche Pflegerinnen missverstanden ihre Aufgabe so, dass sie alles für sie übernahmen, um ihr Gutes zu tun. Dass sie ihr den größeren Gefallen damit taten, sie in ihrer Eigenständigkeit zu unterstützen, darüber musste ich sehr viel diskutieren. War ich ein paar Tage weg, hatte meine Mutter oft die wenigen Dinge, die sie noch konnte, wieder verlernt. Weil die anderen es nicht übers Herz brachten, jeden Tag gegen ihren Willen Sprechübungen mit ihr zu machen und sie selbst das Saftglas neben ihrem Bett greifen zu lassen, anstatt ihr alles abzunehmen.

Das war anstrengend, aber andererseits: Wer hätte da böse sein können? Mir waren Pfleger, die meine Mutter zu Hause verwöhnten, tausend Mal lieber als solche, die sie in Heimen oder Krankenhäusern vernachlässigten.

Gekrönt wurde das Glück meiner Mutter durch ein Hündchen und eine Katze, die ich extra für sie angeschafft hatte. Sie liebte Tiere abgöttisch, vor allem Babytiere. Wir hatten schon immer Katzen gehabt. Während der Hund, ein Mini-Chihuahua, bei unseren Ausflügen mit dem Rollstuhl durch die Stadt nun stolz auf ihrem Schoß thronte, kletterte die Katze jeden Nachmittag auf ihr Bett und forderte stundenlanges Kraulen ein, bis spät in die Nacht. Es tat meiner Mutter sichtlich gut, dass beide Tiere sie umschwärmten wie die Motten das Licht. Auch wenn mal keiner von uns da war, war sie nicht allein und immer umgeben von Zuneigung.

Die Pflegerin konnte nachmittags nach Hause gehen, so stabil war meine Mutter nach etwa einem Jahr. Inzwischen war es sogar eine Wohltat für sie, auch mal ein paar Stunden für sich zu sein. Sonst wurde ja ständig an ihr herumgezerrt: füttern, waschen, anziehen, Sport. Arzt, Pfleger, Pflegedienst, ich – alle wollten immer etwas von ihr. Wenn ich nach ihrer Ausruhphase von der Arbeit kam, war sie meist ausgeglichen und freute sich auf den gemeinsamen Abend. Sie ruhte in sich.

Am allerschönsten war es aber für sie, wenn sie nach draußen konnte. Es hatte sich inzwischen herauskristallisiert, dass sie nicht täglich in den Rollstuhl gesetzt werden konnte. Ihr Blutdruck spielte dann einfach verrückt. Nachdem sie eines Tages im Stuhl neben dem Bett ohnmächtig geworden war, beschloss ich: Wir machen es anders als vorgeschrieben. Normalerweise sollen Patienten wie meine Mutter täglich aus dem Bett geholt werden, um den Kreislauf zu stabilisieren. Das funktionierte bei ihr aber nicht.

Was stattdessen super klappte: stundenlang mit ihr im Rollstuhl durch die Stadt zu fahren. Sie wollte dann dringend ins Café, Leute beobachten, herumkutschiert werden, alles sehen. Und vor allem: shoppen. Woran auch immer es lag – sobald sie im Freien war, konnte sie bis zu sechs Stunden im Rollstuhl sitzen, drinnen nicht mal eine halbe Stunde. Also stellten wir den geplanten Tagesablauf um.

Ich bestellte den Pflegedienst für mittags ab, der bis dahin nur dafür gekommen war, um sie vom Stuhl ins Bett zu setzen, nachdem er sie morgens vom Bett in den Stuhl gesetzt hatte. Wir ließen sie stattdessen nach der Pflege schlafen, so lange sie wollte. Jeden Tag. Dafür rollte ich sie jeden Samstag und, wenn ich freihatte, manchmal auch freitags stundenlang durch die Gegend.

Das war einer der entscheidenden Punkte, warum die Pflege bei uns so lange so gut funktioniert hat: Während der Woche konnte meine Mutter sich erholen. Am Wochenende war Action angesagt. Dann machten wir alles, was sie wollte.

Am liebsten wäre sie schon in aller Frühe aus dem Haus gerollt. Normalerweise schlief meine Mutter gerne lang, aber samstags strahlte sie mir schon beim Frühstück erwartungsfroh entgegen: Sie wollte raus! Sie konnte kaum abwarten, dass der Pflegedienst ihr endlich ihre hübschesten Kleider angezogen hatte. Sie war ganz kribbelig, wenn ich ihr Make-up auflegte. Manchmal suchte sie schon am Vorabend Schmuck aus der Schatulle neben ihrem Bett aus. Sie konnte ewig lange darin kramen, um den passenden Ring und die Kette für den Ausgeh-Samstag zusammenzustellen. Es war faszinierend. Wenn meine Mutter etwas nicht mochte, waren schon einfachste Tätigkeiten zu viel. Was biologisch erklärbar ist. Denn Motivation fördert Konzentration. Fehlt diese, ist ein geschädigtes Gehirn schnell überfordert. Doch wenn meine Mutter an etwas Gefallen fand, konnte sie sich stundenlang eingehend damit beschäftigen. Dann funktionierte alles viel besser.

Bei so viel Vorfreude konnte ich deshalb nicht kneifen. Am Wochenende war keine Pflegerin da, denn ich hatte ja frei. Also musste ich meine Mutter alleine in den Rollstuhl heben, in unseren kleinen Aufzug rollen, die Fußstützen abmontieren, die nicht in den Aufzug passten, vom dritten Stock ins Zwischengeschoss fahren, dort einen Treppenlifter an den Rollstuhl anbringen, um sechs weitere Stufen bis ins Erdgeschoss zu bewältigen. Treppenlifter abmontieren, Fußstützen wieder dran. Vom Bett bis auf die Straße brauchten wir eine Dreiviertelstunde. Das war jedes Mal ein Kraftakt und nicht ungefährlich, aber der Aufwand hat sich gelohnt.

Kaum war meine Mutter draußen, war sie selig. Der freie Himmel über ihr. Die Sonne, die ihre Nase kitzelte. Der frische Wind, andere Menschen, ein Stück Normalität! Wenn sie draußen war, fühlte sie sich weniger krank. Aktiver und lebendiger. Also rollten wir über den Viktualienmarkt, wo sie vierzig Jahre zuvor bei einem Urlaub mit meinem Vater ihr erstes Haustier gekauft hatte. Einen Hasen. Und dann schnurstracks in die Fußgängerzone. Sie duldete keinen anderen Weg. Ich glaube, durch die Ausflüge fühlte sie sich in ihr früheres Leben zurückversetzt, als sie noch machen konnte, was sie wollte. Also ließ ich mich von ihr dirigieren und steuerte zielgerichtet ihre liebsten Modeläden an.

Anfangs kaufte ich ihr alles, was sie wollte. Ich musste ja davon ausgehen, dass sie nicht mehr lange zu leben hatte, also wollte ich ihr jeden letzten Wunsch erfüllen. Als ihr Kleiderschrank schließlich überquoll und meine Mutter zum Erstaunen der Ärzte fröhlich weiterlebte, kaufte ich erst noch aus lauter Freude darüber weiter. Nur langsam begriff ich, dass ich auch mal wieder an mich selbst denken konnte. An mein Portemonnaie – und an meine Nerven. Denn meine Mutter begann zu übertreiben: Wie ein Kind nahm sie bei unseren Ausflügen alles in die Hand, was ihr gefiel. Verwehrte ich ihr etwas, schaute sie mich mit flehenden Augen an. Anfangs konnte ich ihr nichts abschlagen. Als ich später öfter Nein sagte, war sie manchmal stundenlang beleidigt.

Also beschloss ich, sie von den Kleiderläden fernzuhalten und auf andere Gedanken zu bringen. Ich suchte am Sonntag mit ihr die feinsten Cafés von München auf. Wir tranken Cappuccino, der von weiß gekleideten Kellnern serviert wurde, und beobachteten die Schickimicki-Szene in all ihrer Pracht. Besser als Kino. Ich erinnerte mich daran, dass meine Mutter ein Historienfan war, und schob sie durch Ausstellungen über Ausgrabungen. Sie war außer sich vor Freude.

Während ich die Modeabteilungen weiträumig umfuhr, ließ ich sie lieber in der Parfümabteilung an Flacons schnuppern. Oder Schmuck anprobieren. Dann fuhr ich über den Viktualienmarkt zurück und ließ sie dort eine große Spezi schlürfen. Irgendeine Kleinigkeit musste ich aber doch immer kaufen, sonst konnte sie unausstehlich werden. Und sei es nur eine hübsche Postkarte, die sie sich aufs Fensterbrett stellen und den Rest der Woche bewundern konnte. Dann war die Jagd beendet.

Einmal zeigte uns mein Freund Valentin, der im Nebenjob Stadtführer war, München von seiner historischen Seite. Wir rollten über Pflastersteine zu Kirchen und Denkmälern, er erzählte spannende Geschichten dazu. Und meine Mutter versuchte, ihn hier und dort mit erhobenem Zeigefinger und allerlei Gesten darauf hinzuweisen, wenn er eine Anekdote vergessen oder ein Datum vertauscht hatte. Wir waren geplättet, wie viel sie noch wusste. Geschichte war eben eine ihrer großen Leidenschaften gewesen.

Wenn wir von solchen Ausflügen zurückkamen, glühten ihre Wangen vor Zufriedenheit. Natürlich taten ihr die Beine und der Po vom stundenlangen Sitzen weh. Sie war dann auch immer sehr froh, wieder ins Bett gelegt zu werden. Aber ich merkte jedes Mal, wie sie die ganze Woche von unseren Erlebnissen zehrte und am Freitag schon wieder dem Samstag entgegenfieberte. Sonntags war sie dann geschafft.

Auch ich habe diese Ausflüge sehr genossen. Während andere in meinem Umfeld am Wochenende auf Berge kraxelten, ihren Rausch ausschliefen oder zu Hause rumgammelten, konnte ich meiner Mutter die größte Freude bereiten. Auch wenn ich manchmal genervt war von ihren Ansprüchen: Ich war froh, dass ihr Charakter noch vorhanden war und sie nicht nur teilnahmslos im Bett lag. Sie entwickelte sich prächtig. Nachdem sie sich jahrzehntelang nur um andere gekümmert hatte und dabei über ihre Grenzen gegangen war, war sie jetzt mal dran. Und das, obwohl es fast zu spät gewesen wäre. Auch jetzt noch hing ständig das Damoklesschwert über uns, dass sie jederzeit wieder einen Schlaganfall erleiden könnte. Jede Regung, jede Mimik wurden aufmerksam von uns verfolgt. Ich habe meine Mutter und ihre Krankheit geradezu studiert. Und sie, die eigentlich nie der Typ dafür gewesen war, sich bemuttern zu lassen, streckte jetzt alle viere von sich und war dankbar für jede Hilfe.

Zu den Pflegern war sie freundlich, hatte für jeden ein herzliches Lächeln parat. Danke sagen konnte sie nicht, aber mit den Augen zwinkern, Hände drücken oder fest umarmen. Am meisten gefiel allen, dass man mit ihr viel lachen konnte.

Das war immer schon so, und bis fast zum Schluss hat sie sich diesen Charakterzug bewahrt. Wenn jemand sie nicht verstand und sie war gut drauf, lachte sie ihm einfach ins Gesicht. Oft dachte sie wohl, wir wären ein bisschen schwer von Begriff. Ihr Humor nahm der Situation häufig die Schwere.

Eine Zeit lang hatten wir einen Pflegedienst, bei dem eine Mutter und ihre Tochter arbeiteten. Beide wären am liebsten bei uns eingezogen, weil die Stimmung so gelöst war. Das kannten sie so nicht von anderen Pflegebedürftigen.

Und letztlich war meine Mutter natürlich auch mir dankbar. Anfangs wusste sie wohl selbst nicht so recht, was sie von meiner Pflege zu erwarten hatte. In den ersten Wochen zu Hause war ich noch die Einzige von uns beiden, die sich euphorisch auf die Pflege freute. Das hat sich mit der Zeit grundlegend geändert. Sobald es ihr körperlich immer besser ging, blühte sie auch emotional richtig auf.

Als sie anfangs noch im Heim war, hatte sie Besuch von einem psychiatrischen Gutachter bekommen. Er sollte einschätzen, wie es um die Psyche und Genesung meiner Mutter stand, ob sie weiterhin gesetzliche Betreuung benötigte und welche Unterbringung geeignet sei. Über dieses Gutachten lachen wir noch heute. Sinngemäß stand darin, sie sei nicht mehr in der Lage, Gut von Böse zu unterscheiden. Zitat: »Auch für einen medizinischen Laien ist es unzweifelhaft erkennbar, dass die Patientin in ihrer geistigen Leistungsfähigkeit ganz erheblich eingeschränkt ist.« Eine ambulante Versorgung sei nicht ausreichend, und es sei auch nicht zu erwarten, dass durch Therapiemaßnahmen eine wesentliche Besserung, auch bezüglich ihrer Unterbringungsmöglichkeiten, zu erzielen sei. Sprich: Sie solle im Heim bleiben. Außerdem leide sie an seniler Demenz und Schwerhörigkeit.

Wie der Gutachter zu dieser krassen Fehleinschätzung kam? Ganz einfach: Es ging meiner Mutter im Heim nicht gut. Er befragte dann noch eine Schwester auf dem Flur nach meiner Mutter, die sie kaum kannte. Fertig war das Fehlurteil.

Das zeigt auch, wie falsch eingeschätzt meine Mutter werden konnte, wenn sie in schlechtem Zustand war, unter schlechter Pflege und auf sich gestellt. Und wie sehr sich dieser Zustand gebessert hatte, seit sie zu Hause war.

Inzwischen glaube ich sogar, dass dieses Gutachten der Schlüssel dafür ist, warum mit meiner Mutter in diversen Einrichtungen so schlecht umgegangen wurde. Zumindest hilft es mir, das auch nur ansatzweise zu verstehen. Die meisten Ärzte und Pfleger kennen nicht alle Krankheiten, beziehungsweise nur oberflächlich. Das klingt erst mal absurd, doch es gibt eine unüberschaubare Anzahl von Krankheiten und deren Auswirkungen. Viele Ärzte sind außerdem auf ihr eigenes Fachgebiet spezialisiert, so wie hier der Psychiater. Dass ein Schlaganfall schlimme Auswirkungen haben kann, ist allen bekannt. Dass dazu eine Aphasie gehören kann, also der komplette Verlust des Sprachvermögens, da wird es – je nach Fachgebiet – schon schwieriger. Wenn aber zusätzlich noch eine Umsetzungsstörung vorliegt, wie bei meiner Mutter, ist es meist ganz vorbei. Das kennen viele schon gar nicht mehr. Manche lasten daher umgekehrt dem Patienten die dadurch auftretenden Probleme an. Der Psyche. Dem Unwillen. Oder, davon bin ich inzwischen überzeugt, auch fehlendem Lebenswillen. Dass meine Mutter im Kopf noch richtig denken, es nur nicht mehr angemessen ausdrücken konnte, das vermochten sich viele Ärzte und Pfleger, die vor allem symptombezogen denken, deshalb einfach nicht vorzustellen. Im Gegensatz zu allen zu Hause, die mit ihr regelmäßig zu tun hatten. Da prallten Welten aufeinander.

Wenn man nun weiß, wie wichtig und sogar vernichtend die Beurteilung durch medizinisches Personal und Gutachter sein kann, sollte man auch bedenken: Kommt ein Gutachter nach Hause, um die Pflegestufe einzuschätzen, präsentieren sich viele Patienten von ihrer allerbesten Seite. Strengen sich an, um gegenüber dem Besucher einen guten Eindruck zu machen. Um bloß nicht als alt und tatterig angesehen zu werden oder als unfähig, den Alltag allein zu bewältigen. Verständlich, aber unpraktisch, wenn vom Eindruck des Gutachters die Unterstützung durch die Kasse abhängt. Angehörige sollten aus all diesen Gründen bei Besuchen von Gutachtern unbedingt dabei sein und auch den Pflegebedürftigen darauf vorbereiten. Das macht man, indem man sich über die Pflegegrade genau informiert und vor dem Besuch mehrere Wochen lang ein Pflegetagebuch führt, das im Internet von mehreren Anbietern heruntergeladen werden kann. Dann kann man genau darlegen, welche Pflege in welchem Umfang nötig ist. Zeigen Sie dem Gutachter alle Pflegemittel – am besten sind auch alle Pflegepersonen dabei. Erst dann ist er in der Lage, sich einen genauen Eindruck zu machen. Lassen Sie den Pflegebedürftigen mit dem Gutachter auf keinen Fall allein. Da können schlimme Missverständnisse entstehen, so wie bei meiner Mutter. Umgekehrt macht es Sinn, als Angehöriger ein paar Minuten mit dem Gutachter unter vier Augen zu sprechen – um Themen zur Sprache zu bringen, die dem Patienten vielleicht peinlich sind, zum Beispiel Inkontinenz.

All das klappt aber nur, wenn Sie von dem Termin auch wissen – und nicht überrascht werden, so wie wir damals.

Unsere Pflegerinnen zu Hause konnten sich jedenfalls ein paar Monate später schon gar nicht mehr vorstellen, dass jemand meiner Mutter jegliche geistige Leistungsfähigkeit abgesprochen hatte. Im Gegenteil machte sie uns jeden Tag mit aller Kraft klar, was sie wollte und was sie nicht wollte. Sie konnte halt nur nicht mehr darüber sprechen.

Stattdessen insistierte sie vehement, morgens schon fernzusehen, pünktlich nach dem Mittagsschlaf ihren Kaffee zu trinken, danach gleich mit der Katze zu schmusen, täglich mindestens eine Modezeitschrift zu lesen, am Abend ihren Lieblingspudding zu verspeisen, und – das Allerwichtigste überhaupt – nach der Tagesschau im TV unbedingt das richtige Programm eingestellt zu bekommen: Liefen ein Liebesfilm oder sonstige für sie langweiligen Sendungen, rappelte es im Karton. Es wurde lautstark protestiert. Oder, falls wir ganz begriffsstutzig waren, mit Hand und Fuß auf dem Bett herumgetrommelt. Schalteten wir aber einen Krimi ein oder gar Fußball, war sie augenblicklich zufrieden. Und ganz gebannt. Bis weit nach Mitternacht schaute sie Psychothriller – das spannende Nachtprogramm war für sie der Höhepunkt des Tages. Auch die Nachrichten verfolgte sie täglich – manchmal nicht ohne das politische Geschehen zu kommentieren. Mit ihrem Zeigefinger.

Diese Vehemenz, mit der sie sich nun angewöhnte, Dinge einzufordern, konnte auch schon mal anstrengend werden. Vor allem, wenn man nicht gleich verstand, was sie wollte. Eigentlich war der Tagesablauf klar, und meist ging es um dieselben Dinge: Fenster auf oder zu, Katze rein oder raus,

Lampe an oder aus, und immer: TV an! Nicht alle Wünsche wurden gleich erfüllt, manchmal musste sie auch einfach mal ausruhen. Das konnten richtige kleine Kämpfe werden, bis sie dann endlich Ruhe gab und wütend, aber erschöpft einschlief.

Schwierig wurde es, wenn sie müde oder unkonzentriert war und absolut nicht begreifen konnte, warum wir nicht verstanden, was sie uns sagen wollte. Oft handelte es sich dabei um Kleinigkeiten, aber anfangs dachte ich oft, dass es auch etwas Wichtiges sein könnte: ein starker Schmerz, ein grober Schwindel oder ein drohender neuer Schlaganfall. Manchmal insistierte sie so heftig, dass ich Angst um ihr Herz bekam.

Von einer fehlenden Gefühls- oder Gedankenwelt konnte also eindeutig nicht die Rede sein, und ich hatte auch zunehmend den Eindruck, dass ihr diese kleinen Kämpfe guttaten und sie mit am Leben erhielten. Meine Mutter hatte immer schon gekämpft. Warum sollte sie jetzt damit aufhören? Sie kämpfte ja auch mit ihrer Krankheit. Und sie hatte gewonnen. Weil sie sich schließlich mit ihrem Schicksal angefreundet hatte.

Noch in der Reha hatte ich mir Sorgen gemacht, wie meine Mutter jemals mit diesem schweren Schicksalsschlag zurechtkommen würde. Ausgerechnet dieser Dickkopf. Ausgerechnet sie würde nie wieder sprechen, nie wieder schreiben können. Nie wieder selbstständig, unabhängig sein. Das hätte sie jeden Lebenswillen kosten können.

Niemand hätte gedacht, dass sie sich so gut mit ihrer neuen Situation arrangieren würde. Ich war wahnsinnig stolz auf meine Mutter.

Mit welcher Würde sie aufrecht im Krankenbett saß. Wie sie sich einfach nicht unterkriegen ließ. Und wenn sie dann doch wieder einmal ins Krankenhaus musste, wunderten sich die Krankenschwestern oft über ihren wachen Geist und ihr fröhliches Wesen – trotz ihres körperlichen Zustandes. Sie war ungebrochen.

Für mich war das der Lohn all meiner Bemühungen. Ich musste sehr viel dafür tun und in dieser Zeit auf vieles verzichten, was man normalerweise in meinem Alter macht. Aber ich konnte mit meinem Einsatz so viel erreichen. Es ging meiner Mutter immer besser. Sie wirkte vollauf zufrieden. Und das, obwohl alle Umstände eigentlich dagegensprachen.

Es war ein großartiges Gefühl, meine Mutter so glücklich zu sehen, teilweise aber auch beängstigend, zu wissen, dass sie komplett von mir abhängig war. Zu Beginn ihrer Pflege und am Ende träumte ich öfter davon, dass ich einen Säugling zu versorgen hätte, der zu sterben drohte.

Und so ähnlich war es ja auch. Ich wollte nie Kinder haben, aber während der Pflege meiner Mutter fühlte ich mich oft wie eine alleinerziehende Mutter. Mit dem Unterschied, dass mein »Kind« über achtzig Kilo wog und sich kaum vom Fleck bewegen konnte. Deshalb war das mit dem Herumtragen oder Mitnehmen schwierig.

Dass meine Mutter es so genoss, umsorgt zu werden, machte für mich und ihre Helfer vieles leichter. Bis auf den Anfang und das Ende ihrer Pflege ließ sie bereitwillig alles mit sich geschehen und half auch noch kräftig dabei mit. Im Schlucken von Medikamenten und beim Umdrehen im Bett war sie bald Profi.

In den Rollstuhl setzen ließ sie sich aber bald nur noch von mir, weil sie Angst hatte, dass andere sie fallen ließen. Diese Angst kam nicht von ungefähr. Sogar mein Bruder, ein starker Mann, traute sich den Transfer vom Bett in den Rollstuhl nicht zu, allein schon wegen ihres Gewichts und der Gefahr eines Sturzes. Aber ich kannte mittlerweile alle Tricks und konnte meine Mutter ohne größeren Kraftaufwand vom Bett in den Stuhl bugsieren. Allerdings nur, wenn sie mithalf. Wir waren schnell ein eingespieltes Team.

Und so war ich am Abend immer heilfroh, nach getaner Arbeit einfach nur neben ihr zu sitzen. Wir hatten alles im Griff. Sie hielt meine Hand und sah munter fern. Alles war gut, wenn ich bei ihr war. Die meiste Zeit saß sie friedlich in ihrem Bett, umringt von lebendigen Kuscheltieren und solchen aus Stoff, von Blumen und Samtkissen, die wir in ihren Lieblingsfarben ausgesucht hatten: Blau und Grün.

Ich hatte meine Mutter dem Tod mehrfach entrissen, und dafür ging es ihr hervorragend. Dass sie gesundheitlich stabiler wurde und es über Jahre hinweg blieb, war ein großes Glück, und es war selbst gemacht.

»Selbstwirksamkeit« nennt die Psychologie das, wenn man schwierige Situationen aus eigener Kraft erfolgreich bewältigen kann. Man fühlt sich bestätigt und voller Energie. Und dabei hatte ich nicht einfach ein schwieriges Problem im Job gelöst. Sondern ich konnte dem Menschen, der mich zur Welt gebracht und mich selbst jahrelang liebevoll betreut hatte, etwas Elementares zurückgeben. Und ein großes Unglück verhindern.

Zuvor hatte ich ein ganz anderes Leben geführt und mir nicht vorstellen können, ständig zu Hause zu sein. Und doch tat ich es nun, fast zehn Jahre lang. Und fand Gefallen daran.

Pflege bedeutete für mich eben nicht nur Verpflichtung, die ganze Arbeit und die anschließende Müdigkeit. Sondern auch die Möglichkeit, Zeit mit meiner Mutter zu verbringen. Das war wie ein Geschenk – für uns beide. Eine neue Art von Lebensqualität.

Das Schönste aber war: Niemand konnte sich so sehr über Kleinigkeiten freuen wie meine Mutter seit ihrer Krankheit. Sie war dankbar für alles, und sie lebte im Moment. Und ich dadurch ebenfalls. Kam ich abends von der Arbeit nach Hause, streckte sie schon von Weitem die Arme nach mir aus. Dann hüpfte mein Herz.

Anfangs ging ich noch regelmäßig weiter tanzen. Wenn ich dann in einem Club stand und die Leute um mich herum Spaß hatten, dachte ich oft an meine Mutter. Ob sie jetzt wohl traurig in ihrem Bett lag. Ob es ihr gut ging. Oder ob sie vielleicht gerade gestorben war. Ich hatte ein furchtbar schlechtes Gewissen, sie allein zurückzulassen.

Doch mit einem kleinen Trick war auch dieses Problem bald gelöst: Ich bestellte meine Freundinnen einfach zu mir nach Hause, bevor wir loszogen. Wir trafen uns nicht mehr in der Stadt oder in einer Bar, sondern ich lud sie zum Aperitif zu uns ein. Ich wollte nicht, dass meine Mutter von der Außenwelt abgeschnitten wurde und sich ausgeschlossen fühlte, wenn ich wegging, um mich zu amüsieren. Ich wollte nicht, dass sie unbeweglich zu Hause zurückblieb und mit der Nase darauf gestoßen wurde, was sie alles nicht mehr konnte. Also bezog ich sie, so gut es ging, in alles mit ein.

Meine Freundinnen wussten schon, dass sie sich zu meiner Mutter setzen mussten, während ich mich im Bad für die Tanznacht schminkte. Dass sie sich ein paar Takte mit ihr unterhalten und von ihrem Alltag erzählen sollten, und das taten sie auch gerne. Meine Mutter fand das toll. So wusste sie wenigstens, mit wem ich mir die Nächte um die Ohren schlug. Und so hatte sie auch Kontakt zu gut gelaunten jungen Menschen, nicht immer nur zu Pflegern oder Ärzten, die sie wegen ihrer Krankheit betreuten. Ein Stück Normalität und Sozialisation. Ihre alten Freundinnen waren Hunderte Kilometer und ein halbes Leben weit entfernt. So konnte sie wenigstens mit meinen Freundinnen lachen.

Nicht alle kamen damit klar. Manche Freunde wollten lieber nicht mehr zu mir nach Hause kommen. Andere hingegen hatten überhaupt keine Berührungsängste. Valentin zum Beispiel saß schon in den ersten Tagen nach ihrem Einzug am Bett meiner Mutter und hielt stundenlang ihre Hand, wenn ich einkaufen war.

So ähnlich war es später auch mit Francesca. Selbst Südländerin mit ausgeprägtem Familiensinn, kam sie regelmäßig aus Starnberg angefahren, um mit mir die Nacht unsicher zu machen. Jedes Mal brachte sie meiner Mutter etwas mit: Pralinen, ein Blümchen oder einen Ring aus ihrer Schmucksammlung – ihr Mann brachte uns zu Weihnachten sogar einen Tannenbaum vorbei. Meine Mutter konnte dann die halbe Nacht ihr Geschenk bewundern, während wir tanzen gingen. Ich werde nie vergessen, wie Francesca zum ersten Mal bei uns war und danach voller Bewunderung verkündete: »Deine Mutter ist so toll – der ganze Raum ist voller Liebe!«

Was Pflege auch bedeutet

Bei aller Liebe – und bei allen wunderschönen Erlebnissen, die wir zusammen hatten, und so froh ich auch war, meine Mutter vor dem fast unvermeidlichen Heim gerettet zu haben: Pflege kann auch sehr anstrengend sein.

Zum einen müssen Angehörige psychisch damit klarkommen, dass der Mensch, den sie pflegen, aus seinem Leben gerissen wurde und sich damit auch das eigene Leben völlig neu ausrichtet. Zum anderen wird man tagtäglich mit der Endlichkeit konfrontiert. Gerade wenn man so viel Nähe und Glück zulässt, ist der Gedanke an einen baldigen Verlust alles andere als einfach. Hinzu kommt der körperliche Aspekt, denn Pflege kostet auch rein physisch Kraft. Und man ist ständig in Habachtstellung. Ein Ohr ist immer bei dem anderen und kontrolliert, ob es ihm gut geht. Darüber vergisst man leicht sich selbst, die ureigenen Wünsche und Bedürfnisse.

Mit all dem kam ich klar. Doch dann tat sich ein anderes Problem auf, das auch mir meine Grenzen der Belastbarkeit aufzeigte.

So sehr ich das Zusammensein mit meiner Mutter genoss: Die Umstände wurden schwieriger, sobald die Finanzen nicht mehr stimmten. Bis dahin konnten wir uns Problemlösungen erkaufen, beziehungsweise tauchten viele

Probleme gar nicht erst auf: Solange man einen Pfleger oder den Pflegedienst bezahlen und motivieren kann oder freiwillig Rechnungen übernimmt, die man eigentlich nicht selbst zahlen müsste, hat man weniger Sorgen, und man schläft besser. Die größten Probleme beginnen dann, wenn das Geld schwindet.

Meine Nervenstärke zu Beginn der Pflege und vor allem in den ersten fünf Jahren beruhte auch darauf, dass ich mir um die Finanzierung der Pflege meiner Mutter noch keine existenziellen Sorgen machte. Sie hatte etwa achtzigtausend Euro auf dem Konto, und sobald diese aufgebraucht waren, wurde ihr Ferienhaus verkauft. Das brachte nur siebzigtausend Euro, weil es in einem Dorf an der Mosel lag und dann auch schnell verkauft werden musste. Aber immerhin hatten wir dadurch insgesamt einhundertfünfzigtausend Euro zur Verfügung. Plus mein Gehalt, von dem ich in den ersten fünf Jahren selbst ihren Unterhalt zahlte – bis auf ihren Mietanteil, der von ihrem Konto abging. Medikamentenzuzahlungen und die Kosten für ihre Pflege – also die private Pflegerin für fünf Stunden werktäglich und die Zuzahlungen zum Pflegedienst – gingen ebenfalls von ihrem Konto ab. Veranschlagt man etwa zweitausend bis zweitausendfünfhundert Euro Lohnkosten für die Pflegerin im Monat, ist das Geld eben nach vier bis fünf Jahren weg. Da sind die restlichen Kosten nicht mal mitgezählt. Und dann geht der Kampf richtig los. Dann wird es anstrengend.

Bis man sich erst einmal durch den Dschungel der Unterstützungsmöglichkeiten gekämpft hat, die über Almosen hinausgehen und stattdessen die vollen Kosten abdecken, die ein Pflegefall nun einmal mit sich bringt, vergehen Monate, wenn nicht Jahre. Zumindest bis diese Unterstützung dann auch wirklich fließt. Das kostet Unmengen an Zeit, Energie und Nerven. Man kommt sich außerdem wie ein Bittsteller vor – und wird auch oft genug so behandelt.

Für mich war es sehr schwierig, diese beiden Welten zusammenzubringen: meine Mutter, die in ihrer politisch aktiven Zeit darum gekämpft hatte, dass Hilfsbedürftige die ihnen zustehenden Leistungen erhielten. Und meine Mutter als Pflegefall, der nun erst mal alle Leistungen verweigert wurden. Immer wieder mussten wir nachweisen und erklären, dass und warum sie bedürftig war, warum sie die Leistungen nicht selbst beantragen oder persönlich ins Amt spazieren konnte. Und das in einer Situation, in der schon lange kein Geld mehr da war – weil die Beantragungen und Bewilligungen oft viele Monate dauern. Das war – zusammen mit dem anderen Ärger mit Behörden, auf den ich noch näher eingehen werde – eine echte Zerreißprobe.

Ich merkte in dieser Zeit, dass ich auch mit meiner Mutter ungeduldiger wurde. Das machte mich ziemlich wütend. Es war so ungerecht: Damit es meiner Mutter gut ging, brauchte sie viel Zuwendung. Die aber konnte ich kaum noch aufbringen, sobald ich mich an mehreren Fronten aufrieb. Ich hatte dadurch auch selbst viel weniger Spaß an der Pflege.

Irgendwann war es soweit: Ich ging kaum noch tanzen. Ich war einfach zu müde. Die ständigen Sorgen und die Bürokratie, die mich nun auch tagsüber ins Büro begleiteten und immer präsenter wurden, zermürbten mich auf Dauer. Sie wurden immer mehr statt weniger. Vor allem war ich frustriert darüber, dass mich die Widrigkeiten nicht nur des Pflegesystems, sondern auch ihrer gesetzlichen Betreuung, von denen ich in einem anderen Kapitel noch berichten werde, immer wieder von meiner eigentlichen Hauptaufgabe ablenkten: der Pflege meiner Mutter.

So schön es nach wie vor mit ihr war, so unmöglich waren unzählige Umstände, die mir das Leben als pflegender Angehöriger nun zur Hölle machten. Ich war extrem enerviert davon, was mir alles abverlangt wurde, obwohl ich diese Arbeit freiwillig und ohne jegliche Vergütung ausübte. Wie mit Angehörigen umgesprungen wird, ist Quell vieler stressbedingter Krankheiten, die Pflegende im Laufe der Jahre erleiden. Weil zu ihrer oft aufopferungsvollen Arbeit auch noch der ständige Ärger mit Ämtern, Behörden und Krankenkassen hinzukommt. Der manchmal kaum auszuhalten ist.

Weil ich überhaupt nicht einsah, mich von diesen Umständen derart traktieren zu lassen, suchte ich nach einer neuen Lösung. Mein Bruder konnte nicht noch weiter eingespannt werden. Eine regelmäßige Entlastung in der Organisation der Pflege und der gesetzlichen Betreuung konnte ich von niemandem erwarten.

Als die Geldsorgen überhandgenommen hatten, ich immer gestresster wurde und meine Hausärztin sich wunderte, dass ich »Alte-Leute-Krankheiten« entwickelte, etwa eine Gürtelrose, da wusste ich: Irgendetwas muss sich ändern. Ich würde meine Mutter weiter pflegen, aber ich musste selbst wieder mehr Freiraum haben. Um Abstand zu dem bürokratischen Hickhack zu bekommen und dadurch auch wieder mehr Spaß an der Pflege zu haben. Nur wie?

Mein damaliger Freund brachte mich auf die Lösung.

Ich hatte mir eigentlich vorgenommen, während der Pflege meiner Mutter mit keinem Mann zusammen zu sein. Einfach, um mich nicht vierteilen zu müssen zwischen Job, Pflege, Betreuung und noch weiteren Ansprüchen eines anderen Menschen. Ich wollte mich auf die Pflege konzentrieren, um sie angemessen bewältigen zu können.

Doch dann war da plötzlich Peter. Er war extrem unternehmungslustig, wollte mich in jeder freien Sekunde durch die Gegend fahren, in Restaurants ausführen und am liebsten auch ständig mit mir in Urlaub fahren. Das ging wegen meiner Mutter alles nur sehr eingeschränkt, aber es tat mir trotzdem gut und gefiel mir natürlich auch. Bis ich merkte, dass Peter auf die Pflege kaum Rücksicht nahm und vor allem einfach gar nichts davon wissen wollte. Ich konnte mit ihm nicht darüber sprechen. Meine Mutter selbst hat er nur einmal gesehen, und auch das konnte er kaum ertragen. Ich glaube, er war – wie so viele Menschen – von der Situation und allem, was damit einherging, überfordert. Die Themen Alter und Krankheit wollte er nicht zu nah an sich heranlassen. Das ist einerseits nachvollziehbar, andererseits war ich nun mal Tag für Tag damit konfrontiert. Und ich hätte mir emotionale Unterstützung gewünscht. Wir fingen an, uns zu streiten, und schlussendlich trennte ich mich von ihm. Eine richtige, länger dauernde Beziehung wäre für mich nur möglich gewesen, wenn ich mit meinem Partner auch die schwierigen Seiten des Lebens hätte teilen können. Es fiel mir alles andere als leicht, denn wir waren trotz allem immer noch verliebt. Aber Peter hatte zu große Angst davor, mit seiner eigenen Endlichkeit konfrontiert zu werden. Und wie hätten wir zwei so gegensätzliche Standpunkte auch miteinander vereinbaren sollen?

Und doch war er am Ende derjenige, der den Anstoß dafür gab, dass ich mir selbst wieder mehr Freiraum verschaffte. Das habe ich ihm zu verdanken. Denn eines Tages fragte er ganz unverblümt: »Warum kann deine Mutter eigentlich nicht alleine leben?«

Damals empfand ich die Bemerkung als absurd, heute muss ich darüber schmunzeln. Denn sie war ein Beleg dafür, dass Peter mir in Bezug auf die Pflege meiner Mutter einfach nie wirklich zugehört hatte. Sonst hätte er wissen müssen, dass sie körperlich hilflos war und das Alleinleben deshalb ausgeschlossen. Im Nachhinein vermute ich sogar, dass Peter stattdessen ein psychisches Problem bei meiner Mutter verortete und annahm, dass es ihr nur darum gegangen sei, mich bei sich zu haben. Damit verkannte er völlig ihre Krankheit und deren Schwere.

Trotzdem dachte ich danach noch länger über den Satz mit dem Alleinleben nach. Weil ich begriff, dass er einen wahren Kern enthielt: Meine Mutter konnte zwar nicht alleine leben, aber warum sollte ich die Einzige sein, die mit ihr lebte?

Nachdem außerdem gerade endlich die gröbsten Kämpfe mit Ämtern und Behörden ausgestanden waren, wusste ich: Ich musste jetzt auch mal wieder ein bisschen für mich selbst sorgen. Aber wie sollte das gehen?

Ich überlegte mehrere Monate lang hin und her – und fand schließlich die Lösung darin, die Situation wieder positiv zu betrachten. Unser Pflegemodell zu Hause lief sehr gut, meine Mutter war in einem vergleichsweise hervorragenden Zustand, es war alles eingespielt, ich kannte sämtliche ihrer Symptome und Befindlichkeiten, konnte schnell reagieren und musste nicht mehr allem nachspüren. Es war ein guter Zeitpunkt, um die Zügel etwas lockerer zu lassen und mich wieder mehr um mich selbst zu kümmern. Eine Pflegerin könnte bei meiner Mutter einziehen und ich in der Zeit in Berlin arbeiten, etwas, das ich immer schon wollte. Das ginge natürlich nur wochenweise, weil zu lange Abwesenheiten von mir auf Kosten der Organisation der Pflege gehen würden.

Nun war die Idee in der Welt, und ich konnte mich an ihre Umsetzung machen. Mein Arbeitgeber war nicht ad hoc davon zu überzeugen, dass ich unbedingt Korrespondentin in Berlin werden müsse. Aber irgendwann willigte er ein. Nun musste ich nur noch eine günstige kleine Wohnung in Berlin finden. Und eben eine Pflegerin für meine Mutter, die sie nicht nur gut versorgen, sondern auch bei ihr einziehen würde und die motiviert genug wäre, sie zeitweise alleine zu versorgen. Das gestaltete sich erwartungsgemäß schwierig.

Also fand ich eine neue Lösung: Ich überlegte, wer selbst etwas davon hätte, bei uns zu wohnen. Weil wir mitten in der Stadt am Gärtnerplatz eine gemütliche Wohnung hatten, genau dort, wo in München jeder leben will, ahnte ich: Studenten aller Art würden sich um mein Zimmer reißen. Zumal, wenn es spottbillig war. Beziehungsweise die Arbeit für meine Mutter mit der Miete verrechnet werden konnte.

Und so kam es dann auch: Ich organisierte »Wohnen gegen Hilfe«. Insgesamt zwei Studentinnen sorgten fast drei Jahre lang an den Wochenenden und abends für meine Mutter und waren auch nachts da, sodass ich in dieser Zeit guten Gewissens in Berlin leben konnte. Das hätte ich noch Monate zuvor nicht für möglich gehalten, aber nun funktionierte es gut. Erstens, weil beide Studentinnen sich viel Mühe gaben, zweitens, weil die Pflege zu Hause weiterhin rund lief und die Tagespflegerin, die wir vorher schon gehabt hatten, nach wie vor kam.

Länger als eine Woche oder höchstens mal zehn Tage konnte ich zwar nicht wegbleiben, aber zumindest hatte ich nach fünf Jahren Rundumpflege die Möglichkeit, zeitweise ein eigenes Leben in Berlin zu führen. Spontan ins Kino oder Restaurant und abends wegzugehen, weil ich nicht auf meine Mutter aufpassen musste. Und mich beruflich weiterzuentwickeln.

Ich telefonierte immer noch mehrmals täglich mit den Helfern und natürlich jeden Abend mit meiner Mutter. Aber wenn alles gut lief, konnte ich an einem Sonntag auch einmal bis zehn Uhr schlafen. Und das Allerwichtigste: Ich hatte wieder eine eigene Wohnung, einen Rückzugsort, in den kein Pflegedienst wie selbstverständlich hereinplatzte. Dieser Ort in Berlin gehörte nur mir allein.

Auch meine Mutter war damit einverstanden, dass ich alle paar Wochen weg war. Nicht sofort, und sie hatte bestimmt Angst vor der neuen Situation. Aber nach einer Weile hatte sie verstanden, dass ich viel tatkräftiger und besser gelaunt war, wenn ich mich regelmäßig erholen konnte. Und sie sah mich wieder öfter lachen.

Für mich war damit der ideale Zustand erreicht. Mir gefiel das Pendeln zwischen den Welten, dem hübsch streng geordneten München und dem wilden, freien Berlin. Zwischen der Pflege meiner Mutter hier und meinem eigenen Leben dort. In München war ich Textchefin am Newsdesk der *Süddeutschen Zeitung*. Und in Berlin freie Autorin für *sueddeutsche.de*. Es war die perfekte Abwechslung.

Für mich hätte es also gerne noch länger so weitergehen können. Leider hatte das Leben anderes mit uns vor. Das lag aber nicht an meiner Mutter.

KAPITEL 7
Und täglich grüßt der Gerichtsvollzieher: Private Pflege in Deutschland macht arm

Die finanzielle Belastung während der Pflege hängt hierzulande auch mit der Art der Kranken- und Pflegeversicherung sowie den individuellen Verträgen zusammen. In Deutschland gibt es gesetzliche und private Krankenversicherungen, und es gibt die Beamten, die eine Sonderstellung einnehmen: Bei ihnen zahlt der Dienstherr in der Regel die Hälfte der entstehenden Krankheits- und Pflegekosten, der Rest wird über eine meist private Versicherung abgedeckt. Private Krankenversicherungen, gerade auch die für Beamte, unterscheiden sich in ihren Leistungen immens voneinander. Man tut gut daran, die Verträge rechtzeitig zu überprüfen.

Als Kommunalpolitikerin hatte meine Mutter keinen Lohn, sondern nur eine geringe Aufwandsentschädigung erhalten. Krankenversichert war sie über meinen Vater, der Beamter war, wobei sich meine Eltern getrennt hatten. Entgegen der landläufigen Meinung ist die private Versicherung keineswegs immer ein Vorteil. Wir hätten viel für die Möglichkeit gegeben, in die gesetzliche Krankenkasse wechseln zu können. Aber das war nicht möglich und kostete mich und alle gesetzlichen Betreuer sehr viele Nerven – und meine Mutter am Ende vielleicht sogar das Leben.

Als Privatversicherter zahlt man alle Arztrechnungen erst einmal selbst. Und darf dann bei der Kasse anfragen, wie viel davon sie zu übernehmen gedenkt. Ziel sind natürlich hundert Prozent, aber das klappt oft nicht. Den Rollstuhl für meine Mutter mussten wir beispielsweise selbst kaufen. Und jetzt stellen Sie sich vor, dass Sie nicht nur alle paar Monate einen Schnupfen haben, sondern richtig schwer krank sind.

Allein der Aufwand der ständigen Antragstellung auf Kostenübernahme von zig Medikamenten, Hilfsmitteln, Arztbesuchen, Physiotherapie, Pflegedienst, Krankenhausaufenthalten, Reha usw. ist gewaltig. Dazu muss man auch noch zwischen Kranken- und Pflegekasse unterscheiden, die jeweils unterschiedliche Ansprechpartner haben. Für meine Mutter musste zudem ein prozentualer Anteil über die sogenannte Beihilfe abgerechnet werden.

Ich hätte diesen Riesenwust niemals alleine bewältigen können. Glücklicherweise hat mein Bruder viele Jahre lang diese Aufgabe übernommen. Er hat mir einmal gezeigt, wie viele Briefe und wie viel Rechenleistung und Kenntnis von Vorschriften alleine für die Übernahme von ein paar Medikamenten nötig waren. Arbeit von vielen Stunden, über mehrere Abende verteilt.

Wir brauchten also viel Zeit, Einarbeitungsvermögen und einen Juristen. Denn es mussten auch noch laufend Widersprüche eingelegt werden.

Was als Nächstes auf mich zukam, damit hätte ich nie gerechnet: Ständig hatten wir Mahnungen am Hals. Um all die Rechnungen pünktlich begleichen zu können, waren wir darauf angewiesen, dass die Privatkasse unsere Anträge zeitnah bearbeitete und den uns zustehenden Betrag schnell überwies. Doch das funktionierte oft nicht, unter anderem weil so viele Abrechnungsstellen beteiligt waren. Die Anbieter medizinischer Leistungen warteten allerdings nur ungern auf ihr Geld. Alle Rechnungssteller gingen offenbar davon aus, wir seien schuld an der Verzögerung der Zahlung. Ein Privathaushalt kann aber niemals mehrere tausend Euro jeden Monat aufs Neue vorstrecken. Es sei denn, es handelt sich um einen Millionärshaushalt. Die Summen in dieser Branche belaufen sich auf gigantische Höhen.

Aus einem Krankenhausaufenthalt werden gerne zehntausend Euro, und auch der Pflegedienst will in der höchsten Pflegestufe monatlich mindestens zweitausend Euro haben. Lässt sich die Kasse mit der Bearbeitung Zeit, verlangt noch alle möglichen Nachweise oder lehnt erst mal ab, addieren sich diese Summen immer weiter. Der Druck wird aber den Rechnungsempfängern gemacht, nicht der Pflege- oder Krankenkasse.

Weil meine Mutter nicht mehr sprechen und auch nichts unterzeichnen konnte, waren mein Bruder und ich als gesetzliche Betreuer für sie bestellt worden. Später wurde mein Bruder durch Rechtsanwälte ersetzt, die teils wenig Zeit dafür hatten. Und weil meine Mutter mit mir in einer Wohnung lebte, hatte ich so über Jahre am laufenden Band Rechnungen, Mahnungen, Drohungen, die unangenehmen Schreiben von Inkassobüros und auch immer wieder Ankündigungen der Zwangsvollstreckung auf dem Tisch. Da braucht man starke Nerven. Vor allem, wenn man weder etwas dafür noch etwas daran ändern kann. Die Möglichkeit, dass Pflegedienst oder Krankenhaus direkt mit der Kasse abrechneten, gab es für uns damals nicht.

Ich versuchte, den vielen Anbietern den Sachverhalt zu erklären, doch für sie zählte nicht, wer zuständig war. Manche scheuten nicht einmal vor persönlichen Angriffen zurück, schließlich wollten sie ihr Geld haben. Und weil ich meine Mutter pflegte, war ich der Ansprechpartner für all diese Probleme. Um nicht zu sagen: der Prügelknabe.

Ich erinnere mich gut an ein Gespräch mit einem jungen Apotheker, der mir androhte, die Medikamentenversorgung einzustellen, wenn nicht schnellstmöglich die Rechnungen der vergangenen Wochen beglichen würden, die sich auf über siebentausend Euro beliefen. Natürlich war das ein großer Posten, aber was er dabei vergaß: Wir waren schon seit Jahren Kunden, und er verdiente gut an meiner Mutter. Zudem wurde er so rabiat, dass mir die Tränen über die Wange liefen, weil ich mir keinen Rat wusste. Ohne Medikamentenversorgung wäre meine Mutter gestorben. Und es war zu diesem Zeitpunkt unmöglich für mich, die Medikamente selbst zu zahlen.

Dass die Pflegedienste drängten, war ich dagegen schon gewohnt. Ich hatte dauerhaft mit Pflegediensten zu tun, die auf ihr Geld warteten – und trotzdem meine Mutter täglich versorgen mussten.

Vielleicht war auch das bei einigen Pflegediensten bei uns ein Grund dafür, dass viele Mitarbeiter so nachlässig waren und wir oft nur die schlechtesten Pfleger bekamen. Denn ich musste ständig mit Pflegedienstleitern über ihre

Bezahlung diskutieren. Womit ich eigentlich gar nichts zu tun hatte. Ich selbst habe nie mit der Versicherung meiner Mutter zusammengearbeitet. Ich war zwar gesetzliche Betreuerin für meine Mutter in allen Lebenslagen, also theoretisch auch für die Finanzen. Um aber alles schaffen zu können, hatte ich das Aufgabenfeld Finanzen und Krankenkasse immer abgetreten. Erst an meinen Bruder, später an die Anwälte.

Trotzdem war nur ich für die Pflegedienste direkt greifbar – und manche glaubten mir schlicht nicht. Sie unterstellten mir, mich einfach nicht um ihre Bezahlung zu kümmern, und wurden richtig ausfallend. Andere haben einfach nach ein paar Wochen gekündigt.

Abseits all dieser Probleme, die allesamt weiter an meinem Nervensystem kratzten, sorgte diese Abrechnungspraxis dafür, dass recht bald das Gesparte aufgebraucht war. Natürlich mussten wir die eine oder andere Rechnung doch vorstrecken und bekamen dann weniger Geld zurück, und auch die Zuzahlungen für Hilfsmittel und Therapien waren saftig.

In den ersten etwa fünf Jahren verschlang die Pflege meiner Mutter wie schon berichtet ihr gesamtes Vermögen, etwa einhundertfünfzigtausend Euro. Wohlgemerkt: Von dem Geld wurden nur ihr Anteil an der Miete und die Pflegekosten berappt, auch für die privat gezahlte Pflegerin. Ihren Unterhalt (Essen, Trinken, Kleider, Unterhaltung etc.) habe in dieser Zeit ich gezahlt. Damit das Geld länger reichte.

Umso ungerechter erschien mir der ständige Vorwurf ahnungsloser Rechnungssteller, ich würde mich nicht um die Bezahlung kümmern. Viele dachten wohl insgeheim, ich würde umgekehrt von der Pflege meiner Mutter leben. Stattdessen habe ich – grob geschätzt – in den zehn Jahren insgesamt etwa fünfzigtausend Euro aus eigener Tasche dazubezahlt.

Nicht bei jedem kostet die Pflege gleich viel Geld, das hängt stark vom individuellen Bedarf ab. Von Pflegegrad, Alter und Wachheitszustand, von der Anzahl der gratis mithelfenden Angehörigen und eben auch der Versicherungswahl, da gibt es viele oft unerwartete Faktoren. Meine Mutter brauchte speziell auf sie zugeschnittene Nahrung, damit die Verdauung weiter funktionierte. Und weil sie meist im Bett liegen musste, brachte ich ihr täglich Zeitungen oder Zeitschriften mit, damit sie eine Beschäftigung hatte und geistig nicht abbaute. Ich habe ihr das alles – inklusive Schmuck und Kleidern – gerne finanziert, damit sie sich wohlfühlte. Dadurch war auch für mich die Situation schöner.

Die meisten Sachbearbeiter bei Krankenkassen, Behörden und dem Betreuungsgericht sehen aber je nach ihrer Profession immer nur einen kleinen Ausschnitt des Falles. Dass ein Angehöriger kein Sachbearbeiter ist, der den ganzen Tag am Schreibtisch sitzt, um dringliche Anfragen zu beantworten oder auch ständig Anträge zu stellen, sondern meistens schon mit dem Pflegealltag bis über beide Ohren beschäftigt ist, wird nicht erkannt. So üben alle immer wieder Druck auf die Angehörigen aus, obwohl diese ihn am wenigsten gebrauchen können.

Auch an dieser Stelle muss sich das System dringend ändern. Es kann nicht sein, dass man in einem Armenhaushalt leben muss, nur weil ein Angehöriger erkrankt ist und man sich um ihn kümmert.

Und dabei sind wir noch nicht mal bei den Angehörigen, die ihren Beruf für die Pflege aufgeben und deshalb verarmen. In Deutschland muss man erst sämtliche Reserven aufbrauchen, um staatliche Unterstützung zu erhalten. Wer durch die Pflege eines Angehörigen einmal in Hartz IV rutscht, hat für den Rest seines Lebens ein erhebliches Problem: keinerlei Reserven mehr, sowohl finanziell als auch nervlich. Und er gesellt sich zu der Gruppe am untersten Rand der Gesellschaft, zu denjenigen, die es schwer haben, jemals wieder Arbeit zu finden. Da ist die Altersarmut programmiert. Ganz zu schweigen davon, dass pflegende Angehörige durch ständige Überlastung oft krank und manche selbst zum Pflegefall werden.

Ich bin überzeugt davon: Die meisten erkranken nicht an der Pflege selbst oder am Umgang mit ihren Angehörigen. Ein großer Teil pflegender Angehöriger wird stattdessen durch den ständigen Druck von außen mürbe gemacht und durch ein System, das es ihm weder erlaubt, sich angemessen auszuruhen, noch ein eigenes Privatleben aufrechtzuerhalten. Weil so viele Stellen, die eigentlich unterstützen sollten, unterm Strich mehr Arbeit und Stress verursachen, als zu helfen. Und weil pflegende Angehörige als Quell unendlicher Arbeitskraft angesehen werden – ohne jede Anerkennung.

Das hat auch historische Gründe. Im Bürgerlichen Gesetzbuch wurde einst der gegenseitige Beistand innerhalb der Familie von Eltern, Kindern und Ehepartnern als »sittliche Beistandspflicht« festgelegt. Die Paragrafen § 1353 und § 1618a BGB stammen aus der Zeit der Jahrhundertwende um 1900, als ausschließlich Männer den Lebensunterhalt verdienten und Frauen automatisch die Hausarbeit und Familienpflege leisteten. Damals lag die durchschnittliche Lebenserwartung bei siebenundvierzig Jahren. Altenpflege, wie wir sie heute kennen, gab es nicht.

Im einundzwanzigsten Jahrhundert aber ernähren auch Frauen, so wie ich, die Familie. Und die Lebenserwartung ist erheblich gestiegen: In Deutschland liegt sie mittlerweile bei neunundsiebzig (Männer) und vierundachtzig (Frauen) Jahren, auch Hundertjährige sind längst keine Seltenheit mehr. Zu Hause gepflegt werden außerdem nicht nur Senioren, sondern kranke und behinderte Menschen aller Altersstufen. Die durchschnittliche Pflegezeit beträgt neun Jahre. Häusliche Pflege ist also kein »Beistand« mehr, sondern mitunter verbindliche und dauerhafte Arbeit. Auch nachts, an Wochenenden und Feiertagen. Dass Angehörige gratis die Pflege übernehmen sollen, müsste also längst überdacht und dringend geändert werden.

Ein Mitglied einer bundesweiten Angehörigenvertretung hat in einem Interview mit mir bemängelt, dass die Verantwortlichen davon ausgehen, Angehörige könnten sich ihren Lebensunterhalt trotz Pflege sozusagen nebenher sichern – durch Erwerbsarbeit, Rente oder eigene Rücklagen. Genau das führe zu Armut, Altersarmut und zum gefürchteten Abrutschen in Hartz IV. Weiter kritisiert sie, die kostenlose Beistandspflicht sei sogar noch ausgeweitet worden. Während das BGB sie auf Eltern, Kinder und Ehepartner beschränkt, erweitere das Pflegegesetz sie auf Hilfen durch

Verlobte, Geschwister, Nichten und Neffen, Pflegeeltern und -kinder, Onkel, Tante und Schwager. Heißt: Sie alle pflegen zum Nulltarif.

Dazu muss man erklären, weil es diesbezüglich oft Missverständnisse gibt: Das Pflegegeld ist kein Lohn für die Angehörigen, sondern es soll zur Sicherstellung der hauswirtschaftlichen und pflegerischen Versorgung des Patienten verwendet werden.

Und doch: Obwohl Pflege arm machen kann und Angehörigen so viele Zumutungen schon alleine von außen aufhalst, pflegen die meisten Familien zu Hause. Warum?

Aus Liebe zu ihren Angehörigen. Aus Dankbarkeit. Aus Verantwortungsgefühl. Oder weil die Pflege an sich so berührend sein kann, dass dieses Gefühl alle organisatorischen Probleme überstrahlt. Und manchmal auch, weil die Pflege in Heimen genauso teuer oder sogar noch teurer ist. Je nachdem, wie groß der Pflegebedarf ist und wie man die Pflege zu Hause regelt.

Meine Mutter hat übrigens auch ihre eigene Mutter gepflegt, vor dreißig Jahren. Meine Oma hatte einen Herzinfarkt, Brustkrebs und eine Hüft-OP hinter sich, als sie zusammen mit ihrer Schwester bei uns einzog. Sie konnte nicht mehr so gut laufen, war aber ansonsten noch ausgesprochen rüstig und eine sehr wichtige Bezugsperson für uns Kinder. Meine Oma hat mir im Alter von drei Jahren das Lesen und mit vier das Schreiben beigebracht. Für meinen Bruder und mich war es völlig selbstverständlich, dass wir uns mit um Oma und Ota (eine Mischung aus Oma und Tante) kümmerten. Ich ging für beide einkaufen, und mein

Bruder veranstaltete Theater- und Zaubervorführungen in ihrem Wohnzimmer zur Unterhaltung.

Wenn die Familie in Urlaub fuhr, blieb abwechselnd einer von uns zu Hause, um sich um Oma zu kümmern, nachdem Ota gestorben war. Für uns war das ganz normal. Wir hatten viel Spaß mit Oma. Eine Pflegerin brauchten wir nie.

Was ich damit sagen will: Pflege kann auch sehr gut funktionieren, ohne teuer oder belastend zu sein. Wenn man Familienmitglieder hat, die mithelfen. Und wenn die pflegerische Tätigkeit sich in Grenzen hält. So wie es früher eben meistens war.

Allerdings benötigen inzwischen immer mehr immer ältere Menschen immer mehr pflegerische Unterstützung. Durch den medizinischen Fortschritt, durch die Entwicklung der Alterspyramide und durch die Individualisierung der Familienverhältnisse.

Angehörige ersparen dem Staat damit inzwischen Millionen Arbeitsplätze in der Pflege – und damit Kosten in Milliardenhöhe: Wie der Sozialverband VdK einmal errechnet hat, wären ohne die Angehörigen in Deutschland über drei Millionen mehr Vollzeit-Pflegekräfte vonnöten. Und damit zwischen fünfundsiebzig und einhundertfünfundvierzig Milliarden Euro Lohnkosten pro Jahr, je nach zugrunde gelegtem Stundenlohn.

Angehörige sollten sich dieses Wertes bewusst sein. Und auch so behandelt werden. Machen Sie sich klar, was Sie durch Ihren Einsatz nicht nur für Ihre Angehörigen, sondern auch für das Gemeinwohl leisten. Und lassen Sie es sich nicht gefallen, unter diesen Umständen auch noch in die Armutsspirale getrieben zu werden. Meines Erachtens braucht es einen Aufstand der Angehörigen.

Bis dahin sollten Sie als Privatversicherter am besten dafür sorgen, dass die Kasse selbst mit den Anbietern abrechnet, so weit möglich. Einige Kassen bieten das für hohe Krankenhaus- oder Apothekenrechnungen inzwischen an. Das hat zwar den Nachteil, dass Sie falsche Abrechnungen nicht rechtzeitig aufdecken können. Aber immerhin erspart Ihnen das den Nervenkrieg, den wir hatten. Und gesetzlich Versicherte kennen diese Art von Problemen glücklicherweise kaum.

Kurzer Ausflug in den Leistungskatalog der Pflegekasse

Je nach Schwere der Erkrankung stehen einem Patienten unterschiedliche Summen aus der Pflegekasse zu. Erst muss der Patient vom Medizinischen Dienst der Krankenkassen in einen Pflegegrad von 1 bis 5 eingestuft werden. Dann kann man wählen: Entscheidet man sich für die Pflege zu Hause, wird entweder ein Pflegedienst gezahlt – oder die Kasse zahlt Geld an den Patienten aus, das er selbst für seine Pflege einsetzen kann. Das Erste wäre die Pflegesachleistung, das Zweite das Pflegegeld. Wohnt der Patient im Heim, wird dafür die Pflegesachleistung aufgewendet.

Das Problem: Die Pflegesachleistung ist mehr als doppelt so hoch wie das Pflegegeld.

Für den Pflegegrad 1 gibt es nichts. Die Leistungen für die höheren Pflegegrade müssen bei der Pflegekasse beantragt werden. Möglich sind für Pflegegrad 2 aktuell (Stand 2019) entweder dreihundertsechzehn Euro Pflegegeld oder sechshundertneunundachtzig Euro Pflegesachleistung. Das geht so weiter bis zum höchsten Pflegegrad 5, dann gibt es bis neunhundertein Euro Pflegegeld oder eintausendneunhundertfünfundneunzig Euro Pflegesachleistung.

Möglich ist auch eine Kombinationsleistung. Man bestellt etwa den Pflegedienst nur für das Wochenende und handelt mit ihm einen Kostenvoranschlag aus. Wird dadurch die Pflegesachleistung nicht voll ausgeschöpft, kann sich der Patient den restlichen Teil des Anspruchs als Pflegegeld auszahlen lassen und etwa steuerfrei an pflegende Angehörige weitergeben. Allerdings nicht eins zu eins. Dazu gibt es unter dem Stichwort »Pflegegeldrechner« Umrechner im Netz. Die meisten stammen von gewerblichen Anbietern, sind aber kostenlos.

Für die Pflege zu Hause heißt das: Ein Pflegedienst erhält nicht nur mehr als doppelt so viel Geld wie etwa ein pflegender Angehöriger, der den Patienten alleine versorgt, sondern er kommt dafür auch meist nur ein paar Minuten am Tag. In unserem Fall – höchste Pflegestufe – eben morgens vierzig und abends nur zwanzig Minuten. Den Rest der Zeit, bei uns also dreiundzwanzig Stunden am Tag, in niedrigeren Pflegestufen noch mehr, ist der Patient alleine. Im besten Fall mit seinen Angehörigen, die dann den Rest der Arbeit erledigen. Zum Hungerlohn – oder zum Nulltarif.

Begründet wird das von Politikern mit dem Sachverhalt, dass Pflegedienste angeblich Fachpersonal einsetzen, dieses ausbilden und die Sozialversicherung sowie Betriebskosten davon zahlen müssten. Wie wir inzwischen wissen, ist das mit dem Fachpersonal oft nur ein frommer Wunsch. Aus meiner Erfahrung leisten Angehörige, die den Patienten gut kennen, oder auch Laienhelfer, die nur einen einzelnen Patienten versorgen, oft viel bessere und zuverlässigere Arbeit als Pflegedienstmitarbeiter nach einem Schnellkurs mit unzureichender Ausbildung und schlechten Sprachkenntnissen, deren Chefs auch noch etwas daran verdienen möchten. Zumindest ist das in München so.

Ich zum Beispiel habe in den zehn Jahren Pflege meiner Mutter keinen einzigen Cent erhalten. Auch die private Pflege konnten wir vom Geld der Pflegekasse nicht bezahlen.

Das lässt sich leicht vorrechnen: Meine Mutter hätte (damals noch im Vorgängersystem der Pflegestufen) unter Pflegestufe 3 Anspruch auf monatlich siebenhundertzweiundachtzig Euro Pflegegeld gehabt. Ich selbst habe immer gearbeitet und hätte nie jemanden gefunden, der sie in dieser Zeit für diese Summe zuverlässig täglich pflegt. Geschweige denn noch jemanden dazu, der bei Krankheit und Urlaub regelmäßig einspringt. Also musste ich einen Pflegedienst bestellen. Denn der hat – für mehr als die doppelte Summe – zumindest dafür garantiert, dass täglich, auch an Wochenenden und bei Ausfall von Mitarbeitern, jemand das absolute Minimum an Pflege leistete: Waschen, Anziehen, Inkontinenzversorgung. Für fast alles andere mussten ich (unbezahlt) und unsere Pflegerin (privat bezahlt) sorgen.

Für andere Lösungen war das starre Pflegesystem nicht offen. Inzwischen gibt es die Möglichkeit, auch einzelne, private Pflegekräfte anstelle des Pflegedienstes direkt mit der

Kasse über die Pflegesachleistung abzurechnen. Das hätte uns vielleicht auch geholfen. Ob diese Abrechnung aber funktioniert und wie man dann mit Ausfällen (Krankheit, Urlaub usw.) umgeht, erschließt sich mir nicht. Im Zweifel springen immer die Angehörigen ein.

Auch für mich war es selbstverständlich, meine Mutter zu pflegen. Ich habe dafür keinen Lohn erwartet. Das ging aber nur, weil ich selbst einen Job hatte und die erhebliche Organisationsarbeit zum Teil an meinen Bruder delegieren konnte. Unter anderen familiären Umständen hätte ich das nicht geschafft. Weder organisatorisch noch finanziell noch psychisch. Und vielleicht auch nicht, wenn ich älter gewesen wäre – und weniger Kraft gehabt hätte. Dass so viele ältere Menschen ihre Angehörigen trotz eigener Gebrechen so lange und so intensiv pflegen, verdient viel mehr Beachtung – und vor allem Unterstützung.

Und auch die Pflege der Eltern in mittleren Jahren wird oft unterschätzt, sagt Pflegeforscher Thomas Klie in der *Zeit*: »Ohne das Engagement aus Verbundenheit mit den Eltern bräche in Deutschland alles zusammen.« Der Professor für Gerontologie und Pflegeexperte an der Evangelischen Hochschule Freiburg betont die gewaltige Leistung der Jüngeren – psychisch, physisch und finanziell. Es könne keine Rede sein von schwindender Solidarität zwischen den Generationen: »In Deutschland ist die Sorgebereitschaft im europäischen und im internationalen Vergleich extrem hoch«, so Klie.

Egal, ob im Heim oder zu Hause – im Schnitt müssen rund eintausendachthundert Euro pro Monat für einen

Pflegefall aus eigener Tasche bezahlt werden, in München aufgrund der hohen Preise und Mieten natürlich wesentlich mehr. Da sind die Leistungen der Pflegekassen schon abgezogen.

Für all das muss es bessere Lösungen geben. Zumal Patienten und Angehörige auch noch zusätzlich durch weitere Profiteure des Systems behindert werden können, die bisweilen eine kriminelle Ader entwickeln. Und wieder sind es ausgerechnet solche, die eigentlich helfen sollten.

KAPITEL 8

Mit einem Bein vor Gericht: gesetzliche Betreuung

Ich hatte gedacht, ich täte etwas Gutes, indem ich meine Mutter pflegte und auch die gesetzliche Betreuung für sie übernahm. Der Eindruck wurde schnell zerschlagen, sobald ich mit Behörden zu tun hatte. Dort wurde ich als Angehörige oft eher gegängelt und drangsaliert.

Anstatt als freiwillige Helfer anerkannt zu werden, denen man dankbar sein kann, dass sie Mühe und Not auf sich nehmen, anstatt den Staat zu belasten, werden Angehörige oft als lästiges Übel angesehen, mit dem man eigentlich nicht verhandeln will (weil es stattdessen ja um den Patienten geht), aber leider Gottes muss. Dementsprechend herablassend ist häufig der Umgangston. Mein Eindruck war: Ich wurde nicht mal als eigenständiges Gegenüber betrachtet, sondern als Mittel zum Zweck, um die Sache mit meiner Mutter möglichst aufwandsfrei zu regeln.

Es zahlte sich deshalb schon sehr früh aus, dass mein Bruder Anwalt war. Dadurch konnte er gleich nach dem Schlaganfall, als meine Mutter noch im Krankenhaus war, durchsetzen, dass wir beide zu gleichen Teilen als Betreuer bestellt wurden. Das ist nicht der Normalfall, üblicherweise gibt es nur einen einzelnen gesetzlichen Betreuer. Das ist für das Betreuungsgericht einfacher.

Doch mein Bruder blieb hartnäckig und schrieb Antrag um Antrag. Uns war auch wegen seines Berufs schon früh klar, dass er sich um die rechtliche Seite kümmern würde und ich mich um den Rest. So konnten wir beide auch unabhängig voneinander Dinge entscheiden. Wenn einen Hunderte Kilometer trennen, ist das nur sinnvoll.

Wir hätten nicht gedacht, dass uns diese Aufgabe so lange begleiten würde, aber ich sollte zehn Jahre Betreuerin meiner Mutter bleiben – bis zu ihrem Tod. Dazu gehörten alle Teile der gesetzlichen Betreuung: Ich war für ihren Aufenthalt zuständig, die Vermögens- und Gesundheitssorge, den Abschluss und die Einhaltung von Heimverträgen, die Kommunikation mit Behörden und Versicherungen, Banken und Geschäftspartnern – einfach rundum für alles. Neben meinem Job und der Pflege meiner Mutter hätte ich das niemals alles alleine machen können. Völlig utopisch. Es war also gar nicht anders möglich, als die Betreuung aufzuteilen. Aber auch darum muss man kämpfen. Ein solches Vorgehen ist einfach nicht vorgesehen.

Und mit Kämpfen ging es weiter. Man bekommt einen Betreuerausweis und muss dem Amtsgericht jährlich Veränderungen in der Betreuung sowie die groben Ausgaben und Einnahmen der betreuten Person mitteilen. So weit, so gut. Bei uns zu Hause tauchte zu Beginn der Pflege in München ein Amtsrichter auf, der sich ein Bild von der Pflegesituation verschaffen wollte und uns lobte: »Bei Ihnen mache ich mir gar keine Sorgen!« Wenigstens einer. Der Rest war ein Spießrutenlauf.

Von Anfang an legte ich Wert darauf, nicht die Kontoführung für meine Mutter zu übernehmen. Ich ahnte schon, dass das Thema Geld irgendwann Probleme machen würde. Der Gedanke, bei all der Anstrengung womöglich auch noch Vorwürfen der Veruntreuung ausgesetzt zu sein, erschien mir unerträglich. Deshalb weigerte ich mich, ihr Konto zu bewegen – obwohl es oft hilfreich gewesen wäre. In diesem Punkt musste ich mich selbst schützen.

Trotzdem geschah es genau wie befürchtet: Eines Tages musste ich mich des Verdachts erwehren, als gesetzliche Betreuerin Gelder meiner Mutter veruntreut zu haben. Eine absurde Situation.

Und das kam so: Mein Bruder musste aus verschiedenen Gründen nach ein paar Jahren aus der Betreuung ausscheiden. Auf der einen Seite duldete sein neuer Arbeitgeber – die katholische Kirche – nicht länger, dass er den umfangreichen Schriftverkehr für meine Mutter führte, weil man befürchtete, dies gehe von seiner Arbeitszeit ab. Das muss bei einem kirchlichen Arbeitgeber, von dem man annehmen sollte, dass er nicht nur kirchlich, sondern auch sozial ist, zwar ziemlich verwundern. Allerdings war das Ausmaß des nötigen Schriftverkehrs für meine Mutter wirklich beträchtlich. Am Ende füllte er fast fünfzig Aktenordner.

Für einen Juristen ist das zwar halbwegs normal – nicht aber für einen Priester. Und der wollte mein Bruder inzwischen werden.

Das kam für viele überraschend. Zwar hatte mein Bruder schon als Sechzehnjähriger Gerichtsverhandlungen besucht und sich für die tollen Roben der Anwälte und Richter begeistert. Weshalb sich niemand wunderte, als mein Bruder Jura studierte und mit summa cum laude bestand. Doch während das Studium und die Rolle des Anwalts eigentlich gut zu ihm passten, sah die Berufswelt später anders aus. Für seine Begriffe konnte er sich um Mandanten und deren Fälle nicht ausreichend kümmern. Außerdem hatte er schon als Kind bewundernd auf Friedhöfen gestanden und Priester – wiederum in Robe – genau dabei beobachtet, wie sie Begräbnisreden hielten. Noch bevor er die Juristen entdeckt hatte. Insofern wusste ich: Hauptsache Robe, Hauptsache Reden schwingen – und Hauptsache, er konnte seine Stärke für andere einsetzen. Das hatten wir nun mal von meiner Mutter so gelernt. Ich war über seinen Wechsel zum Priesterberuf nicht allzu erstaunt.

Nun sind ausgerechnet diese beiden Studiengänge, Jura und Theologie, ähnlich wie die Medizin, extrem aufwendig und langwierig. Mein Bruder hatte noch nicht lange als Anwalt gearbeitet und musste sich das Zweitstudium nun irgendwie finanzieren. Er muss meine Mutter um Unterstützung gebeten haben, und sie muss einverstanden gewesen sein. Als ich sie später fragte, ob sie ihre Einwilligung dazu gegeben hatte, nickte sie jedenfalls.

Allerdings war meine Mutter inzwischen ja zum Pflegefall geworden. Und weder das Amtsgericht noch ich wussten etwas von dieser Finanzierung. Vielleicht war es meinem Bruder auch unangenehm, mit Mitte dreißig noch einmal auf Unterstützung angewiesen zu sein.

Die Zahlungen von ihrem Konto auf das meines Bruders wurden moniert, sobald sie auffielen. Zu Recht, denn meine Mutter war nicht mehr geschäftsfähig und konnte diese Finanzspritze nicht mehr offiziell beschließen. Deshalb gilt das eigenmächtige Abheben von Geld zugunsten des Betreuers als Veruntreuung – egal, wofür es bestimmt ist, und egal, ob der Betroffene einverstanden ist.

Als ich davon erfuhr, war ich furchtbar sauer auf meinen Bruder und sprach monatelang nicht mit ihm. Denn er wusste ja genau, dass meine Mutter ihr Geld für die Pflege dringend selbst brauchte. Und dass auch ich durch diesen Vorgang geschädigt wurde, denn je weniger Geld von meiner Mutter zur Verfügung stand, desto mehr musste ich selbst zahlen.

Zudem wurde nun auch mir vom Amtsgericht vorgeworfen, das Geld veruntreut zu haben. Ich konnte Stellungnahmen und Widersprüche schreiben, so viel ich wollte. Immer wieder wurde mir von dem zuständigen Rechtspfleger unterstellt, ich hätte doch bestimmt mit meinem Bruder »gemeinsame Sache« gemacht. Und wenn nicht, hätte ich ihn daran hindern müssen. Dass ich zu keinem Zeitpunkt davon wusste, weder eine Kontovollmacht hatte noch Überweisungen tätigte, was ja ganz einfach nachzuprüfen gewesen wäre, wurde hinweggewischt. Ich bin fast durchgedreht.

Ich vermute, dass das Amtsgericht hier einfach die Gelegenheit sah, die unbequeme Doppelbetreuung, die mein Bruder aufwendig für uns erkämpft hatte, zu zerschlagen. Die war den zuständigen Gerichten von Anfang an ein Dorn im Auge gewesen. Jedenfalls bestand das Gericht darauf, dass ich die Betreuung alleine übernehme – oder sie komplett abgebe.

Ich sah aber gar nicht ein, die umfangreiche Schriftführung ganz allein zu machen. Und schon gar nicht, jetzt auch noch die Finanzen zu regeln. Ich wusste ja nun, wie schnell man unverschuldet ins Visier der Behörden geriet, wie sollte das erst mit einer entsprechenden Kontovollmacht werden? Diesen ganzen Ärger mit Ämtern und der Privatversicherung konnte ich nicht auch noch auf mich nehmen. Sonst hätte ich entweder die Pflege meiner Mutter oder meinen Job aufgeben müssen. Und das hätte niemandem geholfen.

Dem Amtsgericht war das egal, es bestand weiter auf seiner Forderung. Was mir noch einmal deutlich machte: An eine Mitschuld wurde nicht wirklich geglaubt, sonst hätte ich die Betreuung gar nicht mehr übernehmen dürfen. Es ging wohl tatsächlich darum, Druck auf mich auszuüben, um einen Einzelbetreuer zu installieren – am besten einen Berufsbetreuer. Das kam aber auf keinen Fall infrage, weil meine Mutter dann komplett abhängig von der Arbeit und dem Gusto eines fremden Menschen gewesen wäre. Und ich mit ihr.

Dieser hätte eigenständig über sämtliche Umstände für meine Mutter bestimmen können, hätte sie also etwa ins Heim geben oder die Zusammenarbeit mit den vielen Behörden als zu schwierig empfinden und deshalb beenden können, dann wäre sie auch im Heim gelandet. So viel Macht über meine Mutter, ihre Pflege und ihr Wohl mochte ich keinem Fremden einräumen. Außerdem hatte meine Mutter einen Anspruch auf einen Berufsbetreuer für ihre Finanzen, wenn kein Angehöriger diese Aufgabe übernahm. Also kämpfte ich weiter dafür, dass neben mir ein weiterer Betreuer vom Amt bestellt wurde. Auch wenn es unendlich nervte, immer wieder denselben Sachverhalt zu schildern – den ich ja auch nicht ändern konnte.

Nach extrem viel Briefverkehr war es dann endlich so weit: Ein Betreuer wurde bestellt, der nur für die Finanzen und die Abrechnung mit der Kasse zuständig war, wie gewünscht. Es handelte sich um einen Anwalt aus München, der noch weitere Betreuungsfälle hatte. Kurz darauf machte er einen Antrittsbesuch bei uns zu Hause. Und benahm sich wie die Axt im Walde.

Auch hier muss ich davon ausgehen, dass er mich aus der Betreuung drängen wollte, um alleine schalten und walten zu können. Ansonsten wäre sein Verhalten unerklärlich gewesen.

Erst wollte er unbedingt mit mir Streit anfangen, dann machte er sich über unseren Haushälter lustig. Als er schließlich Überweisungen für meine Mutter tätigen sollte, stellte er sich tot. Er überwies einfach nichts. Das merkte ich daran, dass noch mehr Rechnungen, Mahnungen und Kontopfändungsankündigungen bei uns aufliefen als ohnehin schon. Was erwartungsgemäß zu noch mehr Ärger mit dem Pflegedienst führte. Auch der Haushälter pochte zu Recht auf seine Bezahlung – und drohte, nicht mehr zu kommen. Aber der Betreuer reagierte einfach nicht. Über Monate hinweg. Die gesamte Versorgungssituation meiner Mutter war gefährdet.

Es nützte alles nichts, ich musste den Betreuer wieder absetzen lassen. Das ist in Deutschland aber fast unmöglich.

Berufsbetreuern werden sehr viele Rechte eingeräumt, ihre Kontrolle obliegt den Betreuungsgerichten, die sich aber zu wenig darum kümmern. Denn auch sie sind überlastet. Es braucht schwere Verstöße gegen das Betreuungs-

Bilder aus unserem Leben

Silvester 2017/18 musste meine Mutter im Krankenhaus verbringen – für uns kein Grund, nicht trotzdem ein bisschen zu feiern.

Zuhause konnte meine Mutter so gepflegt werden, wie sie es wollte und brauchte. Das war für uns beide sehr entspannend.

Zuhause mit Lilly (Katze) und Mortimer (Hund).

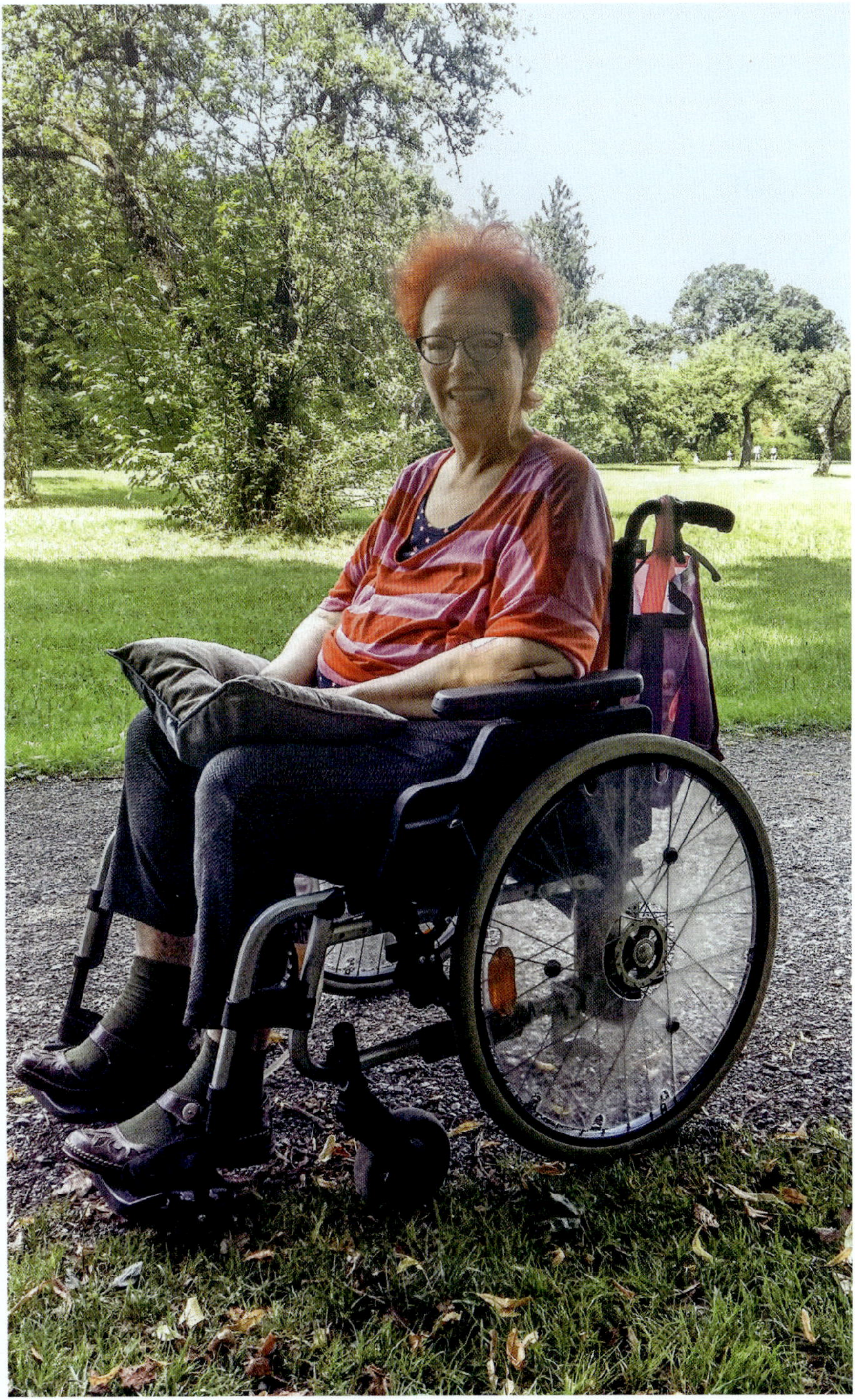

Wenn meine Mutter draußen war, schnupperte sie ein Stück Normalität.

Einer unserer berühmten Spaziergänge: Schmuck in Schaufenstern bewundern, Kleider anprobieren, Kaffee trinken - sie konnte nicht genug davon bekommen.

Ihr letzter Geburtstag, März 2017: Über kleine Geschenke freute sie sich wie verrückt.

Meine Mutter (1946 - 2018) als junger Mensch.

recht, um einen Berufsbetreuer gegen seinen Willen wieder abzusetzen. Unserer wollte auch gar nicht abgesetzt werden, schließlich lebte er davon. Stattdessen wollte er die Betreuung ganz allein übernehmen, wie er es von anderen Pflegefällen kannte. Also versuchte er, mich vor Gericht in ein schlechtes Licht zu rücken.

Inhaltlich konnte er mir nichts vorwerfen, denn ich hatte ja nichts falsch gemacht. Schließlich lautete seine Argumentation: Mit mir könne man nicht zusammenarbeiten, denn ich sei »männerfeindlich«.

Ich habe noch nie so viel geschrieben wie in dieser Zeit. Es dauerte Monate, sich gegen den untätigen Berufsbetreuer zur Wehr zu setzen. Tagsüber musste ich arbeiten, abends und am Wochenende meine Mutter pflegen – und nachts schrieb ich stundenlang Briefe ans Gericht.

Immer wieder kamen seitenlange Einlassungen des Betreuers, warum er die Betreuung behalten müsse. Hätte er nur einen Bruchteil dieser Arbeit in die Betreuung meiner Mutter gesteckt, hätten wir keine Probleme gehabt. Jetzt aber ging der Fall erst vors Amtsgericht und dann vors Landgericht. Denn er bekam immer wieder recht, und ich legte immer wieder seitenlangen Widerspruch ein. Schließlich kam das Gericht zu uns nach Hause.

Es war ein Bild für die Götter: Eine Richterin, ein Schriftführer und der beschuldigte Anwalt saßen im Kreis um das Bett meiner Mutter herum. Schließlich ging es ja um ihre Betreuung. Doch die »Verhandlung« war eine Farce.

Der ausschlaggebende Sachverhalt, nämlich, dass der zuständige Betreuer seine Arbeit nicht machte, was ganz einfach anhand der Kontoauszüge nachzuweisen war, wurde gar nicht thematisiert. Stattdessen machte sich die Richterin schnell wieder auf den Weg zu ihrem nächsten Fall. Und schickte ein paar Wochen später das Urteil per Post: Die Absetzung des Betreuers wurde abgelehnt.

Allerdings legte er nun selbst die Betreuung nieder, weil man ja mit mir nicht zusammenarbeiten könne, aufgrund meines angeblichen Männerhasses. Der wurde nun sanft umschrieben als »Weigerung, mit einem männlichen Betreuer zusammenzuarbeiten«. Die seitenlange Urteilsbegründung deckte sich fast wortgetreu mit den Schreiben des Anwalts ans Gericht. Ein Widerspruch gegen diesen Beschluss sei nicht möglich, außer vor dem Bundesverfassungsgericht.

Ich überlegte lange, mich gegen die Begründung zu wehren, weil sie schlicht eine Frechheit war. Dann beschloss ich, dass ich schon mehr als genug Zeit und Energie in den Fall gesteckt hatte. Und schließlich hatte ich nun, was ich wollte: Den Betreuer waren wir los. Wenn auch die Wahrheit von höchstrichterlicher Seite in diesem Urteil mit Füßen getreten wurde.

Andere Angehörige sind noch viel schlimmer dran. In der ARD gab es vor ein paar Jahren eine denkwürdige Sendung, die die kriminelle Energie einiger Berufsbetreuer thematisierte. Zu Gast war eine Dame, die aufgrund der Arbeit ihres Mannes im Ausland weilte, als ihre Mutter pflegebedürftig wurde. Für die ältere Dame wurde ein Berufsbetreuer bestellt, der ihre Geschäfte regeln sollte. Die Tochter war einverstanden, weil sie sich aus der Ferne selbst nicht kümmern konnte. Aber dann verkaufte der Betreuer das Haus ihrer Mutter – und brachte sie ins Heim. Gegen den Willen von beiden.

Als die Tochter extra anreiste, um die Mutter vor der Abschiebung ins Heim zu bewahren, wovor die alte Dame Angst hatte, sei das Anwesen mit Polizei umstellt gewesen. Die Tochter habe mit ansehen müssen, wie ihre Mutter schreiend aus ihrem eigenen Haus geholt wurde. Es habe keinerlei Handhabe gegeben, weil der Berufsbetreuer das Recht dazu hatte. Die Mutter sei kurz darauf im Heim verstorben. Der Betreuer habe das Haus wohl an einen ihm bekannten Immobilienmakler unter Wert verscherbelt, vermutete die Tochter.

Ein Fachanwalt für Betreuungsrecht konnte ihr in der Sendung nur beipflichten. Er vertrete zahlreiche Fälle wie diesen und befand, dass Berufsbetreuer zu viel Macht hätten und von den Gerichten kaum kontrolliert würden.

Gemessen daran hatten wir also noch Glück. Unser Berufsbetreuer hat einfach nur seinen Job nicht gemacht und mich aus der Betreuung drängen wollen. Allerdings war bei meiner Mutter auch nicht mehr viel zu holen.

Dass der Betreuer nicht mehr zuständig war, war aber nicht nur ein Segen, sondern auch ein Problem. Wir würden in München niemanden finden, der diese aufwendige Arbeit für das vorgesehene Geld machen würde, wurde mir vom Gericht vorgehalten. Es ist wohl meiner damaligen Vorstellung von einem halbwegs funktionierenden Sozialsystem zu verdanken, dass ich dieses Argument nicht gelten ließ. Meine Mutter hatte einen Anspruch, und ich konnte es nicht selbst leisten, also gab es keine andere Möglichkeit, als einen Berufsbetreuer einzusetzen, und das Gericht musste nun mal einen stellen. Kurz darauf bekamen wir jemand neuen zugewiesen, diesmal eine Frau. Sie blieb bis zum Tod meiner Mutter im Amt.

Mit ihr gab es erheblich weniger Probleme, dennoch dauerten zahlreiche Abwicklungen ewig, sodass wir die bereits beschriebenen Unannehmlichkeiten mit den Rechnungsstellern bekamen. Die Anwältin bekam für die Betreuung so wenig Geld, dass sie mehr Fälle annehmen musste als es der Betreuung zuträglich war.

Hier zeigt sich ein zentrales Problem der gesamten Branche: In der Pflege ist so gut wie alles unterfinanziert und muss immer nebenher erledigt werden. Deshalb klappen die Dinge oft nur, wenn sich jemand auf eigene Kosten engagiert. Das allerdings machen nur Leute, die einen Benefit davon haben. Also beispielsweise Angehörige, die aus Liebe handeln. Oder Betrüger, die oft relativ unbehelligt ausnutzen können, dass das System nicht nur unterfinanziert, sondern auch überbürokratisiert, also undurchsichtig ist. Weil das wiederum viele andere Beschäftigte demotiviert, fallen sie aus oder sie werden leistungsunwillig, dafür müssen dann ihre Kollegen massenhaft Überstunden leisten, und darauf haben viele keine Lust. Man kreidet es ihnen aber kaum an, weil man ja weiß, dass alle am Limit arbeiten. So war auch ich bei unserer Betreuungsanwältin nachsichtiger als es für uns gut war.

Immerhin wurde 2019 beschlossen, die Vergütung für Berufsbetreuer erstmalig seit vierzehn Jahren zu erhöhen – um siebzehn Prozent. Bisher konnten sie pro Klient nur wenige

Stunden im Monat zu vergleichsweise niedrigen Stundensätzen von rund zwanzig bis fünfunddreißig Euro quartalsweise abrechnen. Das ist für einen Anwalt nicht gerade ein lohnendes Geschäft. Was eben dazu führte, dass viele Berufsbetreuer möglichst viele Fälle angenommen haben, um überhaupt davon leben zu können. Ob sich das nun so weit ändert, dass sich alle angemessen um die Geschäfte eines Betreuten kümmern können, muss sich erst noch zeigen.

Doch nicht nur unter gesetzlicher Betreuung kann es Ärger geben, sondern auch durch eine sogenannte Betreuungsvollmacht, die ein Betroffener für jede beliebige Person ausstellen kann.

Wie Hinz und Kunz mittels dieser Vollmacht ohne jegliche Kontrollinstanzen sämtlichen Besitz eines Patienten gegen seinen Willen in Beschlag nehmen können, war zuletzt noch einmal in einer ARD-Talkshow zu erfahren: Ein Angehöriger berichtete davon, wie sein Vater nach einem Schädel-Hirn-Trauma von seiner Haushaltshilfe um eine halbe Million Euro und ein Wochenendhaus erleichtert wurde. Natürlich ist das kriminell. Doch eine Kommissarin aus Berlin erklärte in der Sendung: Weil die Patienten häufig dement oder bei Bekanntwerden des Falles schon verstorben seien, sei der Nachweis oft so schwierig, dass Geld und Täter längst im Ausland verschwunden seien. Eine solche Vollmacht sei viel zu schnell ausgestellt und schon auf einem Bierdeckel wirksam. Das nutzen Betrüger weidlich aus.

Wir dürfen diese Zustände nicht zulassen. Das System krankt daran, dass alles bis ins kleinste Detail auf Effizienz getrimmt ist und kaum etwas kosten darf, und vergisst darüber die Menschenwürde. Wenn wir die Pflege und auch die gesetzliche Betreuung nicht vom Kopf auf die Füße stellen, ist Betrug Tür und Tor geöffnet.

Bis dahin rate ich allen Angehörigen sowie Menschen ab fünfzig Jahren, sich damit auseinanderzusetzen, was man sich wünscht, sollte man selbst oder die eigenen Angehörigen einmal nicht mehr für sich entscheiden können. Man kann nicht früh genug damit anfangen, denn es kann immer etwas passieren, wie man an meiner Mutter sieht. Ich verstehe sehr gut, dass diese Auseinandersetzung mit dem Lebensende nicht angenehm ist, aber genau diese Scheu bringt viele Menschen in schwierige Situationen. Nicht nur Patienten und ihre Angehörigen, sondern auch Ärzte und die Polizei. Denn die müssen teils hilflos mitansehen, wie Betrüger sich an Patienten bereichern, wenn etwa vorab eine Vorsorgevollmacht unvorsichtig ausgestellt wurde. Machen Sie sich klar, was mit einer solchen Vollmacht alles passieren kann. Und informieren Sie sich umfassend über die rechtlichen Rahmenbedingungen zur Vorsorgevollmacht und zur gesetzlichen Betreuung. Am besten beim Anwalt, der Sie individuell beraten kann.

KAPITEL 9

Kriminelle und andere Missstände: Was die Politik ändern muss

Wo spielte sich die größte Mordserie innerhalb Deutschlands nach dem Zweiten Weltkrieg ab? In der Pflege. Wo gibt es inzwischen größere Verdienstmöglichkeiten für Kriminelle als im Drogenhandel? Sie ahnen es vielleicht schon: auch in der Pflege.

Der Pflegenotstand hat einen der sensibelsten Bereiche menschlichen Miteinanders zu einer Art Dauerskandal gemacht. Immer wieder gibt es Berichte über alte Menschen, die in Heimen in ihren Ausscheidungen liegen gelassen werden, weil zu wenige Pflegekräfte zu wenig Zeit für sie haben. Doch das ist nur das Grundrauschen. Inzwischen herrschen Zustände, die über eine gefährliche Unterversorgung längst hinausgehen und kriminelle Machenschaften geradezu fördern.

Als Krankenpfleger Niels Högel im Jahr 2006 zu fünf Jahren Haft verurteilt wurde, ging es erst einmal nur um versuchten Totschlag in einem einzigen Fall. Obwohl die Polizei und manche Kollegen bereits ahnten, dass der Mann in den vorangegangenen fünf Jahren womöglich Hunderte

Menschen ermordet hatte. Denn merkwürdigerweise starben die Patienten auf den Stationen in Oldenburg und Delmenhorst, wo Högel beschäftigt war, wie die Fliegen. Und zwar immer dann, wenn er Dienst hatte. Es gab Strichlisten darüber, die Kollegen angefertigt hatten.

Högel galt Patienten und Angehörigen gegenüber als nicht besonders empathisch, fachlich genoss er unter Ärzten aber einen hervorragenden Ruf. Weil er so gut wiederbeleben konnte. Die Reanimationsbedürftigkeit hatte er allerdings bei vielen Opfern durch das Spritzen falscher Medikamente selbst herbeigeführt. Um danach auf der Station als großer Retter glänzen zu können – als »Rettungs-Rambo«. Andere Patienten hat er einfach nur so totgespritzt.

Doch wie reagierte die Klinikleitung, sobald sich erste Hinweise verdichtet hatten? Sie versetzte Högel in eine andere Abteilung. Wo das Morden weiterging. Bis ihm die Klinik nahelegte, selbst zu kündigen. Man wollte keine Öffentlichkeit, denn das Haus hatte gerade erst einen Hygieneskandal mit zwei Toten hinter sich. Mit einem vorzüglichen Zeugnis und bei vollen Bezügen konnte sich der Serienmörder in aller Seelenruhe beim nächsten Krankenhaus in der Nachbarstadt bewerben. Gewarnt wurden die Kollegen nicht. Dort verrichtete er sein Werk ungehindert noch mehrere Jahre – bis er auf frischer Tat ertappt wurde.

Aber auch die Justiz legte ihm nicht gleich das Handwerk. Fünf Jahre Haft und fünf Jahre Berufsverbot wurden ihm 2006 auferlegt. Weil die Staatsanwaltschaft in Revision ging, wurde Högel in einem zweiten Prozess im Jahr 2008 zu acht Jahren Haft und vollem Berufsverbot verurteilt. Da lagen dem Gericht die umfangreichen Ermittlungen der

Polizei zu Hunderten weiteren Fällen, die alle auf sein Konto gehen sollten, bereits vor. Högel hatte sogar einiges eingeräumt, später aber widerrufen. Bis er 2009 freiwillig seine Haftstrafe antrat, arbeitete er weiter in zwei Altenheimen.

Dass der Mann inzwischen lebenslang einsitzt, wurde erst 2015 beschlossen, nachdem das Verfahren gegen ihn neu aufgerollt worden war. Diesmal für sechs Morde. Erst 2018 wurde das ganz große Verfahren gegen ihn eröffnet, in dem öffentlich wurde, dass in dreihundertzweiunddreißig Mordverdachtsfällen gegen ihn ermittelt wurde. Dafür wurden einhundertvierunddreißig Leichen auf siebenundsechzig Friedhöfen exhumiert. Der Tod von einhundert Patienten zwischen vierunddreißig und sechsundneunzig Jahren wurde ihm zur Last gelegt. Im Juni 2019 wurde er in fünfundachtzig Fällen schuldig gesprochen und zum zweiten Mal zu lebenslanger Freiheitsstrafe verurteilt. Wie viele Menschen genau Niels Högel ermordet hat, wird man nie erfahren. Weil viele der potenziellen Opfer eingeäschert wurden und er selbst sich in den meisten Fällen nicht mehr erinnern wollte.

Wie ist es möglich, dass ein Krankenpfleger jahrelang ungehindert morden kann?

Es ist vor allem dem Drängen einer Angehörigen zu verdanken, dass die Leiche ihrer 2003 verstorbenen Mutter 2009 exhumiert und damit der Fall ins Rollen gebracht worden war. Die Staatsanwaltschaft hatte lange gezögert, ob sich »das denn lohne«. Aber der Fall Högel ist eben nicht nur ein bedauerlicher Einzelfall. Er offenbart elementare Fehler des Systems.

Im Nachgang hat die Politik Maßnahmen beschlossen, die solche Skandale verhindern sollen: Kliniken müssen Patientenfürsprecher einstellen, an die sich Kranke und Angehörige bei Problemen wenden können. Für Krankenhausmitarbeiter wurden anonyme Meldestellen eingeführt, damit niemand sich um seine eigene Stelle sorgen muss, wenn er sich über Kollegen beschwert.

Das ist ein Anfang. Meines Erachtens reicht das aber noch lange nicht. Niels Högel ist nur die Spitze des Eisbergs. Durch den Pflegenotstand werden nicht nur kriminelle Pfleger mitgetragen, sondern auch Fehler am Patienten vertuscht. In Deutschland werden nicht einmal repräsentative Daten zu Behandlungsfehlern erfasst.

Der Medizinische Dienst der Krankenkassen hat 2018 darauf hingewiesen, dass Patienten sich mit Behandlungsfehlern, so sie denn danach noch leben, zwar an die Klinik, die Krankenkasse oder ihren Anwalt wenden können, doch eine allgemeine Meldepflicht oder eine deutschlandweite Statistik über Behandlungsfehler gibt es nicht. »Trotz aller Bemühungen zur Patientensicherheit ist die Transparenz über Art und Umfang von Fehlern unzureichend«, attestiert der Medizinische Dienst der Krankenkassen. Vor allem im internationalen Vergleich: In den USA, Großbritannien und den Niederlanden gibt es längst eine allgemeine Meldepflicht, wie auch bei Arbeitsunfällen üblich.

Zurück zur kriminellen Energie: Die größten Abrechnungsbetrüger sind die Pflegedienste. In den vergangenen Jahren wurden von den Ermittlungsbehörden ganze Banden entdeckt, die Pflegefälle mit der Kasse abrechneten, die es nie gab.

Vor allem aus den ehemaligen Sowjetstaaten stammen die Betreiber ambulanter Pflegedienste, die Patienten teils in höheren Pflegegraden abrechneten, teilweise die Pflegebedürftigkeit aber komplett erfanden. Um an das Geld der Pflegekasse zu kommen, das eigentlich kranken Menschen vorbehalten ist, bestachen und beteiligten sie sogar Ärzte und Patienten: Mal wurde als Gegenleistung eine Pediküre versprochen, mal ein monatliches Schweigegeld in Höhe von einhundertfünfzig Euro, vier Ärzte sollen fünfundsechzigtausend Euro für falsche Bescheinigungen erhalten haben. Teils wurde, wer nicht mitzog, mit der Waffe bedroht. Die sogenannte Pflegemafia verdiente mit diesem Betrugssystem vor allem in Berlin, Bayern und dem Rheinland Millionen. Der Gesamtschaden durch betrügerische Pflegedienste wird auf ein bis zwei Milliarden Euro geschätzt – pro Jahr. Das sind fast zehn Prozent des Gesamtpflegebudgets.

Zwar sind die Behörden auf solche Banden aufmerksam geworden, doch der Nachweis bleibt schwierig. Das liegt auch an der Komplexität unseres Gesundheitssystems – und an den Krankenkassen: Vielen ist es schlicht zu mühsam, die ganzen Einzelposten zu überprüfen, die ein Dienst in Rechnung stellt. Ob ein Patient wirklich sechzigmal im Monat gebadet wurde für je 21,50 Euro oder man bei einem anderen täglich zweimal die Bettwäsche gewechselt hat (à vier Euro), prüft bei Hunderttausenden Fällen niemand nach. Dazu müssten die Kassen extra Personal abstellen. Nur ein Bruchteil der Krankenkassen hat in den vergangenen Jahren das Augenmerk darauf gerichtet, falsche Abrechnungen aufzudecken und Gelder zurückzufordern, wie der *Spiegel* in einem Artikel Ende 2018 berichtete.

Für Patienten und Angehörige, die mit der Kasse um jeden einzelnen Rollstuhl kämpfen müssen, klingt das wie blanker Hohn. Pflegebedürftige Patienten müssen bei der Bewilligung einzelner Leistungen, die vom Arzt verordnet wurden und für die Lebensqualität teils unerlässlich sind, oftmals mit erheblichen Problemen rechnen. Vieles wird einfach nicht bezahlt, oder es wird auf Zeit gespielt, und die Antragsteller werden hingehalten, bis sie enerviert aufgeben.

Ein großer Teil der Belastungen pflegender Angehöriger geht auf das Konto der Kranken- und Pflegekassen, die mit unnötiger Bürokratie, Verzögerungstaktik und Verweigerungshaltung eine angemessene Pflege bisweilen komplett unmöglich machen. Während sie auf der anderen Seite Milliarden Euro geschäftsmäßigen Betrügern in den Rachen werfen, weil für deren Kontrolle das Personal fehlt. Wie passt das zusammen?

In meinen Augen haben Staat und Krankenkassen aufgrund des Pflegenotstands viel zu lange dabei zugesehen, wie unlautere Anbieter auf Kosten von Patienten, Angehörigen und der Allgemeinheit die Sozialkassen plündern konnten. Unter dem Eindruck, dass es zu wenig Hilfe gibt, wurden diejenigen, die sie anboten, zu wenig in die Pflicht genommen.

Hier muss die Politik dringend an zwei Stellen ansetzen:

Die Pflegedienste müssen, genau wie die Heime, viel stärker unangekündigt kontrolliert werden. Bisher lief es meist so, dass Heime und Pflegedienste wussten, wann ein Kontrolleur kam, weil er tags zuvor im Nachbarort gewesen war oder den benachbarten Dienst kontrolliert hat. Die eigentlich unangekündigte wird somit zur indirekt angekündigten Kontrolle und funktioniert ganz offensichtlich nicht. Genauso wenig wie der Umstand, dass bei Pflegediensten hauptsächlich die Dokumentation begutachtet wird und kaum die Pflege selbst. Wie viele Fachkräfte ein Pflegedienst oder ein Heim tatsächlich beschäftigen, auch im Vergleich zu Hilfskräften, und was diese bei den Patienten wirklich leisten, wäre durch Stichproben von Leuten, die sich auskennen und dies auch wirklich wissen wollen, jederzeit überprüfbar. Ein Anbieter, der betrügt und auffliegt, kann aber problemlos unter einem anderen Firmennamen in einem anderen Bundesland einfach einen neuen Pflegedienst eröffnen. Denn es gibt keine Betrugsdatenbank.

Auch die Krankenkassen mit den ihnen angeschlossenen Pflegekassen gehören auf den Prüfstand. Es darf nicht sein, dass Patienten und pflegende Angehörige mit ihren Anträgen hängen gelassen werden, während betrügerische Pflegedienste ungehindert Leistungen für falsche Pflegefälle abrechnen. Das ist Betrug an den Beitragszahlern. Die Kassen müssen dazu verpflichtet werden, die ihnen anvertrauten Gelder gerecht zu verteilen.

Bei uns war es so, dass meine Mutter am Ende ihres Lebens aus medizinischen Gründen eine Vierundzwanzig-Stunden-Pflege benötigte. Die ärztliche Verordnung reichten wir bei der Kasse ein. Doch anstatt den Antrag zu prüfen und im Bestfall die Intensivpflege zu bezahlen, stellte die Kasse sich erst einmal unwissend. Mir wurde mitgeteilt, man sei nicht zuständig. Ich musste einen Anwalt einschalten, denn die Zeit drängte. Der angefragte Intensivpflegedienst weigerte sich, mit der Arbeit zu beginnen, bevor die Finanzierung geklärt war. In dieser Zeit musste ich meine Mutter alleine versorgen – vierundzwanzig Stunden am Tag. Das hält man nicht lange durch ohne Schlaf.

Doch die Kasse weigerte sich, den Antrag weiter zu bearbeiten. Es hieß, der Anwalt sei nicht ausreichend zuständig. Immer wieder wurde seine Vollmacht hinterfragt und ob diese auch für den speziellen Bereich gelte, für die ich sie ihm ausgestellt hatte. Reine Macht- und Abwehrspielchen. Als dann auch noch der Pflegedienst mehrfach bei der Kasse nachfragte und die dringende Situation schilderte, wurde es kriminell.

Meine Mutter musste zwischenzeitlich ins Krankenhaus. Dort wurde erneut die Verordnung für eine Vierundzwanzig-Stunden-Pflege ausgestellt. Dann erfuhr ich von einem Arzt, dass die Verordnung zurückgezogen wurde. Warum? Weil die Kasse angeblich auf der Station angerufen und gedroht hatte, das Krankenhaus würde großen Ärger bekommen. Ich sehe keinen Grund, warum der Arzt mich in dieser Sache angelogen haben sollte. Das Verhalten der Kasse dagegen passte zu unseren bisherigen Erfahrungen. Mit dem kleinen Unterschied, dass es jetzt strafrechtlich relevant wurde. Denn natürlich darf die Krankenkasse keine Ärzte bedrohen, um sich vor verordneten Leistungen zu drücken.

Jan, ein Freund meines Bruders und ebenfalls Anwalt, wollte für uns vors Sozialgericht ziehen, doch in diesem Moment erübrigte sich die Angelegenheit. Am Ende hat die Stadt München die Kosten für die Vierundzwanzig-Stunden-Pflege übernommen – nach fünf Monaten Kampf. Ich fand es ungerecht, die Allgemeinheit mit Kosten zu belasten, für die eigentlich eine reiche Versicherung zuständig war. Ich wollte weiter klagen. Doch der Anwalt machte mir klar, dass wieder einmal die Umstände gegen uns waren: Private Kassen seien im Gegensatz zu gesetzlichen Kassen dem Wohl ihrer Aktionäre verpflichtet. Deshalb würden sie oft alles tun, um sich vor solch hohen Kosten zu drücken.

Immerhin wollte der Intensivpflegedienst fünfundzwanzigtausend Euro im Monat für die Versorgung meiner Mutter haben. Später fand ich heraus, dass allein fünftausend Euro davon für Büro- und Werbungskosten angesetzt wurden – pro Patient und Monat! Die Pflegedienstleiterin hatte sehr lange gezögert, mir eine Kostenaufstellung zur Verfügung zu stellen.

Weil auch die Stadt – was man gut nachvollziehen kann – solche Fantasiesummen nicht zahlen wollte, suchte ich einen neuen Intensivpflegedienst, was gar nicht so einfach war. Schließlich fand ich einen, der aber nur durch einen Trick bereit war, die von der Stadt genehmigte Höchstsumme von achtzehntausend Euro nicht zu überschreiten. Er machte eine Mischkalkulation in dem Sinne, dass nur eine richtige Intensivpflegerin zu uns kam – die anderen vier, die sich mit ihr abwechselten, waren Hilfskräfte. Ihr großes Engagement mag auch darin begründet gewesen sein, dass ihre Vorgesetzten nach meinen Berechnungen jeden Monat mindestens zehntausend Euro Gewinn mit uns machten – wenn nicht mehr. Die Hilfskräfte waren aus Osteuropa eingereist und lebten nahe München in einem

Altenheim, wo sie auch ihre Dienste verrichteten. Ihr Lohn betrug nach eigenen Angaben um die tausend Euro. Für den Leistungsträger abgerechnet wurden sie aber als teure Intensivkräfte.

Bei uns leisteten sie Vierundzwanzig-Stunden-Dienste. Angeblich. In Wirklichkeit schliefen sie nachts auf dem Sofa neben meiner Mutter ein und arbeiteten in dieser Zeit dementsprechend nicht. Ich bezweifle, dass das arbeitsrechtlich in Ordnung ist. Vor allem aber bezweifle ich, dass der Staat noch die Kontrolle über die Auswüchse der Pflege hat.

Gerade mit der Intensivpflege lässt sich noch weitaus mehr Geld verdienen als ohnehin schon. Die auf das Thema Pflege spezialisierte *Welt*-Journalistin Anette Dowideit beschrieb 2018 die Zustände in der Intensivpflege in einer großen Reportage. Darin ging es vor allem um Wohngruppen für Intensivpatienten, in denen sich die Fachkräfte die Überwachung der Patienten teilen. Wofür die Kassen deshalb statt fünfundzwanzigtausend Euro »nur« noch achtzehntausend Euro monatlich zahlen müssen.

Das Modell vieler Betreiber, die von Investoren aus dem Ausland aufgekauft werden und noch traumhaftere Rendite versprechen als in der normalen Pflege: Patienten würden künstlich als Intensivpatienten gehalten, obwohl sie es gar nicht mehr sind. Weil die Kassen fast nur beatmete Patienten als Intensivpatienten akzeptieren, bleibt die Beatmungskanüle einfach im Hals, selbst wenn der Patient längst wieder selbstständig atmen kann. Und weil auch hier aufgrund des Personalmangels und um höhere Rendite zu erzielen, längst nicht nur Fachkräfte eingesetzt werden, passieren wieder furchtbare Fehler – bis hin zu unnötigen Todesfällen.

In den vergangenen fünfzehn Jahren ist die Intensivpflegebranche geradezu explodiert. 2003 lebten etwa fünfhundert Intensivpatienten außerhalb von Krankenhäusern, 2018 waren es rund zwanzigtausend. Das wäre auf den ersten Blick eine gute Nachricht, denn es ist jedem zu wünschen, auch im schwersten Krankheitsfall zu Hause versorgt werden zu können. Auch die verbesserten medizinischen Möglichkeiten bewirken, dass Menschen schwerste Krankheiten länger überleben.

Doch es gibt einen weiteren Grund für diesen auffälligen Anstieg: 2003 hat die Politik in deutschen Kliniken die sogenannte Fallpauschale eingeführt. Das heißt, die Krankenkasse zahlt einen festen Betrag pro Patient und Krankheit – unabhängig von der Verweildauer im Krankenhaus. Seitdem werden Patienten häufig nicht mehr so lange stationär behandelt, wie es notwendig wäre, sondern möglichst schnell wieder nach Hause geschickt. Nicht umsonst sprechen Kritiker dieses Systems von einer »blutigen Entlassung«.

Die Intensivpflege wurde also nach Hause verlagert – und somit in die Hände von privaten Anbietern, unter denen eine regelrechte Goldgräberstimmung ausgebrochen ist. Übernimmt ein Finanzinvestor eine solche Firma, sollen pro Patient bis zu hunderttausend Euro Übernahmekosten gezahlt werden, recherchierte Dowideit. Weil ein Intensivpatient in Deutschland durch die garantierten monatlichen Zahlungen der Kasse so viel wert ist. Vor allem, wenn man an ihm Personal- und Einsatzkosten spart.

Auch hier wieder: Einzelne Angehörige müssen mit der Versicherung monatelange Kämpfe ausfechten für die Übernahme der Kosten als Intensivpatient – so wie das bei uns der Fall war –, während geschäftsmäßige Anbieter solcher Leistungen die Kassen mit Abrechnungen für nicht berechtigte Patienten plündern. Und mit dem Einsatz von Hilfskräften noch zusätzlich abkassieren. Alles auf Kosten der Gesundheit der Patienten.

Aber es braucht nicht einmal die großen Skandale, um die kriminelle Energie in der Pflege zu erkennen. Auch unter den normalen Pflegediensten gab es bei uns nur wenige, deren Abrechnungen hundertprozentig korrekt waren. Ich musste in zehn Jahren alle paar Monate auf der Rechnung Leistungen streichen, die nie erbracht worden waren.

Wie ist es möglich, dass Pflegedienste so ungeniert und ungeprüft agieren können?

Die Antwort liegt auf der Hand: weil von staatlicher Seite Prüfer fehlen und alle Akteure überfordert sind mit dem Pflegesystem – Politik, Pflege, Kassen. Und weil auf privatwirtschaftlicher Seite niemand so genau hinsieht – wenn es nicht um seinen eigenen Gewinn geht.

Und dann gibt es noch das Geschäft mit den Heimen. Über dortige Skandale ist schon an vielen Stellen berichtet worden und einiges bekannt. Ich will mich hier auf die Seiten der Pflege konzentrieren, die noch weniger ausgeleuchtet sind.

Die *Zeit* hat 2016 unter dem Titel »Darum müssen Sie für die Pflege so viel zahlen« die Erkenntnisse eines Journalisten des gemeinnützigen Recherchezentrums »Correctiv«,

Daniel Drepper, zusammengefasst, die er in seinem Buch *Jeder pflegt allein: Wie es in deutschen Heimen wirklich zugeht* beschrieben hat. Kurz gesagt: Es gibt zahlreiche Einsparmöglichkeiten für Heimbetreiber, weil die Kontrollen durchlässig sind und die Personallisten anonymisiert. Mit Zeitverträgen, mehrfach angemeldetem und fachfremd eingesetztem Personal lässt sich für die Betreiber am meisten einsparen. Natürlich auf Kosten der Bewohner, denn wenn Fachkräfte fehlen oder zusätzlich für den eingesparten Koch mitarbeiten müssen, haben sie weniger Zeit für die Pflege. Es wird am Essen gespart und dafür die Miete überhöht.

Armin Rieger aus Augsburg war erst Polizist, dann im Immobilienhandel tätig und baute schließlich selbst ein Heim. Irgendwann merkte er, dass die Betreiber, die er eingesetzt hatte, sich selbst fürstliche Gehälter zahlten und mit teuren Wagen vorfuhren, während die Bewohner schlecht versorgt wurden. Sein Heim galt bald als das schlechteste der Stadt. Er warf die Betreiber raus und übernahm die Leitung selbst. Inzwischen ist er Pflegekritiker und schreibt Bücher über die unlauteren Methoden der Branche.

Von ihm ist unter anderem in seinem Buch *Der Pflege-Aufstand* Insiderwissen darüber zu erfahren, wie Pflegeheimbetreiber unter anderem die Pflegekassen betrügen, indem sie den vereinbarten Personalschlüssel an Pflegekräften abrechnen, tatsächlich aber viel weniger Personal beschäftigen. So bleiben die Patienten unterversorgt, die wenigen Pflegekräfte werden überfordert – und die Heimbetreiber stecken sich das Geld für die zu hoch abgerechneten Personalkosten in die eigene Tasche. Beschweren sich

Angehörige über mangelnde Versorgung, lautet die Schutzbehauptung: Der Personalschlüssel werde eingehalten.

Wie kann es sein, dass sich die Heime und Pflegedienste selbst verwalten und daraus massenweise Betrugsszenarien entstehen, immer auf Kosten der Beitragszahler und Patienten? Auf der einen Seite herrscht Pflegenotstand, auf der anderen Seite verdienen sich einige Heim- und Pflegedienstbetreiber sowie internationale Investoren und Anleger auf Kosten der Alten und Kranken sowie unseres Gesundheitssystems eine goldene Nase.

Das deutsche Gesundheits- und Pflegesystem hat sich zu einer gewaltigen Umverteilungsmaschinerie entwickelt, und zwar von unten nach oben. Das ist nicht im Sinne des Erfinders.

Doch die Politik macht keine Anstalten, die Probleme grundsätzlich anzugehen. So wird etwa die Selbstverwaltung in der Pflege nicht infrage gestellt, stattdessen werden die Beitragszahler noch stärker zur (Pflege-)Kasse gebeten. Trotz des Versprechens seines Vorgängers, dass genau dies nicht passieren werde, hat Bundesgesundheitsminister Spahn die Beiträge 2019 einmal mehr angehoben – weil die Kosten für Pflegebedürftige stärker steigen würden als erwartet.

Dabei kommt die Pflegekasse nur zu einem Teil für die Pflegekosten auf. Im Heim zahlen die Patienten monatlich im Schnitt sechshundert Euro für die Pflege drauf, inklusive Wohnen und Verpflegung macht das im Monat durchschnittlich eintausendachthundert Euro Eigenanteil. Und auch die Pflegedienste stellen private Rechnungen, die über die Leistungen der Pflegekasse hinausgehen. Immer mehr

Patienten müssen ihr Hab und Gut verkaufen, um sich die teure Pflege in Deutschland überhaupt noch leisten zu können – und das bei sinkenden Leistungen aufgrund des Pflegenotstands. Neun von zehn Befragten halten Pflegeheime für zu teuer. Siebzig Prozent der Deutschen haben laut Umfragen Angst, sich im Alter die Pflege nicht leisten zu können. Diese Angst ist absolut realistisch. Schon heute muss für fünfunddreißig Prozent der Heimbewohner das Sozialamt einspringen.

Ob all dieser Missstände befürworten derzeit achtundsiebzig Prozent der Deutschen einen Steuerzuschuss für die gesetzliche Pflegeversicherung, etwa aus dem Bundeshaushalt. Dazu befragt, äußerte sich Bundesgesundheitsminister Spahn dahingehend, dass er lieber Kinderlose noch stärker zur Kasse bitten würde – die ohnehin schon höhere Beiträge zahlen.

Meines Erachtens liegt der Staat falsch mit seiner Politik des ständigen Nachbesserns und Lückenfüllens. Ich glaube, dass das Pflegesystem in seiner jetzigen Form in Deutschland gescheitert ist. Die Missstände sind zu groß, als dass halbherzige Nachbesserungen das Ruder herumreißen könnten. Wir müssen einsehen, dass wir uns jetzt etwas Neues ausdenken müssen, um den Anforderungen und der Alterspyramide gerecht zu werden. Alles andere wäre fahrlässig.

Ich bin der Meinung, dass man diese Umstände ganz offen und ungeschminkt thematisieren muss, damit sich daran endlich etwas grundsätzlich ändert. Wir dürfen diese Missstände nicht länger einfach so hinnehmen.

Auf der anderen Seite möchte ich keinesfalls Angehörige

entmutigen, die mit dem Gedanken spielen, die Pflege zu Hause zu organisieren. Im Gegenteil: Gerade aus den oben genannten Gründen funktioniert es meines Erachtens oft genug nur zu Hause. Weil Sie dort zumindest auswählen können, wer Ihnen hilft – und aufpassen, dass es halbwegs gut läuft. Nehmen Sie die Pflege Ihrer Angehörigen selbst in die Hand, auch wenn Sie persönlich vielleicht nicht pflegen möchten. Aber achten Sie gut darauf, wer das an Ihrer Stelle tut. Es gibt gute Pfleger und gut geführte Pflegedienste. Suchen Sie sie! Geben Sie sich nicht mit weniger zufrieden, erzählen Sie der Kasse und staatlichen Stellen von unhaltbaren Zuständen. Und lassen Sie sich nicht die ganzen Probleme der Pflegebranche aufhalsen. Jeder hat ein Recht auf menschenwürdige Pflege. Auch Angehörige haben ein Recht darauf, nicht ständig von außen überfordert zu werden, weil das System nicht funktioniert. Beschweren Sie sich über Missstände, zeigen Sie schwere Pflegefehler an, trauen Sie sich, unbequem zu sein! Nur wenn wir über die Missstände sprechen, können sie sich ändern. Das wird nicht von heute auf morgen passieren, aber wir alle können Teil der Veränderung sein. Bis dahin müssen Sie damit vorliebnehmen, so lange nach passender Unterstützung zu suchen, bis Sie sie gefunden haben. Fordern Sie alles ein, was Ihnen zusteht! Wo auch immer es geht.

KAPITEL 10

Finanzielle Ungerechtigkeit: Wie man pflegende Angehörige stärken könnte

Sie wissen nun schon, dass drei Viertel der Pflegebedürftigen zu Hause gepflegt werden, die meisten von ihren Angehörigen. Nur ein Viertel wohnt in Heimen. Sie ahnen bereits, warum das so ist. Aber wissen Sie auch, wie die Verteilung der Mittel aus der Pflegekasse im Einzelnen aussieht? Das Ergebnis hat mich sehr erstaunt.

Alle relevanten Zahlen und Statistiken dazu werden regelmäßig vom Bundesgesundheitsministerium und dem Statistischen Bundesamt veröffentlicht. Doch sie sagen wenig aus, wenn sie nicht in Beziehung gesetzt werden. Die Angehörigenvertretung »wir pflegen« hat sich die Mühe gemacht, sie aufzuschlüsseln. Die Ergebnisse sollte jeder in der Branche und auch jeder Angehörige kennen, denn sie sind sehr aufschlussreich.

Im Jahr 2017 lagen die Leistungsausgaben der Pflegeversicherung demnach bei 38,54 Milliarden Euro. Davon gingen – gerundet – 38,2 Prozent an die Heime, 21,1 Prozent an die Pflegedienste und 8,5 Prozent in Beratung, Verwaltung und an den Medizinischen Dienst der Krankenkassen. Auf der anderen Seite gingen 28,2 Prozent als Pflegegeld an die Patienten. Und nur vier Prozent an pflegende Angehörige, hier vor allem in Form von Rentenversicherung.

Das bedeutet: Rund achtundsechzig Prozent gab die Pflegeversicherung für die sogenannte professionelle Pflege aus und rund zweiunddreißig Prozent für die Patienten und deren Angehörige zu Hause. Dabei ist die Pflegewirklichkeit genau andersherum. Von den 3,5 Millionen Pflegebedürftigen, die zu drei Vierteln zu Hause versorgt werden, nehmen mehr als die Hälfte überhaupt keine professionelle Pflege in Anspruch: 1,8 Millionen.

Für mich ist auch das ein Skandal. Die Verteilung der Gelder aus der sozial finanzierten Pflegeversicherung steht der Versorgungsrealität durch hauptsächlich Angehörige diametral entgegen.

Dabei kümmern sich Angehörige – im Gegensatz zu den allermeisten Pflegediensten – bis zu vierundzwanzig Stunden am Tag um die Patienten. Und weil sie kaum Entlastung finden und dazu auch noch den alltäglichen Kampf mit Kassen und Behörden ausfechten müssen, werden viele von ihnen selbst krank. Oder gar zum Pflegefall, wovor wiederum deren Krankenkassen warnen. Wohin soll das führen?

Auch die aktuellen Bemühungen der Bundesregierung führen weiter in diese Richtung. Das 2019 in Kraft getretene milliardenschwere Pflegeprogramm soll vor allem dreizehntausend neue Stellen in der professionellen Altenpflege schaffen, die durch die Krankenkassen finanziert werden. Das wäre für jedes Pflegeheim nicht mal eine neue Stelle.

Also dort ein Tropfen auf den heißen Stein, während die Angehörigen leer ausgehen. Und nicht einmal der Bundesgesundheitsminister weiß, wie und von wem die neuen Stellen in den Heimen überhaupt besetzt werden sollen. 2018 blieben laut Bundesagentur für Arbeit in der Pflege schon vierzigtausend Stellen unbesetzt – davon fast sechzehntausend in der Kranken- und rund vierundzwanzigtausend in der Altenpflege. Weil es nicht genügend Menschen gibt, die die Arbeit zu diesen Bedingungen machen wollen oder können.

In der professionellen Pflege wird also auch in den nächsten Jahren weiterhin Pflegenotstand herrschen. Wobei es an ungelernten Hilfskräften im Gegensatz zu den ausgebildeten Fachkräften sogar ein Überangebot gibt. Ein Grund mehr, warum so viele Hilfskräfte auch dort eingesetzt werden, wo Fachkräfte dringend nötig wären – mit den bekannten Auswirkungen.

Auf der anderen Seite gibt es Millionen Menschen, die die Arbeit machen können und wollen, mit hoher Motivation und Leistungsbereitschaft, doch sie werden sträflich benachteiligt: die pflegenden Angehörigen.

In meinen Augen ist es völlig unverständlich, warum die Politik weiter auf dieses gescheiterte Modell setzt, anstatt die Pflege zu Hause über die Angehörigen deutlich besser zu unterstützen. Warum nicht in ein System investieren, das es den Kindern erlaubt, weiterzuarbeiten und die Eltern trotzdem bei sich zu Hause zu haben?

Die meisten Alten möchten unbedingt zu Hause versorgt werden, solange es eben geht. Ein nachvollziehbarer Wunsch. Und die meisten Familien nehmen die Verantwortung und die Freuden, aber auch das Wagnis und die Zumutungen der Pflege auf sich, um diesen Wunsch zu erfüllen. Doch sie reden nicht darüber.

Sei es, weil sie andere nicht mit ihren Problemen belasten wollen. Sei es, weil das Thema als nicht besonders sexy gilt. Sei es, weil sie sich schämen. Weil die Themen Alter, Krankheit und Tod in unserer Gesellschaft geschmäht und tabuisiert werden. Die meisten pflegenden Angehörigen müssen alleine damit klarkommen.

Inzwischen gibt es vereinzelte zaghafte Versuche, dieses Tabu zu brechen. Ende 2018 startete etwa die *Zeit* eine Serie, in der auf die Nöte und Wünsche pflegender Angehöriger aufmerksam gemacht wurde. In den Kommentarspalten der Leser wurde oft erstaunte »Bewunderung« geäußert, ein »Ich könnte das nicht« gehört zu den häufigsten Kommentaren. Als wären pflegende Angehörige seltene Ausnahmefälle. Das sind sie nicht. Sie sind die Regel.

Sehr viel häufiger ist eben in der Öffentlichkeit von der Heimpflege die Rede. Immer wieder kommen neue Skandale ans Tageslicht, aber auch das Gehalt und die Zumutungen der Pflegekräfte in Einrichtungen werden thematisiert. Keine Talkshow zum Thema Pflege kommt ohne eine – oft gut geschulte – Pflegefachkraft aus dem Heim aus, die auf ihre Forderungen hinweist. So kümmert sich auch der aktuelle Gesundheitsminister lieber um die Heime als um die Angehörigen.

Die Regierung möchte offenbar nicht an die große Glocke hängen, dass sie Pflegepolitik auf dem Rücken der Angehörigen betreibt. Sie fördert lieber Stellen in Heimen, denn da schlägt sie zwei Fliegen mit einer Klappe: Sie kümmert sich um die Pflege, und sie schafft Arbeitsplätze.

Eine weitere Ungerechtigkeit: Angehörige werden noch nicht einmal durch Beratung oder Hilfsangebote organisatorisch angemessen unterstützt. Auch hier kommt der Staat seinen Pflichten nicht nach.

Angehörige werden gestärkt? Von wegen!

Im Jahr 2008 gab es eine Pflegereform, die vor allem die Versorgung zu Hause, die Rechte der Patienten und der pflegenden Angehörigen stärken sollte. Schade nur, dass wir als Zielgruppe überhaupt nicht davon profitieren konnten. Warum nicht? Ein Überblick.

1. Weil meine Mutter nicht dement war. Vor allem die Patientengruppe der Demenzkranken wurde damals gefördert, mit Betreuungsassistenten und finanzieller Unterstützung für zu Hause.
2. Weil ich nicht fest angestellt war. Ansonsten hätte ich mich für sechs Monate von der Arbeit für die Pflege freistellen lassen können. Allerdings ohne Bezahlung. Was uns das genützt hätte? Gar nichts. Weil die Pflege ja bereits organisiert war und wir ohne mein Gehalt nicht hätten wirtschaften können. Auch für andere pflegende Angehörige, die selbstständig oder in kleinen Betrieben arbeiten, gilt das Angebot nicht. Das Problem: Die Politik geht weiter vom Bild eines Arbeitnehmers aus, der vierzig Jahre lang in Vollzeit beim selben Arbeitgeber fest angestellt ist. Ob-

wohl sie selbst die Voraussetzungen dafür geschaffen hat, dass die Arbeitswelt von prekären Beschäftigungsverhältnissen, Zeitarbeit, Scheinselbstständigkeit und befristeten Verträgen dominiert wird. Fünfundvierzig Prozent der Neuanstellungen werden derzeit befristet, trotz bis zuletzt boomender und aktuell immer noch stabiler Wirtschaft. Dementsprechend wird die Pflegezeit kaum genutzt.
3. Weil wir in München lebten. Um die nötige Orientierung durch den Pflegedschungel zu bieten, sollten seit 2008 deutschlandweit und flächendeckend Pflegestützpunkte eingerichtet werden. Die damalige Bundesgesundheitsministerin Ulla Schmidt träumte noch von viertausend Pflegestützpunkten mit zwanzigtausend Pflegeberatern. Die Koalition machte die Beratungsverpflichtung zur Ländersache. Das ist nun über zehn Jahre her, und in der bayerischen Landeshauptstadt gibt es immer noch keine einzige dieser Anlaufstellen. Auf der Homepage des zuständigen Ministeriums steht dazu derzeit lapidar: »Der Verhandlungsprozess zur Errichtung von Pflegestützpunkten ist noch nicht abgeschlossen.« Für die Einrichtung zuständig seien die Kassen. Und das Problem betrifft nicht allein München. Anstatt der ursprünglich geplanten viertausend Pflegestützpunkte gibt es deutschlandweit nur vierhundertfünfzig, in manchen Bundesländern gar keine. Auch die vorhandenen sind kaum das, was mal geplant war, unter anderem wegen Personalnot: »Es kann keinesfalls davon ausgegangen werden, dass der Rechtsanspruch der Versicherten auf wohnortnahe Beratung, Versorgung und Betreuung in Pflegestützpunkten bundesweit aktuell eingelöst wird«, schlussfolgert eine Studie vom Juni 2018. Seit 2009

hat aber jeder Pflegebedürftige bzw. pflegende Angehörige einen gesetzlichen Anspruch auf diese Beratung und sogar auf einen individuellen Pflegeplan. Das läuft dann wohl so ähnlich wie mit den Kita-Plätzen, auf die es ebenfalls einen gesetzlichen Anspruch gibt.

4. Schließlich wurde noch der Pflege-TÜV eingeführt. Auch eine gute Idee. Eigentlich. Wenn er nur nicht so grandios gescheitert wäre. Durch Kontrollen des Medizinischen Dienstes der Krankenkassen sollten Heime und Pflegedienste genau unter die Lupe genommen und deren Qualität und Leistungen für Patienten und Angehörige transparent gemacht werden – mit Schulnoten. Komischerweise erhielten alle Heime, selbst die schlimmsten, im Schnitt die Note 1,2. Weil beispielsweise eine mangelhafte Dekubitusversorgung durch »schriftliche Verfahrensanweisungen zu Erster Hilfe« im Haus ausgeglichen werden konnte. Und die Bewohner zwar befragt, ihre Bewertungen aber nicht in die Note einbezogen wurden. Nun soll ein neuer Pflege-TÜV kommen. Leider entscheiden wieder hauptsächlich die Anbieter selbst darüber, was bei ihnen geprüft wird und wie das in die Gesamtbewertung einfließt. Schade auch, dass der komplett unbrauchbare Pflege-TÜV bisher jährlich hundert Millionen Euro verschlungen hat – gezahlt von den Versicherten über die Kassenbeiträge.

Das zeigt ganz gut, womit wir es hier zu tun haben: Überforderung auf allen Ebenen. Nicht nur in den Heimen, Krankenhäusern und bei den Pflegediensten sind die Beschäftigten und auch die Vorgesetzten und ebenso die Aufsichten mit der Pflege überfordert, sondern auch in der Politik. Wie sonst ist es zu erklären, dass nicht einmal die organisatorische Unterstützung von Patienten und Angehörigen im Pflegefall angeboten werden kann?

Meine durch jahrelange Erfahrung geprägte Vermutung ist: Es gibt die versprochenen Pflegestützpunkte nicht nur aus organisatorischen Gründen noch nicht und weil sich die Länder um die Finanzierung mit den Kassen streiten. Sondern auch, weil es dann konkrete Ansprechpartner geben müsste, die einen verlässlich durch den deutschen Pflegedschungel führen. Aber es blickt momentan einfach niemand mehr durch.

Die Gesetze, Regelungen, Ausnahmeregelungen, Ausbesserungen und Ausnahmen von der Regel sind inzwischen viel zu kompliziert geworden, selbst für die Fachleute. Ich habe in all den Jahren keinen einzigen Zuständigen getroffen, der sich mit der Materie ausreichend auskannte. Jeder arbeitet in seinem eigenen Fachbereich vor sich hin, kein Rädchen greift in das andere, die Systeme passen einfach nicht zusammen. Es braucht ein neues System der Altenpflege, der Krankenpflege und wohl auch ein neu aufgestelltes Sozialsystem, um dieser drängenden Fragen Herr zu werden.

Die Pflege grundsätzlich neu und besser aufzustellen, wurde auch bereits versucht. 2017 trat ein neues System der Pflegeversicherung in Kraft. Die Pflegestufen (1 bis 3 plus Härtefall) wurden abgeschafft, stattdessen die Pflegegrade 1 bis 5 eingeführt. Damit einher ging eine Anhebung der Leistungen für diese neuen Einstufungen. Niemand solle schlechter gestellt werden als vorher, versprach die Politik. Leider hatte auch diese Reform kaum Auswirkungen auf unsere persönliche Situation als Betroffene. Die Gründe dafür: Meine Mutter wechselte von Pflegestufe 3 in Pflegegrad 5. Wofür ich vorher jahrelang gekämpft hatte, nämlich ihre Einstufung als sogenannter »Härtefall«, was bis dahin immer wieder abgelehnt worden war, war nun auf einmal problemlos möglich. So problemlos, dass man glatt vergessen hatte, uns darüber zu informieren. Anstatt früher monatlich eintausendsechshundertzwölf Euro standen uns jetzt eintausendneunhundertfünfundneunzig Euro Sachleistungen für den Pflegedienst zu. Allerdings haben wir davon überhaupt nichts bemerkt. Die Pflegedienste berechneten ihren Einsatz für dieselbe Leistung einfach neu. Da meine Mutter außerdem inzwischen kränker geworden war und ihre Versorgung schwieriger, blieben auch die privaten Zuzahlungen für den Pflegedienst fast gleich hoch.

Des Weiteren wurde der Anspruch auf Kurzzeitpflege ausgedehnt: Für eintausendsechshundertzwölf Euro pro Jahr soll ein Patient bis zu acht Wochen lang in einem Pflegeheim versorgt werden können. Aber erstens versorgt kein Heim in München und Umgebung einen Patienten mit Pflegegrad 5 zu dieser Summe für zwei Monate, nicht einmal für einen Monat, sondern höchstens für zwei bis drei Wochen. Zweitens werden solche Kurzzeitpflegeplätze nicht ausreichend angeboten. Und zuletzt hätte ich nach unseren Erfahrungen meine Mutter nie wieder in eine Kurzzeitpflege gegeben. Selbst wenn sie dort nicht immer wieder in einen lebensgefährlichen Zustand versetzt worden wäre, hätte ich im Anschluss all ihre dort erworbenen Probleme wieder ausgleichen müssen und mich wochen-

oder monatelang um wundgelegene Haut, durchdrehenden Blutdruck und die Folgen falscher Medikamentengabe kümmern müssen. Ganz zu schweigen von den emotionalen Problemen. Eine Kurzzeitpflege hätte sich für uns also niemals gelohnt.

Stattdessen hätten wir für denselben Betrag auch für sechs Wochen im Jahr eine Verhinderungspflege beantragen können. Sie ist extra dafür gedacht, dass die pflegende Person eine Pause einlegen und zum Beispiel Urlaub machen kann. Oder auch für den Fall, dass sie verhindert ist, etwa durch Krankheit. Das hätte uns theoretisch sehr geholfen, denn am Ende wurde ich wirklich krank.

Ich wusste in dieser Zeit nicht, wohin mit meiner Mutter. Krankheit war bei mir nicht vorgesehen. Wenn ich länger ausfiel, brach das gesamte mühevoll aufgebaute System um sie herum zusammen. Neu war zum Zeitpunkt meiner Krankheit, dass ihre Versorgung nicht mehr im Heim hätte stattfinden müssen, sondern meine Mutter hätte zu Hause bleiben können. Stattdessen hätte etwa der Pflegedienst die Extrasumme für ihre Versorgung erhalten oder auch ein Nachbar oder Freund. Die Realität sieht leider anders aus. Pflegedienste leisten keine Rundumversorgung eines Patienten, schon gar nicht für diese Summe. Selbst wenn sie gewollt hätten, sie hätten meinen Einsatz niemals ersetzen können. Auch Nachbarn oder Freunde können in der Regel nicht ad hoc ihren Job aufgeben, um die tägliche umfangreiche Versorgung eines hilflosen Patienten zu übernehmen. Für niedrigere Pflegegrade mag das eine Hilfe sein. Für uns war es nicht nutzbar.

Also hat auch die größte Reform seit Einführung der Pflegeversicherung für uns praktisch nichts geändert. Hatten wir einfach Pech?

Das wohl auch. Aber in zehn Jahren Pflege, in die ausgerechnet zwei Reformen fielen, die genau der häuslichen Pflege zugutekommen sollen, hätte das Ergebnis auch für uns ansatzweise spürbar sein sollen. Wenn die Verbesserungen so umfangreich gewesen wären wie versprochen. Ich gehe davon aus, dass es anderen ähnlich ergeht wie uns und die Hilfe nur bedingt dort ankommt, wo sie dringend benötigt wird.

Aus all diesen Erfahrungen kann ich nur immer wieder schlussfolgern, dass alles Nachbessern und Stopfen von Löchern in der Finanzierung der Pflege auf Dauer nichts nützt. Und die Beteuerungen der Regierung, es werde ja schon viel getan, den Angehörigen eher schaden. Denn so entsteht der Eindruck, sie würden auf hohem Niveau jammern. Davon kann aber keine Rede sein.

Stattdessen ist die Pflegepolitik ganz grundsätzlich gescheitert. Und versucht, diesen Eindruck zu verdecken.

Weithin herrscht die Meinung, es seien vor allem die Pflegekräfte und Beschäftigten, die unter der Pflege zu leiden hätten. Das ist in meinen Augen falsch. Es sind in erster Linie die Alten und Kranken und ihre Angehörigen. Und darunter übrigens vor allem die Frauen. Auch wenn viele männliche Betroffene ebenfalls nicht viel zu lachen haben.

Inzwischen gibt es Studien, die belegen, dass Frauen im Vergleich zu Männern von Ärzten und Pflegkräften signifikant schlechter behandelt und oft fehldiagnostiziert werden. Über die Gründe wird noch spekuliert.

Ich kenne einen der Gründe: Meine Mutter und ich wurden oft genug einfach nicht ernst genommen. Unsere Schilderungen, Beobachtungen und Empfindungen wurden abgetan, verniedlicht, heruntergespielt, bis hin zu sträflicher und am Ende tödlicher Nachlässigkeit. Das lässt sich mit Stress und Überforderung nicht ausreichend erklären, und es ist auch keine Kleinigkeit. Wie die Geschichte meiner Mutter zeigt.

Das *SZ-Magazin* berichtete im Mai 2019 über die lebensgefährliche Vernachlässigung von Frauen in der Medizin. Medikamente werden vor allem an Männern getestet; obwohl man inzwischen weiß, dass Frauenkörper oft völlig anders reagieren, wird dieser Umstand bei der Medikamentenverschreibung immer noch ausgeblendet. Frauen beschreiben ihre Krankheiten genauer und ausführlicher, sie gehen früher zum Arzt. Dennoch wird ihnen erst später und manchmal gar nicht geholfen, weil viele Ärzte und Pfleger der Meinung sind, Frauen würden übertreiben. Deshalb sterben sie auch öfter an Herzproblemen als Männer. Weil ihre Symptome für psychische Probleme gehalten werden.

Und auch Männer leiden unter diesen Vorurteilen. Denn bei ihnen werden umgekehrt psychische Probleme oft falsch interpretiert, weil sie sich eher auf der körperlichen Ebene äußern. Das wiederum ist einer der Gründe, warum sich mehr Männer umbringen als Frauen. Ihre Depressionen werden einfach nicht erkannt.

Und sogar ich selbst mit meiner feministischen Mutter habe irgendwann bemerkt, dass ich Ärztinnen manchmal weniger ernst genommen habe als Ärzte. Das hat mich selbst verblüfft. Wir sind offenbar alle noch viel stärker unterbewusst in alten Rollenmustern gefangen, als wir wahrhaben wollen.

Die meisten pflegenden Angehörigen (dreiundsechzig Prozent) sind laut Statistischem Bundesamt ebenfalls Frauen. Auch die meisten Heimbewohnerinnen sind weiblich. Zum einen haben Frauen die höhere Lebenserwartung – und damit ein größeres Risiko für Pflegebedürftigkeit, die mit den Lebensjahren stark ansteigt. Von den Siebzig- bis Fünfundsiebzigjährigen ist nur jede zwanzigste pflegebedürftig, mit neunzig Jahren beträgt die Quote über siebzig Prozent.

Zum anderen leben viele Frauen im Alter allein. Männer haben dagegen, wie die *Zeit* die Datenlage zusammenfasst, oft Frauen, die etwas jünger sind und sie bei Pflegebedürftigkeit noch lange versorgen können. Viele Frauen pflegen also erst ihre Männer und werden als hochbetagte Witwen dann selbst pflegebedürftig.

Hinzu kommt, dass die Pflegebranche in Deutschland noch immer stark hierarchisch geprägt ist. Auch durch ihre Historie, an deren Anfang Siechen- und Armenhäuser standen, wo Nonnen für Gotteslohn die Arbeit verrichteten. Ärzte waren Männer. Auch heute noch umweht die »Götter in Weiß« eine oft unwidersprochene Autorität, der sich Patienten, Angehörige und auch Pflegekräfte unterzuordnen haben.

Der Stress, dem Pflegekräfte durch den Pflegenotstand überproportional ausgesetzt sind und der durch die starke Hierarchie noch verstärkt wird, wird dadurch automatisch weitergeben nach »unten«. Patienten und Angehörige sind in diesem System diejenigen mit der geringsten Macht. An ihnen wird die ganze Überlastung ausgelassen. Das passiert häufig nicht bewusst und wo doch, versuchen viele Pflegekräfte, sich zusammenzureißen und gegenzusteuern. Aber oft genug passiert es eben doch. Und da die meisten von ihnen in Heimen oder Krankenhäusern ausgebildet werden, zieht sich dieses Muster durch die gesamte Branche, bis in den häuslichen Bereich.

In meinen Augen sollte auch die angeblich so schlechte Bezahlung der Pflegekräfte einmal genauer unter die Lupe genommen werden. Da es immer heißt, Pflegekräfte seien extrem unterbezahlt. Im Vergleich zu Chefärzten stimmt das wohl.

Die Bezahlung von Alten- und Krankenpflegern ist allerdings sehr unterschiedlich, je nach Einsatzort, Bundesland und Geschlecht. Eine Umfrage unter Pflegekräften für das Portal »Pflegejobs« bezifferte 2018 den Durchschnittsverdienst einer Pflegekraft auf zweitausendvierhundertzweiundfünfzig Euro brutto für einen Vollzeitjob. Fünf Jahre zuvor waren es laut einer Studie auf Basis von Lohnspiegeldaten noch zweitausendvierhundertzwölf Euro monatlich. Drumherum gibt es Ausschläge nach oben und unten. In den neuen Bundesländern ist der Verdienst schlechter, Kinderpfleger und Krankenpfleger verdienen besser als Altenpfleger, und Ausbildung zahlt sich aus: Eine Pflegehilfskraft verdiente im Gegensatz zur Pflegefachkraft (zweitausendvierhundert Euro) im Jahr 2018 nur eintausendsiebenhundertachtzig Euro brutto im Monat. Das ist etwa so viel, wie ein ungelernter Verkäufer in Deutschland verdient. Und dann kommt es noch darauf an, ob man tarifgebunden in einem großen Krankenhaus arbeitet oder privatwirtschaftlich in einem Heim oder einer Rehaklinik oder bei einem Pflegedienst angestellt ist. Ein Wohnbereichsleiter bringt nach der Umfrage im Schnitt zweitausendachthundert, eine Pflegedienstleitung dreitausendachtzig und ein Heimleiter fünftausendachthundert Euro brutto nach Hause.

Zu Hause hatten wir hauptsächlich mit Pflegehilfskräften vom Pflegedienst zu tun, manchmal mit Pflegefachkräften und oft mit Pflegedienstleitern. Außerdem mit unseren eigenen, meist ungelernten Pflegern, die nach den Richtlinien der Stadt München für Hauswirtschaftshilfen und sogenannte Laienhelfer mit anfangs neun und später zwölf Euro pro Stunde beschäftigt waren. Sie alle waren fest angestellt.

Im Gegensatz zu etwa mir. Ich war in meinem Job, bis auf ein Jahr Elternzeitvertretung, noch nie fest angestellt. Das ist in meiner Branche nicht ungewöhnlich. Meinem Umfeld geht es ähnlich: Akademiker und Kreative hangeln sich seit vielen Jahren durch befristete Jobs, Selbstständigkeit und Nebentätigkeiten. Es sei denn, sie arbeiten im Finanz- oder Versicherungsgewerbe oder in der Industrie.

Nicht dass ich mir eine Festanstellung dringend gewünscht hätte. Doch während ich zu Hause wie selbstverständlich alle Hilfskräfte fest anstellte, hätten sich meine Kollegen und ich niemals auch nur ansatzweise solche Verfehlungen leisten dürfen wie unsere Pflegekräfte oder der Pflegedienst. Wir hätten auf der Stelle unseren Job verloren. Die Arbeitsmoral und auch die Motivationsbereitschaft sind völlig anders. Natürlich gibt es Ausnahmen. Ich habe auch großartige engagierte Pfleger und supermotivierte Hilfskräfte kennengelernt, die uns wirklich eine große Hilfe waren.

Aber insgesamt ist der Unterschied zu meiner eigenen Branche und auch der meines Umfelds beträchtlich.

Verglichen damit, war etwa mein Verdienst nicht viel besser. Zählt man die unbezahlten Überstunden und häufige Nachtarbeit mit ein, kam ich auf einen Bruttostundenlohn von etwa fünfzehn Euro. Also nicht erheblich viel mehr, als unsere Hilfskräfte erhielten, die dafür aber sozialversichert waren. Und zum Teil auf die Minute genau nach Hause gingen, sobald es fünfzehn Uhr geschlagen hatte.

Wie gesagt: Nicht alle waren so und manche sogar genau das Gegenteil. Ohne sie hätte ich meine Mutter nicht zu Hause pflegen können, und ich bin all jenen, die bei uns gute und zuverlässige Arbeit geleistet haben, sehr dankbar. Pflegerin Constanze, die ganz zuletzt bei uns war, hat sogar unzählige Überstunden geleistet, ohne je eine Gegenleistung dafür zu verlangen. Sie war einfach unbezahlbar.

Aber auch ich habe viele unbezahlte Überstunden gemacht. Nicht nur zu Hause, sondern auch in meinem Job. Und im Vergleich zu etwa Friseuren oder Köchen sind Pflegekräfte im Schnitt sogar noch gut bezahlt. Von diesen beiden Berufsgruppen würden sich aber die meisten Menschen nicht ansatzweise solche Fehler gefallen lassen, wie sie in der Pflege üblich sind.

Die Pflegekräfte selbst beklagen ihre Bezahlung auch gar nicht an erster Stelle. Sondern vor allem die fehlende Zeit und die schwierigen Umstände, die sich aus dem kaputten

Pflegesystem ergeben. Doch sie können sich über ihre Situation viel eher beschweren als die Alten und Pflegebedürftigen. Weil diese weder in den Medien zu Wort kommen noch das Haus verlassen. Oder, wie im Falle meiner Mutter, gar nicht sprechen können. Und Angehörige, die das für sie tun könnten, haben oft weder die Zeit noch die Kraft dazu. All das führt dazu, dass sich die Öffentlichkeit vor allem auf die Belange der Pfleger konzentriert, wenn es um Pflege geht.

Ein Anwalt aus einem großen Pflegekonzern, der mit der Personalführung vertraut war, sagte mir einst: Es sei wichtig, dass die Gesellschaft Pflegekräfte nicht länger als Helden verehre. Denn auch durch diese verzerrte Wahrnehmung würden schwierige Zustände in der Pflege zementiert, die eigentlich nicht nötig wären. Weil nicht sein kann, was nicht sein darf. Helden machen keine Fehler. Durch die Personalnot sei die Pflegebranche außerdem zu einem »Arbeitnehmermarkt« geworden, in dem jede Kraft kostbar sei. Das schlägt sich zwar nicht angemessen in der Vergütung nieder, sehr wohl aber in den Bedingungen gegenüber vielen anderen Branchen: Wird eine Pflegekraft arbeitslos, findet sie sofort anderswo eine Anstellung, wo sie mit Kusshand genommen wird. Über die meisten Fehler von Pflegekräften muss einfach hinweggesehen werden, weil kaum Ersatz zu beschaffen ist. Eingestellt wird nahezu jeder, vor allem, wenn er eine Ausbildung vorzuweisen hat. Und die Vertragsbedingungen können oft gut ausgehandelt werden, weil ein anderer Arbeitgeber im Zweifel mehr bieten würde. Das gibt es nicht in vielen Branchen. Der Fehler liegt im System. Wie aber kann man Patienten und deren Angehörige stärken und damit wirklich etwas gegen den Pflegenotstand tun?

Was ansatzweise funktioniert

In München gibt es ein Projekt, das ursprünglich für Behinderte entworfen wurde und meiner Mutter und mir erhebliche Dienste erwiesen hat: das »Laienhelfer-Modell«. Nur deshalb konnte meine Mutter bis zum Ende zu Hause gepflegt werden. Der Patient wird, genau wie wir es am Anfang privat gemacht haben, zum Arbeitgeber, sucht sich selbst seine Pfleger aus – und die Stadt finanziert diese aus diversen sozialen Töpfen, wenn kein eigenes Vermögen mehr vorhanden ist. Entstanden ist die Idee aus dem Inklusionsgedanken, der es Behinderten ermöglichen soll, außerhalb von Einrichtungen ein selbstbestimmtes Leben zu führen – mithilfe einer privaten Assistenz. Dazu gibt es im Netz Laienhelfer-Börsen. Trotz aller Fehler, auf die ich noch zu sprechen komme, ist dieses Modell ein guter Anfang auch für die Emanzipation der Alten. Denn es hat sehr viele Vorteile:

1. Dem Patienten werden keine Helfer vorgesetzt, mit denen er sich abfinden muss, auch wenn die Chemie nicht stimmt, wie in Krankenhäusern, Heimen oder bei Pflegediensten. Er kann ganz nach Gusto und Sympathie selbst auswählen, wer die teilweise sehr intimen Verrichtungen und Hilfen übernimmt. Das kräftigt die Autonomie und den Patientenwunsch immens.
2. Patient und Angehörige können sich – abseits des Pflegedienstes – ein Team zusammenstellen, je nach Umfang der Hilfsbedürftigkeit, und selbst entscheiden, wer wann wo bei was genau hilft.

3. Die Laienhelfer werden bei dem Patienten angestellt und nicht bei irgendwelchen Einrichtungen oder Organisationen. Dadurch fällt das enervierende Beschwerdemanagement weg, bei dem sich viele Vorgesetzte vor ihre Angestellten und gegen den Patienten stellen, um ihr Gesicht zu wahren. Geht etwas schief oder benimmt sich jemand schwer daneben, kann der Patient selbst bestimmen, ob er mit dem Helfer weiterarbeiten will oder nicht. Er ist nicht mehr abhängig von der Gunst Dritter.
4. Stichwort Sympathie: Je nach Ausgangslage und Krankheitsfall kann es sehr entscheidend sein, dass man seine letzte Zeit auf Erden nicht als ständiges Ärgernis empfindet, sondern von Menschen umgeben ist, denen man vertraut. Es ist eben nicht egal, wer einen pflegt.
5. Meiner Erfahrung nach geben sich Laienhelfer, die bei dem Patienten angestellt sind, meistens mehr Mühe und sind wesentlich motivierter als Pflegekräfte von ambulanten Pflegediensten oder in Heimen. Viele haben trotz der Bezeichnung »Laie« eine Fachausbildung durchlaufen, sind aber aus nachvollziehbaren Gründen aus dem System ausgestiegen, wollen wieder näher am Menschen sein und sich lieber auf einen einzigen Patienten konzentrieren als auf dreißig oder fünfzig. Andere kommen aus ganz anderen Berufen und haben ihre soziale Ader entdeckt. Es funktioniert auch hier nicht mit allen, aber insgesamt war die Auswahl an Personal durch das Modell für uns besser als ohne.

So konnte in den letzten etwa vier, fünf Lebensjahren meiner Mutter unsere jeweilige Pflegerin weiter finanziert werden. Meine Mutter kam für das Projekt infrage, weil sie durch ihre Krankheit nun ebenfalls als körperlich behindert galt. Wir waren jedenfalls sehr erleichtert, dass es dieses Angebot in München gibt. Ursprünglich ausschließlich für Behinderte in Ausbildung und Beruf gedacht, hat die Stadt München aufgrund der zunehmenden Probleme in der Altenpflege das Modell probe- und projektweise auf ältere Patienten ausgeweitet; es gibt das Projekt auch in anderen Städten deutschlandweit. Finanziert wird es in Bayern durch diverse Töpfe aus Stadt und Land – und damit sind wir auch schon bei den Problemen:

1. Offenbar kennt sich niemand wirklich aus in der Organisation. Weder unsere gesetzliche Betreuerin noch das Betreuungsgericht noch die eigentlich zuständigen Sachbearbeiter bei Stadt und Land hatten einen Überblick über die Finanzierung ihres eigenen Projektes. Das führt dazu, dass Anträge immer wieder neu und doppelt gestellt werden müssen und man nie einen Ansprechpartner hat, der Fragen zufriedenstellend beantworten kann. Und es führt manchmal leider auch dazu, dass beantragte und bewilligte Gelder nur teilweise oder monatelang sogar gar nicht gezahlt werden.
2. Was zum nächsten Problem führt: Der Patient wird selbst zum Arbeitgeber gemacht – mit allen Rechten und Pflichten. Das Gehalt für seine Arbeitnehmer muss er also in jedem Fall zahlen. Egal, ob gerade etwas vom Amt kommt oder nicht. Wenn die Angestellten ihr Geld nicht bekommen, kündigen sie. Da kann die Chemie noch so gut sein – wer monatelang nicht bezahlt wird, kann sich diese Art der

Arbeit kaum leisten. Damit wird der Patient wieder alleingelassen.

3. Wer keine Angehörigen hat, die sich anhaltend um Organisation und Finanzen kümmern, kann das Hilfsmodell wegen fehlender Praktikabilität deshalb kaum nutzen. Es sei denn, er kann sich selbst noch ausreichend damit auseinandersetzen.

4. Für meine Mutter wurde fast ein Jahr lang gar keine Hilfe gezahlt. Erst war der Sachbearbeiter bei der Stadt monatelang krank, eine Vertretung gab es nicht. Dann kam die Flüchtlingskrise, und das Amt war für Monate wegen Überforderung nicht ansprechbar. Und schließlich entschied der Sachbearbeiter, dass ihm die Bearbeitung zu aufwendig sei und wir uns mit der Lohnbuchhaltung, die wir selbst leisten sollten, an einen Lohnbuchhaltungsverein wenden sollten. Der wiederum seine eigenen Probleme hatte. Woraufhin der Sachbearbeiter beschloss, die Förderung ganz einzustellen. In dieser Zeit habe ich meine Mutter deshalb alleine versorgen müssen – neben der Arbeit.

Trotz der teils extremen Probleme war diese Hilfe für uns unerlässlich. Nur sie hat es ermöglicht, dass meine Mutter so lange zu Hause gepflegt werden konnte. Ansonsten hätte sie in ein Heim gemusst, sobald unser Geld aufgebraucht war. Mit den bekannten zu erwartenden Folgen.

Ich bin daher sehr dankbar für diese Unterstützungsmöglichkeit, auch wenn sie mich viel Mühe und Nerven gekostet hat. Insgesamt hat die Stadt München uns über die letzten Jahre sehr unterstützt. Bis dahin waren es zwar lange Kämpfe, aber letztlich hat das Prinzip der Fürsorge gesiegt. Das ist alles andere als selbstverständlich und hat uns lange

Jahre getragen. Auch die Sachbearbeiter bei der Stadt waren die meiste Zeit freundlich und hilfreich. Es hat manchmal sehr lange gedauert, aber am Ende haben sie uns noch viel mehr geholfen, als ich es je für möglich gehalten hätte.

Der Jurist Thomas Klie ist Professor für Altersforschung. 2014 beschrieb er in seinem lesenswerten Buch *Wen kümmern die Alten*? detailliert und kenntnisreich mögliche Wege in eine sorgende Gesellschaft. Dabei erinnert er daran, dass sich die Idee der Kindheit erst in der Renaissance herausbildete. Bis zum neunzehnten Jahrhundert galten Kinder noch als kleine Erwachsene, erst danach hat sich die Gesellschaft darauf geeinigt, dass sie eines speziellen Schutzes bedürfen. Im zwanzigsten Jahrhundert war es dann an den Frauen, sich zu emanzipieren. Nun, im einundzwanzigsten Jahrhundert, seien die Alten dran.

Ich halte das für einen sehr klugen und wichtigen Gedanken. Erst wenn wir das Alter als etwas genauso Schützenswertes begreifen wie auf der anderen Seite die Kindheit, werden wir als Gesellschaft die Anstrengungen unternehmen, die wirklich nötig sind, um die Menschenwürde bis zum Tode zu bewahren.

Was zu tun ist

Um pflegende Angehörige erst einmal zu stärken und damit auch die Pflege an sich sowie den Sozialstaat und das Vertrauen der Bürger in die Rechtschaffenheit der Strukturen, wäre einiges denkbar und vieles wichtig.

Als Erstes müssten die gröbsten Missstände beseitigt werden:

1. Es darf nicht sein, dass Angehörige ständig mit den Kassen um von Ärzten verordnete Hilfsmittel kämpfen müssen. Es muss eine unabhängige Beschwerdestelle für Patienten geben, die sich um solche Fälle zielgerichtet kümmert. Darüber hinaus sollten Krankenkassen verpflichtet werden, dafür zu sorgen, dass die Beitragsgelder nicht an Betrüger verschwendet werden.
2. Die Politik muss ihrer Informationspflicht nachkommen: Pflegestützpunkte für alle! Es braucht endlich flächendeckende und unabhängige Beratungsstellen, die ihren Namen auch verdienen. Viele Patienten wissen gar nicht, was ihnen zusteht.
3. Pflegende Angehörige dürfen gegenüber der professionellen Pflege nicht schlechter gestellt werden. Oft leisten sie den Hauptteil der Pflege – und geben dafür sogar ihren Beruf auf. Dafür muss es einen Ausgleich geben, nicht nur einen Anteil zur Rente.
4. Pflegende Angehörige sollten auch gegenüber Eltern mit kleinen Kindern nicht schlechter gestellt werden. Sie leisten genauso wichtige und oft noch aufwendigere Arbeit. Es sollte Tagespflegestätten, ähnlich Kitas, für Alte in großen Betrieben geben und Elterngeld für pflegende Angehörige. Wir alle müssen uns dieser Verantwortung stellen, auch die Wirtschaft.
5. Die Unterstützungsangebote müssen an die Lebenswirklichkeit angepasst werden. Die Politik geht von festen Anstellungen bei pflegenden Angehörigen aus, doch die sind

heute auch selbstständig oder Freiberufler und können von den Angeboten zur Pflegezeit etc. gar nicht profitieren.

6. Die Entlastungen dürfen nicht nur auf dem Papier Entlastungen sein. Kurzzeitpflegeplätze müssen ausreichend vorgehalten werden, auch für schwere Pflegefälle. Dort müssen Profis arbeiten, die ihr Handwerk auch verstehen. Ansonsten sind sie keine Hilfe für pflegende Angehörige und kommen für die Pflege in höheren Pflegegraden selbst für kurze Zeit nicht infrage.

7. Die häusliche Intensivpflege muss einer gründlichen Kontrolle unterzogen und neu geregelt werden. Dort ist das Missbrauchsrisiko besonders hoch – und die Patienten sind ganz besonders verwundbar und hilflos.

8. Auch normale Pflegedienste müssen besser kontrolliert werden. Genauso wie massenhafter Abrechnungsbetrug. Wirklich unangekündigte Kontrollen sind nötig, die nicht nur auf Dokumentationen, sondern hauptsächlich auf die Versorgung der Patienten schauen. Es braucht außerdem Betrugsdatenbanken für kriminelle Pflegedienste und deren Hintermänner.

9. Die Einbeziehung des nachbarschaftlichen Umfelds muss gestärkt werden. Dafür sollte es Anreize geben.

10. Schlussendlich muss viel besser über das Betreuungsgesetz sowie die Vorsorgevollmacht informiert werden. Damit Patienten und Angehörige eine Wahl haben und nicht schutzlos Betrügern ausgesetzt sind. Für Berufsbetreuer braucht es eine unabhängige Beschwerdeinstanz.

11. Vielleicht würde es auch helfen, in Heimen und Krankenhäusern ein Bild der Patienten auf den Nachttisch zu stellen, das sie in jungen Jahren zeigt. Damit Ärzte und Pfle-

ger sich daran erinnern, dass diese Menschen keine »Fälle« sind. Und dass umgekehrt auch sie einmal dort liegen können und von der Behandlung anderer abhängig sind.

All das wäre schon mal ein guter Anfang. Wäre das schon umgesetzt, hätten meine Mutter und ich in der häuslichen Pflege keine Probleme gehabt. Und die Pflegeversicherung müsste auch nicht ständig ihre Beiträge erhöhen. Doch um die Zukunft der Pflege zu organisieren, braucht es mehr.

Es gibt viele Pflege- und Altersexperten, die alternative und neue Modelle bereits durchdacht haben. Zum Beispiel den bereits erwähnten Pflegeforscher Professor Thomas Klie. In seinem Buch *Wen kümmern die Alten? Auf dem Weg in eine sorgende Gesellschaft* macht er sich umfassende Gedanken darüber, Nachbarschaft und Ehrenamt viel stärker in die Altenpflege einzubinden und kommunale kleine Pflegeeinheiten zu gründen. Um einerseits Finanzhaien die Grundlage zu entziehen und andererseits die Pflege wieder mehr am Patienten ausrichten zu können sowie die Zufriedenheit und Motivation auch von Pflegekräften zu steigern. Er plädiert des Weiteren für regelmäßige Besuche von Kindergärten in Altenheimen. Damit dort eine soziale Kontrolle stattfindet – und andersherum Kindern bewusst wird, dass es hilflose Alte gibt.

Die meisten halten das herrschende Pflegesystem mit seinem starken Fokus auf marktwirtschaftliche Überlegungen für gescheitert. Weil es eben nicht dem Patienten dient, sondern vor allem der Rendite. In jedem Falle erfordert der massive Pflegenotstand ein Umdenken in erheblichem Ausmaß. Ein »Weiter so« darf es nicht geben. Politik und Wirtschaft müssen auf den Pflegenotstand endlich angemessen reagieren.

Es gibt sogar die Idee, Pflegeheime ganz abzuschaffen. Der Hamburger Psychiater Klaus Dörner etwa fordert das schon seit Jahren, unter anderem in seinem Buch *Helfensbedürftig: Heimfrei ins Dienstleistungsjahrhundert*. Auch ich halte das für einen verlockenden Gedanken. Allerdings kann und will einfach nicht jeder Angehörige die Pflege übernehmen, manche Patienten oder Alten haben gar keine Angehörigen, und andere fühlen sich im Heim ja sogar wohl. Das sind aber meistens diejenigen, die noch rüstig sind und dort soziale Kontakte finden. Heime wird es also wohl noch lange geben. Aber sie müssen viel besser aufgestellt werden. Und das Hauptaugenmerk sollte auf der Pflege zu Hause liegen – und eben nicht auf der Heimpflege.

Es sollte das Natürlichste der Welt sein, dass alte oder kranke Menschen in ihren Familienverbänden oder Peergroups weiterleben dürfen, ohne Angst haben zu müssen, ihren Nachkommen zur Last zu fallen. So wie wir für Kinder und deren Entwicklung Geduld aufbringen, müssen wir es auch für die umgekehrte Entwicklung, raus aus dem Leben, mit den Alten tun. Wir sind als Gesellschaft aufgefordert, uns um Hilfsbedürftige in jeder Lebensphase zu kümmern. Unsere Kinder würden die wenigsten von uns in Heime stecken. Warum dann die Alten?

Deutschlands oberster Pflegekritiker Claus Fussek aus München und der ARD-Journalist Gottlob Schober haben im März 2019 eine Art Pflegebibel vorgelegt: *Es ist genug! Auch alte Menschen haben Rechte.* Darin formulieren sie zwanzig Grundrechte sowie neun Forderungen und Sofortmaßnahmen. Darunter das Recht auf einen angstfreien Lebensabschnitt, auf altersspezifische Versorgung in Krankenhäusern, auf Palliativgeriatrie und eine wirksame Beschwerdekultur. Gefordert werden eine wesentlich bessere Pflegeausbildung und unbürokratischere Hilfe für Betroffene und deren Angehörige. Es soll ein Aufschrei sein gegen das »System des Schweigens«.

Gemeint ist dabei vor allem das Schweigen innerhalb der Pflegebranche. Ich möchte ergänzen, dass auch außerhalb viel zu oft über Pflege, Krankheit, Alter und Tod geschwiegen wird – obwohl uns diese Themen doch alle angehen. Sie werden verdrängt, bis man selbst oder ein enger Angehöriger betroffen ist und sich dann ganz alleine damit fühlt. Das muss nicht sein. Wir alle sind betroffen – früher oder später.

KAPITEL 11
Andere Angehörige

Millionen Deutsche pflegen ihre Alten und Kranken, ihre behinderten Kinder und Partner, die weitaus meisten Pflegenden sind Frauen. Aber wer sind diese Angehörigen, die im Schnitt neun Jahre lang ihre eigenen Bedürfnisse hintanstellen? Man hört fast nichts von ihnen. Sie sind die schweigende Mehrheit.

Nach meinem Auftritt in der ARD-Sendung *hart aber fair* im Juni 2018 zum Thema Pflege haben mir viele pflegende Angehörige geschrieben, die ganz ähnliche Erfahrungen in unterschiedlichsten Intensitätsstufen gemacht haben. Fast alle verzweifeln wegen fehlender Hilfsangebote. Trotzdem pflegen sie ihre Angehörigen zu Hause, unter Aufbietung all ihrer Kräfte. Aber sobald sie mit der Außenwelt in Kontakt kommen, Anträge stellen, Pflegekräfte zur Unterstützung brauchen, Kurzzeitpflege in Anspruch nehmen oder eine durchgehende Unterbringung im Heim, treffen sie auf unzumutbare Zustände. Hier eine kleine Auswahl:

1. »Ich habe selber meine Eltern über vier Jahre gepflegt und bin dabei auch noch arbeiten gegangen. Danach hatte ich ein Burn-out, aus dem ich erst nach eineinhalb Jahren wie-

der rausgekommen bin. Es hat keinen interessiert, meine Ersparnisse waren aufgebraucht und der Job weg. Ich bin froh, dass ich das Ganze überlebt habe«, schreibt Rolf Bauer. Er bemängelt vor allem den ständigen Ärger mit der Krankenkasse, das Nichtrespektieren der Leistung von Angehörigen und das Wegschauen auch von Ärzten, wenn einer zusammenbricht. Das Finden eines vernünftigen Pflegedienstes sei sehr schwierig, weil die guten nur von Patient zu Patient weitergegeben würden.

2. Alfred Wieder aus Hechendorf in Oberbayern schreibt: »Ich habe selber Pflegegrad 5, Ihnen brauche ich nicht zu schreiben, was dies bedeutet. Durch eine nicht heilbare chronische Krankheit habe ich meine Alltagstauglichkeit nahezu verloren. Ich habe das Glück, von meiner Tochter und meinem Sohn im häuslichen Umfeld gepflegt zu werden.

Die Leistungen der Pflegeversicherung in Höhe von neunhundertein Euro für beide zusammen ist Ausbeutung seitens unserer Gesellschaft, und die Politik nimmt das nicht ernst.

Diese Beträge müssen nennenswert erhöht werden. Kurzzeitpflegeplätze sind so gut wie nicht vorhanden. Und niemand pflegt mit so viel Liebe, Empathie und Aufopferung wie Angehörige. Der Dank sollte in viel höheren Zahlungen gezeigt werden.

Die Sätze in den Pflegegraden 4 und 5 müssen drastisch erhöht werden. In diesen Stufen ist der Aufwand für die Angehörigen enorm, zig Stunden am Tag und das dreihundertfünfundsechzig Mal im Jahr. Auch ein Zuschuss zur

Pflegeversicherung von der Staatskasse wie bei der Rentenversicherung wäre ein gangbarer Weg, besonders bei sprudelnden Steuereinnahmen.

Ich bin erst sechsundfünfzig Jahre alt. Die Perspektive ist bescheiden, besonders für meine Tochter und meinen Sohn, beide haben eigene Haushalte und wollen selber Eltern werden.«

3. Jörg Zimmermann aus Berlin merkt an, dass die Begutachtungen des Medizinischen Dienstes der Krankenkassen (MDK) und der privaten Versicherer (MEDICPROOF) teils katastrophal seien. Viele Betroffene würden in zu niedrige Pflegegrade eingestuft und damit in große finanzielle Schwierigkeiten gebracht. Bei rund zwei Millionen Begutachtungen im Jahr würden aber nur acht Prozent der Patienten Widerspruch einlegen. Dabei fänden sich in siebzig Prozent der von seiner Beratungsfirma geprüften Fälle grobe Fehler zuungunsten der Patienten, bei denen eine Korrektur eine Höherstufung um mindestens einen Pflegegrad bewirken müsste. Er rät zum Widerspruch in den meisten Fällen. Viele dieser Fehler kämen durch Personalmangel und Zeitnot zustande. Doch die Kassen hielten die Widerspruchsquoten absichtlich klein, unter anderem, indem sie die Kunden schon am Telefon abwimmelten und insofern falsch berieten, dass ein Neuantrag mehr Erfolg als ein Widerspruch habe. Mit der Folge, dass der Versicherte rückwirkende Ansprüche aufgebe.

Anmerkung dazu von mir: Zimmermann hat selbst ein Pflegeberatungsunternehmen. Die Beratung ist für Hilfesuchende gratis, Widersprüche sind dagegen kostenpflichtig. Dadurch soll Unabhängigkeit von den Kassen garantiert werden, die selbst auch eine Pflegeberatung anbieten. Ich unterstütze diesen Gedanken, weise aber darauf hin, dass auch ein Fachanwalt in solchen Fällen hilfreich ist. Mit weiteren Anbietern solcher Leistungen, etwa dem Sozialverband VdK, haben wir persönlich keine guten Erfahrungen gemacht. Wir haben uns in zehn Jahren Mitgliedschaft meiner Mutter nur ein einziges Mal an den VdK gewandt und der fühlte sich in diesem Fall nicht zuständig.

4. Michaela Brandstädter ist Rechtsanwältin in München, ihre Schwester Zahnärztin. Beide haben ihre Berufstätigkeit eingeschränkt, um ihre zweiundneunzigjährige Mutter pflegen zu können. Seit einem Schlaganfall vor drei Jahren ist diese rechtsseitig gelähmt und kann nicht mehr sprechen. An fünf Tagen in der Woche kümmern sich die Schwestern abwechselnd um ihr Wohl. Nur an zwei Wochentagen müssen beide gleichzeitig arbeiten.

Anfangs wurde die Mutter an den restlichen zwei Tagen und drei Nächten in ein Seniorenheim eines kirchlichen Trägers gebracht. Bezahlt werden musste dafür ein voller Heimplatz, eine andere Möglichkeit gab es nicht. Die Heimleitung habe das als entgegenkommende Ausnahme dargestellt. Dann fiel auf, dass die Mutter dort nur vor sich hin dämmerte, mehrfach der wichtige Blutverdünner nicht nach Plan gegeben wurde und sie immer wieder dehydriert zurückkam. Darauf angesprochen, habe die Heimleitung nur mitgeteilt, dass »der Personalschlüssel erfüllt« sei. »Wir hatten dann die ganze Zeit zu Hause wieder damit zu tun, das auszubügeln«, so Michaela Brandstädter. Die Schwestern suchten eine neue Lösung und fanden eine Pflegekraft, die die Mutter an den fehlenden zwei Tagen zu Hause versorgt. »Seit meine Mutter ganz in ihrem Haus gepflegt werden kann, ist ihr Zustand wesentlich besser geworden.« Die Anwältin ist sehr froh darüber, doch sie sagt auch: »Der Kostenaufwand ist sehr hoch. Glücklicherweise ist meine Mutter finanziell unabhängig.« Mit zusätzlich beauftragten ambulanten Pflegediensten ist sie nicht glücklich: »Das ist sehr problematisch, weil die von uns benötigten Zeiten teils nicht bedient werden können, das Pflegepersonal häufig wechselt, zumeist wegen schlechter Bezahlung, und auch teilweise nicht entsprechend ausgebildet ist. Wir müssen ständig weitere Hilfspersonen organisieren, um über die Runden zu kommen.«

Ihr Fazit: »Auch wenn die Pflege insbesondere körperlich hart ist und ich manchmal denke, ich schaffe das nicht mehr, entschädigt mich die besonders liebevolle Beziehung zu meiner Mutter, die dadurch entstanden ist.«

5. Gabriele Briem aus Hessen schreibt: »Ich habe zwölf Jahre meinen dementen Mann gepflegt – davon neun Jahre Pflegegrad 5. Das ZDF hat uns über drei Jahre zeitweise begleitet und Filme gemacht. Auch mich hat die Pflege finanziell ruiniert. Schon 2013 habe ich mich mit Herrn Spahn in der Sendung *Maischberger* gestritten, weil wir 2012 – wie jetzt wiederum – von einer Erhöhung der Pflegesachleistungen ausgeschlossen waren. Zuletzt war ich eingeladen beim SWR. Bei allem Engagement habe ich leider immer wieder feststellen müssen, dass man einfach gegen Windmühlen-

flügel kämpft. Einzelkämpfer, mögen sie noch so engagiert sein, bewirken offenbar gar nichts. Was fehlt, ist meines Erachtens eine Lobby, die unsere Interessen massiv vertritt.«

6. Thomas Plötz hat seinen Beruf als Handelsvertreter im Außendienst für die Pflege seiner Eltern aufgegeben. »Es ging einfach nicht mehr«, schreibt der Oberbayer, der erst seine Mutter bis zum Tod begleitete und nun seinen Vater pflegt. Für ihn ein täglicher Kampf. Ihm würden Kraft und Zeit fehlen, auf seine Belange als pflegender Angehöriger aufmerksam zu machen. Die guten Momente der Pflege müssten ausreichen, um nicht in Depressionen zu verfallen. Trotzdem möchte er auch für seinen Vater bis zum Ende da sein. Aus tiefer Verbundenheit. Was ihn am meisten stört: »Dass Freunde, Bekannte und Nachbarn sich zurückziehen, wenn man nicht mehr bei Freizeitaktivitäten dabei sein kann.« Pflege mache einsam.

7. Diese Zuschrift muss anonym bleiben. Die Verfasserin arbeitet als Wundmanagerin und ist schon lange erzürnt darüber, wie mit kranken Menschen, egal welchen Alters, umgegangen wird. Es sei in weiten Teilen menschenunwürdig und das Ergebnis der Privatisierung der Pflege. Sie kann ihre Empörung nicht in dem Maße äußern, wie sie es gerne würde, da sie bei einer erfolgreichen Firma der Branche angestellt ist und andernfalls ihren Job verlieren würde. Auch das Thema Pflegestützpunkte macht sie sprachlos. Dass es in einer reichen Stadt wie München gar keinen gibt und in ganz Bayern lediglich zwei, in Coburg und in Nürnberg.

8. Ein letztes Beispiel aus meinem eigenen Umfeld: Meine Hausärztin in München habe ich schon seit zwölf Jahren, und noch nie habe ich sie aufgeregt erlebt. Bis auf den Moment, als sie mir von ihrem Vater erzählte. Ihn hat sie als Hausärztin auch jahrelang betreut, bis er schließlich immer kränker wurde. Im Krankenhaus aber wollten die Ärzte nach der Einlieferung ihres Vaters nicht mit ihr reden. »Ich wurde wie ein Störfaktor behandelt, obwohl ich nicht nur seine Tochter, sondern auch seine Hausärztin bin«, berichtete sie. Weder wurde sie über seinen Gesundheitszustand noch über die Behandlung unterrichtet. Dann starb der Vater. Eine Dokumentation hat sie nicht erhalten – obwohl sie ein Recht darauf hat. Auf Nachhaken wurde einfach nicht reagiert. Sie sagt: »Ich finde es unmöglich, wie manche Ärzte und Krankenhäuser mit Angehörigen in solch schweren Stunden umgehen.«

Diese Beispiele stehen stellvertretend für Hunderte Mails, die ich erhalten habe. Einige hat es weniger hart getroffen, andere noch wesentlich schlimmer. Doch in sämtlichen Fällen zeigt sich: Der Umgang mit Alten und Kranken in unserem Land ist buchstäblich alles andere als pfleglich.

Auch die Gesellschaft ist da keine große Hilfe. Wer seine Eltern pflegt, oder auch ein behindertes Kind, die Oma oder den Lebenspartner, bürdet sich aus Sicht vieler Menschen eine Last auf. Er könnte doch auch die mühsame Pflege Profis in Heimen überlassen, die sowieso viel besser aufgestellt sind, denken viele. Dass dort schon lange keine Profis mehr arbeiten, oder zumindest viel zu wenige, und welche Zustände dort zum großen Teil herrschen, wird oft ausgeblendet.

Um sich von dem Problem zu distanzieren, werden pflegende Angehörige deshalb entweder zu Helden stilisiert – ebenso wie die Pflegekräfte –, oder es wird ihnen im Gegenteil ein persönliches Problem unterstellt: Bei Frauen muss oft das beliebte »Helfersyndrom« oder gerne auch ein »Abgrenzungsproblem« herhalten. Jüngere pflegende Männer werden schief angeschaut. Und natürlich werden immer wieder finanzielle Interessen unterstellt. Es ist beschämend.

Gesundheit ist nichts, was man sich aussuchen kann, sonst wäre kaum jemand krank. Doch ähnlich wie Armut oder Arbeitslosigkeit wird auch Krankheit in unserer individualisierten Gesellschaft oft wieder dem Einzelnen angelastet, als wäre er doch irgendwie selbst schuld daran. Dann muss man sich nicht damit beschäftigen und auch keine Angst davor haben, dass einem selbst so etwas passieren könnte. Und so werden Menschen, die Hilfe brauchen, oft allein gelassen. Aus Hilflosigkeit oder Unverständnis, oft auch aus Überforderung, verschließt man die Augen. Jeder hat genug mit seinem eigenen Leben zu tun. Bei Alten und Kranken kommt hinzu, dass sie nicht einmal mehr produktiv sein können, sie sind der Gesellschaft ein Klotz am Bein.

Unsere Gesellschaft im Jugendwahn kann sich nicht einmal mehr vorstellen, womit Alte uns bereichern können. Im alten Griechenland war ein Mensch umso bewunderter, je älter, erfahrener und damit weiser er war. Bei uns ist es andersherum.

Dr. Wolfgang Picken ist ein sehr engagierter Pfarrer aus Bonn, der meine halbe Familie beerdigt und 2018 auch ein Buch über die Zustände in der Pflege und der Familienarbeit sowie über neue Lösungswege geschrieben hat: *WIR:*

Die Zivilgesellschaft von morgen. Darin berichtet er: »Wir wissen zu wenig um die Erfahrung des Helfens … Und welchen Unterschied ein Mehr an Zuwendung macht.«

Meines Erachtens ist es genau dieses Mehr an Zuwendung, das alles entscheidet. Und es tut gar nicht weh. Im Gegenteil. Wir müssen uns zu- anstatt abwenden. Das wird der Anfang sein.

KAPITEL 12
Die Katastrophe

Zurück zu unserer eigenen Geschichte: Eigentlich lief gerade alles ganz gut. Ich hatte eine hübsche Wohnung in Berlin gefunden, in die ich mich immer wieder für kurze Zeit zurückziehen und wieder so etwas wie Privatsphäre erleben konnte. Die größten Schlachten um Bürokratie und Finanzen waren geschlagen. Rund um meine Mutter hatte ich ein zuverlässiges Team aufgestellt, das sich gut um sie kümmerte. Es ging ihr immer noch wunderbar. Nur ihren Kopf hielt sie jetzt öfter mal schief.

Ungefähr zu dieser Zeit sah ich einen Film, in dem ein alter Mensch einen Schlaganfall erlitt. Danach saß er monatelang auf einem Stuhl, und sein Kopf kippte immer weiter zur Seite. Bis er schließlich umfiel und tot war. Vor Schreck ermunterte ich meine Mutter mehrmals täglich, ihren Kopf gerade zu halten. Der Arzt zeigte uns Übungen, die ihr aber schwerfielen.

Bis auf diesen Umstand ging es ihr so gut, dass ich schon daran dachte, mit ihr in Urlaub zu fahren. Ich googelte »Rom für Rollstuhlfahrer«, suchte nach ebenerdigen Hotels in der Ewigen Stadt, und wir überlegten zusammen, ob sie wohl eine Zugfahrt schaffen würde – oder vielleicht sogar ihre lebenslange Angst vorm Fliegen überwinden könnte. Mit leuchtenden Augen blätterten wir durch Bildbände über Italien. Rom war immer schon die Lieblingsstadt meiner Mutter gewesen und auch meine. Ich wollte ihr gerne ermöglichen, sie noch einmal zu sehen. Ich wusste, es würde ihre letzte Reise sein. Meine Mutter fieberte mit, war aber etwas zurückhaltender, was die Planung anging. Wahrscheinlich hatte sie Angst vor der langen Anfahrt.

Und dann sollte ich plötzlich Korrespondentin in Köln werden. Den Job in Berlin und auch in München aufgeben und nach NRW ziehen. Ich war überrascht, aber nicht abgeneigt. In erster Linie dachte ich an meine Mutter und wie gerne sie mitkommen würde. Sie war in Köln geboren, hatte das erste Drittel ihres Lebens dort verbracht und nur gute Erinnerungen an diese Zeit. Im Herzen war sie immer eine Kölnerin geblieben. Obwohl ich selbst lieber weiterhin in Berlin und München gelebt hätte, erzählte ich meiner Mutter davon. Sie dachte lange darüber nach. Aber dann war sie für die Idee entflammt. Rom war damit gestorben.

Ich dachte ebenfalls lange über das Jobangebot nach. Eigentlich war es kein Angebot, sondern eher ein Gebot ohne echte Alternativen. Ich sollte sogar mehr Geld bekommen. Darüber hinaus ist ein Korrespondentenjob eine tolle Gelegenheit zu zeigen, was man kann. Anders als in Berlin, wo viele meiner Kollegen arbeiten, wäre ich in Köln die Einzige aus der Redaktion, müsste also über alles berichten, nicht nur über Kultur wie zuvor. Das kann Spaß machen und ist herausfordernd, aber es bedeutete auch, ständig dort sein zu müssen, nicht nur ein paar Tage oder Wochen im Monat.

Ich würde meine Mutter also mitnehmen. Ein Umzug mit einem schweren Pflegefall ist kein Kinderspiel. Nicht nur, dass unser gesamter Haushalt aus zwei Wohnungen inklusive Pflegebett und meine Mutter hinübergeschafft werden müssten, auch die Pflegelogistik war nicht leicht: Vorausgesetzt, meine Mutter würde die Anfahrt gut überstehen, müsste sie in jedem Fall in Köln sofort ein Pflegebett vorfinden – aus dem sie nur ein paar Stunden zuvor in München herausgeholt worden wäre. Verzögerungen konnten wir da nicht tolerieren. Ich müsste außerdem erst mal eine behindertengerechte Wohnung finden, was in Köln alles andere als leicht ist mit seinen Fünfzigerjahrebauten und den oft nur winzigen Fahrstühlen. Und dann müsste ja noch ihre gesamte Pflege mit neuen Angestellten und dem Pflegedienst und der Finanzierung dort organisiert werden.

Die Entscheidung fiel mir nicht leicht. Ich wusste, dass ich meiner Mutter damit unverhofft einen späten Lebenstraum erfüllen würde. Dennoch hatte ich ein komisches Gefühl. Weil mein Arbeitgeber aber nicht lockerließ und meine Mutter sich so sehr freute, sagte ich schließlich zu.

Wir ziehen um!

Ich reiste also nach Köln, um mir Wohnungen anzusehen, und traf zufällig meinen Bruder am Hauptbahnhof. Wir waren beide völlig baff. Normalerweise erzählten wir uns von unseren Reiseplänen, aber diesmal liefen wir uns einfach über den Weg. Ich überlege heute noch, warum uns diese Situation damals so verrückt vorkam, aber wir fühlten uns wie in einem Film, vom Schicksal gelenkt. Vielleicht war es auch so.

Wo wir nun schon mal beide da waren, lud er mich zum Frühstück ein und sah sich danach mit mir die Wohnungen an. Die erste gefiel uns auf Anhieb. Sie war ebenerdig, ganz neu gebaut, hatte schöne helle Zimmer und sogar einen verglasten Innenhof nur für diese Wohnung. Die Gegend war zwar nicht die beste, aber immerhin zentral, und ich sah meine Mutter und mich schon gemeinsam auf einer roten Holzbank dort draußen sitzen, gemütlich beleuchtet vom warmen Licht der Hofleuchte.

Die nächste Wohnungsbesichtigung war ein Albtraum. Die Lage war besser, aber das Haus völlig heruntergekommen. Als wir in den Aufzug stiegen, blieb er auf dem Weg nach oben stecken. Nichts ging mehr. Wir drückten sämtliche Knöpfe, nach ein paar Minuten setzte er sich wieder in Gang – nach unten. Wir fuhren am Erdgeschoss vorbei, der Aufzug wurde immer schneller. Mein Bruder bekam Panik, schlug gegen die Wände. So hatte ich ihn noch nie erlebt. Normalerweise war er nicht so leicht aus der Ruhe zu bringen. Als der Aufzug anhielt, trommelte er gegen die Tür und rief: »Ich muss hier raus!« Plötzlich öffnete sich die Türe.

Ausgespuckt wurden wir in einer Art Keller unter dem Keller. Es gab eine Treppe nach oben, aber die war zugemauert. Überall lagen Köpfe herum – getöpferte Köpfe. Wir machten Scherze darüber, dass das wohl unsere Vorgänger seien, die alle schon die Wohnung hatten besichtigen wollen. Aber eigentlich war uns nicht zum Lachen zumute. Ich ließ meinen Rollkoffer im Aufzug zurück, und wir machten uns auf wackeligen Beinen auf die Suche nach einem Ausgang. Den wir nicht fanden. Nur immer weitere Köpfe und Aktenschränke. Dazu lange Gänge durch altes Gemäuer, die immer kleiner und schummriger wurden.

Mein Bruder bekam einen weiteren Panikanfall, sprang in den Aufzug, drückte wieder alle Knöpfe und trampelte mit den Füßen. Und plötzlich war er weg. Der Aufzug hatte sich wieder in Gang gesetzt, ich blieb alleine zurück. Kurz darauf hörte ich von oben, er habe es geschafft. Ich solle nachkommen. Also holte ich den Aufzug nach unten und stieg ein. Auch mich brachte er diesmal verlässlich ins Erdgeschoss. Wieder auf der Straße, in Sicherheit, erzählte mein Bruder, dass er gerade mit einem Mann gesprochen habe, der sich als Hausmeister vorgestellt habe. Der Aufzug sei seit Jahren nicht in Betrieb und fahre gar nicht mehr.

Wir schauten uns die Wohnung danach nicht mehr an, und ich sagte für die erste Wohnung zu. Mein Bruder erzählte später, dass er noch lange von dem Aufzug der Hölle geträumt habe. Wir waren uns einig, dass der gesamte Köln-Besuch surreal war. Fast wie ein Vorzeichen für das, was nun folgte.

Der Pflegedienst und die Haushälterin waren schnell gekündigt, in Köln einen guten neuen Pflegedienst zu finden, war etwas schwieriger, aber möglich. Und auch die Krankenkasse meiner Mutter spielte diesmal mit. Als ich ein neues Pflegebett für Köln beantragte, erklärte sie sich sogar bereit, sich auch noch an den weiteren Umzugskosten zu beteiligen. Oder besser gesagt: Ein sehr freundlicher Mitarbeiter tat das, der aber später nicht mehr zu erreichen war.

Dennoch: Der Umzug schritt halbwegs komplikationslos voran, und dann konnte es endlich losgehen: Mein Bruder fuhr mit dem Möbeltransporter und unserer Katze frühmorgens nach Köln, traf sich mittags mit den Vermietern zur Schlüsselübergabe und wartete dann auf das neue Pflegebett, während meine Mutter und ich aufgeregt und fröhlich in den ICE stiegen, wo sogar ein ganzes Abteil für uns reserviert war. Sie war immer schon gerne Zug gefahren und schaute in total freudiger Erwartung aus dem Fenster. Dass die Fahrt so reibungslos ablaufen würde, hatte nicht mal ich erwartet.

Und dann waren wir da. Das Bett war pünktlich aufgebaut worden, und meine Mutter staunte Bauklötze über die schöne, helle neue Wohnung. Besonders gut gefiel ihr die Erdgeschosslage, die uns die Möglichkeit gab, sofort mit dem Rollstuhl ins Freie zu gelangen, und mir das zeitraubende Hantieren mit dem komplizierten Treppenlifter ersparte. Dementsprechend oft wollte sie nun spazieren gefahren werden.

Und wie sie das wollte! Sonst ein Morgenmuffel, war sie nun schon in aller Herrgottsfrühe hellwach und drängte darauf, nach Frühstück und Pflege sofort aufzubrechen. Kerzengerade saß sie im Bett, wackelte mit den Füßen vor Ungeduld und strahlte mich an. Wie hätte ich ihr den Wunsch abschlagen können?

Wir fuhren durch ganz Köln, zu all ihren Lieblingsplätzen, besichtigten Kirchen und fuhren sogar zu dem Haus in der Südstadt, wo sie als Kind gewohnt hatte. Mitten im Dom fing sie an zu weinen: Tränen der Freude und der Erinnerung. Wir standen vor der Schwarzen Madonna, einer Heiligenfigur, die sie schon als Kind immer mit ihrer Mutter besucht hatte. Sie heulte vor Rührung. Da wusste ich, dass der Umzug die richtige Entscheidung gewesen war.

Mein Bruder kam uns auffällig oft besuchen. Früher hatten wir ihn aufgrund der Entfernung meist nur zweimal im Jahr sehen können, im Urlaub und zu Weihnachten. Jetzt war er alle paar Tage da und nahm sich viel Zeit, mit uns durch Köln zu flanieren. So auch durch den Kölner Dom. Ein Heimspiel für ihn, denn mein Bruder war ja nun katholischer Priester.

Meine Mutter war selig. Mal saßen wir gemütlich in Cafés und tranken alkoholfreies Kölsch, dann wieder dirigierte sie uns zielsicher überall hin. Wir fuhren mit Bus und Bahn, auf Rollstuhlfahrer schien man hier viel besser eingestellt zu sein als in München. Alles schien perfekt.

Bis wir zum Amt mussten. Um die Pflegehilfe für meine Mutter zu beantragen, damit ich wieder arbeiten konnte.

Natürlich hatte ich mich vorher erkundigt; meine Mutter hatte hier dieselben Ansprüche auf pflegerische Unterstützung wie in München. Beantragen konnte man sie allerdings erst nach Umzug und Ummeldung. Und das war das Problem.

Ich nahm extra meinen Bruder als ehemaligen Anwalt mit, um die Sache zu beschleunigen. Aber als wir beim zuständigen Sachbearbeiter saßen, wurden wir ausgelacht.

Der Mann hatte selbst jahrelang seinen Vater gepflegt und sagte: »Ich wäre der Erste, der es wissen müsste, wenn wir so etwas hätten.« Würde es solche Unterstützungsmöglichkeiten in Köln geben, hätte er sie längst selbst genutzt. Wir erzählten ihm von dem Projekt in München und den gesetzlichen Ansprüchen meiner Mutter, wir zeigten ihm sogar die Anträge und Abrechnungsmodalitäten, mit denen es in München möglich war, fünf Stunden am Tag eine Laienhelferin zu beschäftigen, während ich arbeitete. Die die Stadt dann zahlte, sobald das eigene Vermögen aufgebraucht war. Der Mann war sehr freundlich, aber er schüttelte den Kopf. Mein Bruder schlussfolgerte, dann müssten wir eben wieder zurückziehen. Diesmal musste ich lachen. Den ganzen Umzugsstress und alle Kosten noch mal, für nichts und wieder nichts?

Außerdem waren wir erst ein paar Tage da, und ich hatte noch keinen einzigen Text geschrieben. Meine Chefin fing an, sich zu beschweren. Für meine Mutter und mich kam es nicht infrage, unverrichteter Dinge wieder abzureisen. Ich recherchierte sämtliche Anlaufstellen für unseren Fall und telefonierte alle ab.

Nach einer Woche voller Absagen landete ich bei einem Fachanwalt für unser Gebiet, der mir versicherte, dass meine Mutter durchaus Anspruch auf pflegerische Unterstützung hätte, wir seien schließlich immer noch im selben Land. Die müssten wir aber einklagen, weil Köln verarmt sei und von sich aus nichts zahlen würde und auch die Zuständigkeiten anders verteilt seien als in Bayern. Die Klage würde etwa sechs Monate dauern. Bis dahin müsste ich meine Mutter selbst pflegen.

Ein paar Tage lang machte ich mir noch Gedanken über irgendeine Möglichkeit, mit meiner Mutter in Köln zu bleiben. Sie war so glücklich hier, war noch einmal richtig aufgeblüht, trank von selbst ohne Mühe zwei Liter Wasser am Tag, weil wir so viel unterwegs waren, ich musste sie gar nicht mehr daran erinnern. Wie sollte ich ihr beibringen, dass ihr Traum nach zwei Wochen schon wieder platzte? Doch wie ich es drehte und wendete: Es gab keine andere Lösung. Einzig möglich wäre gewesen, meine Mutter in ein Heim zu geben. Das hätte die Stadt auch in Köln gezahlt – trotz höherer Kosten.

Also mussten wir zurück. Und zwar so schnell, dass meine Mutter ihre Ansprüche in München nicht auch noch verlieren würde und ich so bald wie möglich wieder arbeiten konnte – binnen eines Monats. Da es nicht mein eigenes Verschulden war, dass ich meiner Arbeit in Köln nicht nachgehen konnte, drehte mir mein Arbeitgeber erst mal keinen Strick daraus. Aber begeistert war er nicht. Und meine Mutter weinte bittere Tränen. Doch uns blieb nichts anderes übrig.

Ich organisierte drei interessierte Nachmieter für die Wohnung, damit sich die Vermieter ihren Wunschkandidaten aussuchen konnten. Alle hatten gesicherte Einkommen, waren vertrauenswürdig und bereit, sofort zu den bestehenden Bedingungen in den Vertrag einzusteigen. Damit hatte ich meiner Pflicht rechtlich Genüge getan, doch die Vermieter stellten sich quer: Sie seien jetzt erst mal im Urlaub auf Hawaii, ich müsse die Miete noch für drei Monate zahlen; sie würden sich dann in Ruhe jemand anderen aussuchen. Und das, obwohl ich ihnen unsere verzweifelte Lage geschildert hatte. Ich teilte ihnen mit, dass ich keinesfalls monatelang die volle Miete für zwei Wohnungen zahlen könnte. Das war ihnen egal.

Trotzdem war ich heilfroh, dass ich unsere Wohnung in München noch nicht gekündigt hatte. Das wäre mein nächster Schritt gewesen, der aber nun obsolet war. Und immerhin saßen wir dadurch nicht auf der Straße.

Auf dem Weg zurück nach München blickte meine Mutter nicht mehr fröhlich aus dem Fenster. Sie tat mir furchtbar leid, aber was hätte ich tun können? Mein Bruder fuhr brav unsere gerade erst auf- und dann abgebauten Möbel und die vielen Kartons im Transporter zurück. Nur die Katze war froh, als wir wieder zu Hause waren, und kuschelte sich zufrieden an meine Mutter, sobald die wieder in ihrem alten Pflegebett lag. Das gottlob noch in der alten Wohnung stand.

Am nächsten Tag sagte mir mein Bruder, dass meine Mutter Angst habe, was nun aus ihr würde. Offenbar war mir anzusehen, dass ich sehr schlechte Laune hatte. Sie habe Sorge, nun doch ins Heim zu müssen, weil sie meiner Lebensplanung im Wege stünde. Ich versprach ihm, mich natürlich weiter um meine Mutter zu kümmern; wir würden schon eine Lösung finden. Mein Bruder war erleichtert.

Gelöst erzählte er mir, dass er mit seinem neuen Beruf den besten Job der Welt gefunden habe. Die theologische Ausbildung inklusive Zweitstudium hatte lange gedauert, war beschwerlich und zeit- und kostenintensiv gewesen, aber jetzt war er endlich fertig. Und, wie er fand, am richtigen Platz. Schon lange hatte ich ihn nicht mehr so zufrieden gesehen. Ich freute mich und lud ihn am nächsten Morgen zum Frühstück ein.

Wir saßen auf dem Gärtnerplatz in München nahe unserer Wohnung. Es war Sommer, und wir waren beide froh. Er, dass er gleich wieder nach Hause fahren würde, in seine frisch eingerichtete Wohnung, zu seiner ersten eigenen Gemeinde. Und ich war froh, dass meine Mutter in München wieder versorgt sein würde, wir den Umzug geschafft hatten und ich wieder arbeiten können würde, sobald die Pflege meiner Mutter aufgestellt war. Ich ging davon aus, dass die bisherigen Pfleger wiederkommen würden.

Mein Bruder gab mir noch die Handynummer seines alten Studienfreundes Jan, der Anwalt war, für den Fall einer ehemaligen Pflegerin, die immer noch Geld von uns verlangte, das sie längst erhalten hatte. Er selbst würde als Priester keine Zeit mehr haben, sich darum zu kümmern. Wir schrieben an diesem Tag noch bis nach Mitternacht SMS, er war sehr fröhlich. Die letzte Nachricht war ein Scherz.

Wir haben ja immer noch uns

Am nächsten Mittag, ich hatte meine Mutter gerade ohne Pflegedienst versorgt, bekam ich einen Anruf aus dem Bistum meines Bruders. Er sei tot in seinem Bett aufgefunden worden. Die Kriminalpolizei sei dort, aber ich solle mir »keine Sorgen machen«: Laut Amtsarzt handele es sich um einen natürlichen Tod. Verdacht auf Lungenembolie – oder Schlaganfall.

Ich saß auf meinem Bett zwischen ausgepackten Kartons und fühlte mich wie ein verlorenes Kind. Bruderseelenallein.

Ich wusste sofort, dass es wahr war. Und konnte es doch nicht begreifen. Wie konnte das sein? Und was sollte nun werden ohne ihn? Nach ein paar Minuten der Leere fiel mir meine Mutter ein. Wie sollte ich ihr diese grausame Nachricht bloß beibringen, ausgerechnet jetzt? Würde sie das überleben?

Ich überlegte kurz, ob ich ihr eine Schonfrist einräumen und die Todesnachricht ein paar Tage vor ihr verheimlichen konnte. Beschloss aber schnell, dass das zu anstrengend werden würde, weil sie mich einfach zu gut kannte, und auch, weil sie ein Recht darauf hatte, sofort die Wahrheit zu erfahren. Sie war immer noch seine Mutter.

In diesem Moment schaltete ich in den Funktionsmodus. Ich schrieb ihrem Arzt eine SMS, dass wir wieder da seien und er sofort kommen müsse für eine Beruhigungsspritze, weil mein Bruder tot sei. Dann ging ich zu ihr.

So sanft ich in diesem Moment nur konnte, erklärte ich ihr, dass sie jetzt bitte ganz ruhig bleiben müsse. Weil ich in den nächsten Tagen und Wochen sehr, sehr viel organisieren müsse und mich deshalb leider nicht so viel um sie kümmern könne, wie sie es jetzt verdiene. Weil in der Nacht der Hase gestorben sei.

Mein Bruder hatte auch einen eigenen Vornamen, aber wir nannten ihn nur den Hasen. Er war der ganze Stolz meiner Mutter, die beiden waren immer ein Herz und eine Seele gewesen. Als sie ihn bei seinem Auszug von zu Hause, da war er neunzehn, immer noch »mein Hase« genannt hatte, beschloss ich, es ihr gleichzutun. Anfangs, um ihn zu ärgern. Das gefiel ihm in den ersten Jahren überhaupt nicht, vor allem nicht in der Öffentlichkeit oder vor seinen Freunden. Er wurde immer größer und stärker und schließlich Anwalt, da durfte seine kleine Schwester ihn doch nicht so peinlich verniedlichen. Aber ich blieb dabei, und irgendwann hatte er sich so sehr daran gewöhnt, dass er richtig aufschreckte, wenn ich ihn bei seinem richtigen Vornamen nannte – weil das nur bedeuten konnte, dass ich sauer auf ihn war. Für meine Mutter und mich war er eben der liebe, kleine, riesengroße Hase.

Und jetzt war der Hase tot.

Meine Mutter sah mich mit schreckgeweiteten Augen und offenem Mund an. Sie wollte etwas fragen, das sah ich in ihren Augen, aber sie konnte es ja nicht. Also versuchte ich ihr so ruhig wie möglich mitzuteilen, was ich wusste beziehungsweise nicht wusste. Und schließlich nahm ich sie in den Arm und sagte hilflos: »Wir haben ja immer noch uns.« Aber meine Mutter war wie erstarrt.

Glücklicherweise kam in diesem Moment der Arzt. Er war genauso erschrocken wie wir. Er kannte meinen Bruder schon seit fast zehn Jahren. Der Hase hatte zwar in letzter Zeit ein ungesundes Gewicht erreicht, weshalb ich mir schon länger Sorgen um ihn gemacht hatte. Doch der Arzt meiner Mutter sagte, er habe viele Patienten in dieser Gewichtsklasse. Normalerweise würde man nicht einfach so sterben, mit vierundvierzig Jahren. Er gab meiner Mutter eine große Spritze in den Arm. Und schrieb ihr Beruhigungstabletten auf für die nächsten Tage. Die solle ich besser auch nehmen, sagte er mit Blick auf mich. Erst da bemerkte ich, dass ich noch immer im Morgenmantel war und mir unentwegt Tränen übers Gesicht liefen.

Als der Arzt gegangen war, schrieb ich meiner Freundin Nora. Mein PC schlummerte noch im Umzugskarton, und mein Handy tätigte unerklärlicherweise seit dem Tod meines Bruders keine Anrufe mehr, was die Kommunikation auch mit dem Bistum sehr erschwerte. Ich konnte mich nur noch per Mail und SMS verständigen, aber ständig riefen Leute auf dem kaputten Handy an, weil ich ja die einzige Ansprechpartnerin war. Ich schrieb also Nora, dass ich an ihren PC müsse, um ein paar Unterlagen an das Bistum zu senden. Sie kam sofort vorbei.

Nora hatte selbst ein Jahr zuvor ihren Vater verloren und wusste, wie mir zumute sein musste. Vor allem machte sie sich Sorgen um meine Mutter. Die meisten Menschen schrecken in so einem Moment vor direktem Kontakt zurück; sie wollen so viel Elend einfach nicht ertragen, oder sie wissen nicht, wie sie sich verhalten sollen. Nora aber wusste, was jetzt nötig war. Einfach nur da zu sein. Sich die Geschichte anzuhören. Hilfe anzubieten. Und den Moment mit auszuhalten. Was für viele sehr schwer ist.

Nora setzte sich neben meine Mutter und zeigte ihr Entsetzen, aber auch, dass sie verstand, was gerade bei uns los war. In der Zeit holte ich die Beruhigungstabletten aus der Apotheke und nahm gleich selbst eine. Danach fühlte ich mich halbwegs gestärkt für die nötigen Gespräche.

Ich war froh, dass meine Mutter noch unter dem Einfluss der Beruhigungsspritze stand, und fuhr zu Nora nach Hause, um die Modalitäten zu regeln. Als Erstes musste ich mit unzähligen Ansprechpartnern im Bistum verhandeln, wie jetzt vorzugehen sei. Man teilte mir mit, dass schon ein Bestattungsinstitut beauftragt wäre und mein Bruder bereits abgeholt sei. Ich solle schnellstmöglich kommen, um alles zu regeln. Dass das nicht ging, weil ich meine Mutter pflegen musste und in diesem Moment keinesfalls alleine lassen konnte, stieß auf Unverständnis. Ich musste die Exfreundin meines Bruders anrufen.

Luisa, mit der mein Bruder fast zehn Jahre lang zusammengewohnt hatte, war vollkommen außer sich. Wir einigten uns darauf, dass sie und ihr Mann mit ihren drei Kindern übers Wochenende zu meinem Bruder fahren würden, um die nötigsten Dinge zu regeln, bevor ich ein paar Tage später zur Beerdigung nachkommen würde.

Als ich abends zu meiner Mutter zurückkehrte, war sie unverändert. Ich setzte mich neben sie, wir verdrückten ein paar Brote und starrten mit leeren Augen in den Fernseher. Hätte ich zu diesem Zeitpunkt auch nur geahnt, was jetzt noch alles folgen sollte, ich wäre wohl wahnsinnig geworden.

Niemand zeigt Verständnis

Wer jetzt glaubt, wir wären als Angehörige eines verstorbenen Priesters in der katholischen Kirche gut aufgehoben gewesen mit unserer Trauer, der irrt.

Zunächst fand sich – unter anderem aufgrund der Sommerferien – niemand, der auf der Beerdigung meines Bruders eine Predigt halten wollte, obwohl es in der Stadt vor Priestern wimmelte. Stattdessen wurde ich freundlich aufgefordert, alte Stromrechnungen für die Dienstwohnung meines Bruders zu zahlen. Erst als sich ein Pfarrer aus Bonn erbarmte, der meinen Bruder gut kannte, durfte ich Trauergespräche führen und fühlte mich an die Hand genommen.

Gott sei Dank wussten wir durch unseren Ausflug nach Köln, dass meine Mutter in der Lage war, Zug zu fahren. So konnte ich sie mit zur Beerdigung nehmen. Niemals hätte ich sie in einem solchen Moment allein zu Hause lassen können. Ich hätte zu viel Angst gehabt, dass sie vor lauter Verzweiflung selbst hätte sterben können. Außerdem wollte sie unbedingt mit. Weil man auf der Reise aber umsteigen musste, war es ein Riesenaufwand, Umstiegshilfen zu organisieren. Als wir endlich im passenden ICE saßen, wurde der Zug wegen Bombendrohung geräumt.

Doch irgendwann war das Unmögliche geschafft, und wir saßen pünktlich zum Begräbnis meines Bruders in der Kirche, wo er wenige Tage zuvor noch selbst von der Kanzel gepredigt hatte. Die Kirche war rammelvoll. Nicht nur seine Schäfchen aus dem Ort, sondern auch der Bischof und viele Ordensträger waren gekommen, das gehört sich zur Beerdigung eines Pfarrers. Auch seine Kommilitonen und alte Freunde waren da. Allen war der tiefe Schock anzusehen.

Meine Mutter und ich saßen mitten in der ersten Reihe, ich auf der Bank, sie mit ihrem Rollstuhl daneben. Ich hatte schon den ganzen Tag Beruhigungstabletten genommen, anders hätte ich die Situation nicht ertragen. Meine Mutter verzog keine Miene. Ich bewunderte sie einmal mehr für ihre unermessliche Stärke, ihre würdevolle Haltung und den Mut, sich der Situation zu stellen. Aber ich hatte große Angst, dass sie zusammenbrechen könnte. Dann würde ich wahrscheinlich mit zusammenbrechen.

Solange ich für sie sorgen konnte und musste, war ich beschäftigt und abgelenkt, und solange es ihr halbwegs gut ging, war ich beruhigt und bestätigt. Alles drehte sich ja weiterhin um sie. Sie musste angezogen und gewaschen und gefüttert und mit Medikamenten versorgt und in den Rollstuhl gesetzt und überall hingefahren werden, das nahm den größten Teil des Tages in Anspruch. Ob nun mein Bruder gestorben war oder nicht. Wenn sie aber jetzt, in der Kirche, auch nur eine Träne vergießen würde, dann würde ich rausgerissen werden aus meiner geschäftigen Versorgerroutine, die mich vor dieser unermesslich furchtbaren Situation schützte. Wenn meine Mutter hier in der Kirche, so fürchtete ich, auch nur eine Träne vergießen würde, dann wäre es auch um mich geschehen. Ich würde komplett die Fassung verlieren.

Außerdem hatte ich die Sorge, dass die anderen Geistlichen noch zusätzlich auf die Tränendrüse drücken würden. Ich kannte diese Leute nicht. Ich wusste nicht, ob sie meinen Bruder angemessen würdigen oder was sie über ihn sagen würden. Ob sie aus diesem Moment des Abschieds, der doch eigentlich uns gehören sollte, ihre eigene Show machen würden. Ich hatte Angst davor, das alles nicht zu ertragen.

Und natürlich hatte ich auch Angst davor, dass noch Schlimmeres passieren könnte. Dass meine Mutter einen Herzinfarkt erleiden könnte. Oder noch einen Schlaganfall, bei dem ganzen Stress. Dann wäre ich auf einen Schlag meine ganze Familie los.

Also saßen wir da in der überfüllten Kirche, direkt vor dem aufgebahrten Sarg meines Bruders. Der schlimmste Moment meines Lebens. Immer wieder legte ich den Arm um meine Mutter und schielte zu ihr rüber, registrierte besorgt jede Minibewegung. Und dann kam die Träne. Es war nur eine einzige, dicke Träne, die meiner Mutter über die Wange rollte. Dann hatte sie sich schon wieder gefangen. Aber ich musste sofort weinen und drückte meine Mutter. In diesem Moment begriff ich, dass wir im Alltag noch so sehr die Rollen tauschen konnten. In Wirklichkeit war sie immer die Starke geblieben.

Und noch eine Erkenntnis ereilte mich mitten in der Messe: Ich glaubte zwar nicht an die Reden, die dort geschwungen wurden, doch diese ritualisierte Form des Abschieds inmitten einer Gemeinde, die voller Anteilnahme war, hatte trotzdem etwas Tröstliches. Sosehr ich durch die vielen für mich fremden Menschen darauf gestoßen wurde, welch ein Verlust der Tod meines Bruders war, so sehr herrschte dort eine Energie, die mich in der schwierigsten Stunde meines Lebens doch irgendwie auffing. Denn mitten in der Zeremonie hatte ich den Eindruck eines Lichtes, das die Basilika erfüllte und mich irgendwie in einen Zustand des Friedens versetzte. Auf einmal hatte ich den Eindruck, alles sei in Ordnung.

Leider hielt das Gefühl nicht lange an, und ich war unendlich froh, als die Messe vorbei, niemand Weiteres gestorben war und wir uns im Pfarrheim mit Häppchen stärken konnten. Eine große Schlange an Kondolanten hatte sich gebildet, um meiner Mutter das Beileid auszudrücken. Die meisten hatten keine Ahnung, dass meine Mutter nicht sprechen konnte. Und die wenigsten haben es in diesem Moment gemerkt. Meine Mutter saß aufrecht da, drückte Hände und blickte, teils aufmunternd, teils dankbar, in verweinte Augen. Zu mir kamen Gemeindemitglieder, die sich über die Kirche beschwerten. Mein Bruder sei dort nicht gut behandelt worden, berichteten sie. Ein Umstand, der mir neu war, dem ich aber in Zukunft noch öfter begegnen sollte.

Und dann kam ein Vorgesetzter meines Bruders, dankte höflich für Speis und Trank und überreichte mir eine Rechnung über knapp dreiundzwanzigtausend Euro. Das sei ein Studiendarlehen für meinen Bruder gewesen, er habe das Theologiestudium ja kürzlich erst beendet. Ich dürfe auch gerne in Raten zahlen.

Im ersten Moment war ich nur verblüfft. Dann bat ich den Gottesmann, mich gefälligst in Ruhe zu lassen.

Am nächsten Tag erhielt ich die Rechnung noch einmal per Mail. Auch in den folgenden Wochen wurde öfter nachgefragt, mit wachsender Ungeduld. Es dauerte viele Monate, bis sich herausstellte, dass die Forderung der Kirche nie hätte gestellt werden dürfen.

Mein Bruder hatte in der Ausbildung zum Pfarrer, nachdem er das Geld von meiner Mutter an sie hatte zurückzahlen müssen, tatsächlich Unterstützung durch die Kirche erhalten. Dabei handelte es sich aber um eine Art Kirchen-BAföG, das mit dem staatlichen BAföG zu vergleichen ist. Und alle BAföG-Forderungen erlöschen mit dem Tod. Doch das war der Kirche wohl neu, jedenfalls verfolgte sie mich und meine Mutter über Monate mit dieser Forderung. Warum, ist mir bis heute schleierhaft. Ich habe sehr darunter gelitten, denn ich hätte das Geld niemals zahlen können. Und auch nicht wollen.

Doch die katholische Kirche war nicht die Einzige, die uns das Leben nach dem Tod meines Bruders noch schwerer machte. Wie sich schon abgezeichnet hatte, gehörten unsere Vermieter auch dazu.

Zunächst die aus Köln. Aus Hawaii zurück, riefen sie sofort wieder an. Zu diesem Zeitpunkt saß ich gerade – mit einem neuen Handy – mit den Freunden meines Bruders zum Leichenschmaus zusammen; es war der Abend nach der Messe. Es sei unpassend gerade, weil mein Bruder gestorben sei, teilte ich mit.

Es folgten wochenlange unschöne Drohgebärden der Kölner, die uns nicht aus dem Mietvertrag entlassen wollten. Und dann stand auch noch die Münchner Vermieterin schreiend vor unserer Tür: Sie störte sich vehement an den Kartons meines Bruders, die ich nach der Auflösung seiner Wohnung nach München geschafft und zum endgültigen Abtransport in unseren Flur gestellt hatte. Es war zum Verrücktwerden. Alle kannten unsere Situation, aber kaum jemand zeigte Verständnis. Für mich war das genau der Tropfen, der das Fass zum Überlaufen brachte.

Nach einem besonders unerquicklichen Vermieteranruf hatte ich plötzlich Herzschmerzen. Es stach in der Brust, das hatte ich noch nie erlebt. Erschöpft und ängstlich legte ich mich ins Bett. Doch das Ziehen und Stechen ging nicht weg und wurde am Abend, nachdem ich meine Mutter versorgt hatte, noch stärker. Mich packte die Angst: Was, wenn ich am nächsten Morgen nicht mehr aufwachen würde? So wie mein Bruder? Ich beschloss, bald zum Arzt zu gehen und mir in der Vermietersache rechtliche Unterstützung zu suchen.

Denn mir war klar geworden: Ich hatte nicht nur meinen Bruder verloren und damit auch eine wichtige Säule in der Unterstützung meiner Mutter. Sondern ich hatte jetzt auch keinen Rechtsbeistand mehr. Seit ich dreizehn war, hatte mein Bruder Jura studiert und später praktiziert. Ich begann zu begreifen: Ohne ihn hätte ich ein ganz anderes Leben geführt. Weniger mutig, weniger risikobereit, weniger zuversichtlich. Ich hatte mich in widrigen Lebensumständen immer auf seine Unterstützung verlassen können. Das war auf einen Schlag weg. Würde ich meine Mutter jetzt überhaupt noch pflegen können, ohne seine Hilfe?

Meine Hausärztin maß mir am nächsten Tag den Blutdruck: 180 zu 110. Allerdings flossen mir da gerade die Tränen übers Gesicht, weil ich ihr vom Tod meines Bruders erzählte – und von der Situation, in der meine Mutter und ich seit unserer Rückkehr nach München waren. Sie verschrieb mir sofort einen Betablocker. Der habe den Vorteil, befand sie beruhigend, dass er Blutdruck und Puls senke und das Herz vor dem ganzen Stress schütze.

Ich schluckte brav die Tabletten und fiel nach ein paar Tagen in eine Art Starre. Zwar funktionierte mein Körper weiter wie ein Roboter, aber ich fühlte mich wie unter Wasser und in Watte gepackt zugleich. Meine Mutter allein zu versorgen, dauerte bis mittags, am Nachmittag saß ich dann neben ihr wie ein Stein und starrte in die Glotze. Auch sie selbst beschwerte sich über meinen Zustand. Sie zeigte auf meine Tabletten und schüttelte den Kopf.

Ich ging wieder zur Ärztin und erzählte ihr, dass ich mich fühle wie eine Schlaftablette, zwischendurch aber immer wieder Herzrasen hätte. Sie erhöhte die Betablockerdosis, woraufhin ich noch schläfriger wurde, das Herzrasen aber schlimmer.

Es folgte eine Odyssee durch verschiedene kardiologische Praxen. Der eine Arzt telefonierte während unseres

Gesprächs noch mit seinem Golfpartner, der andere hatte genau drei Minuten Zeit für mich. Der dritte nahm mich endlich ernst, da war ich aber schon in diversen Notaufnahmen gewesen – mit schweren Bluthochdruckkrisen.

Muss ich jetzt auch sterben?

Ich konnte nicht mehr richtig arbeiten, auch weil ich zu Hause meine Mutter allein versorgen musste. Leider hatte ich unser altes Pflegeteam wider Erwarten nicht wieder für uns gewinnen können, weil alle schon andere Patienten aufgenommen hatten. Zusätzlich jetzt auch noch neue Mitarbeiter zu rekrutieren, schaffte ich rein zeitlich nicht. Also pflegte ich tagsüber allein und arbeitete vor allem nachts in der Redaktion. Als freie Mitarbeiterin funktionierte das halbwegs. Zwischendurch war ich krank. Mal für ein paar Tage, mal für zwei Wochen.

Ich nahm in dieser Zeit immer weiter ab. Anfangs fand ich es noch angenehm, dass mir meine alten Hosen wieder passten. Aber dann purzelten die Kilos so rapide, dass ich mir schon wieder Sorgen machte. Meine Hausärztin senkte die Dosis meiner Schilddrüsentabletten – in der Annahme, dass sie das Herzrasen vielleicht ausgelöst hätten. Nach einer Weile, mein Bruder war gerade zehn Wochen tot, hatte ich das Gefühl, es müsse jetzt mal wieder gut sein mit den Betablockern. Sie machten mich müde und schlapp, und die Ärzte hatten alle gesagt, dass ich sie wieder absetzen könne, sobald sich die größte Aufregung gelegt habe. Also schlich ich die Tabletten aus.

Am nächsten Wochenende wollte meine Mutter unbedingt spazieren fahren. Es war Oktober, und die Sonne in München strahlte. Meine Mutter hatte sich nach dem Tod meines Bruders sehr schnell gefangen. Ich war diejenige, die mit dem Verlust nicht zurechtkam.

Meine Freundin Francesca, selbst Mutter, wagte die Prognose, dass die Trauer bei meiner Mutter wohl noch kommen würde. Sie würde sich zusammenreißen – mir zuliebe. Um mir das Leben nicht noch schwerer zu machen. Mütter seien so. Und wenn ich es mir recht überlegte, hatte ich sie genau darum ja sogar gebeten, gleich nach der Todesnachricht. Ich war also einerseits dankbar, andererseits misstrauisch: Würde der große Zusammenbruch bei ihr noch kommen? Wie konnte es sein, dass ich unter dem Verlust meines Bruders litt wie blöde, sie aber war wie immer? Als wäre nie etwas geschehen? Es gruselte mich ein bisschen.

Insgesamt war meine Mutter nur etwas ungeduldiger geworden, so war es auch an diesem Tag: Sie wollte unbedingt spazieren fahren, und zwar sofort. Mir ging es schon den ganzen Morgen nicht gut, ich war merkwürdig schwach und unkonzentriert, unter normalen Umständen hätte ich den Ausflug abgesagt. Aber ich wollte meine Mutter nicht enttäuschen und hatte auch keine Kraft für Auseinandersetzungen. Also schleppte ich sie nach draußen.

Es war ziemlich heiß. Meine Mutter drängelte, sie wollte endlich shoppen gehen. Also fuhr ich sie in die Innenstadt. In einem Kaufhaus steuerte ich unter ihrem lauten Protest die Lebensmittelabteilung an. Sie wollte lieber Kleider anprobieren. Ich hatte starken Durst und kaufte mir ein Wasser. Auf dem Weg zur Kasse wurde mir schwarz vor Augen.

Ich hatte so etwas noch nie erlebt. Das Herz schlug mir bis zum Hals, und ich hatte das Gefühl, jeden Moment umzukippen. Irgendetwas war überhaupt nicht in Ordnung. Ich wollte die Kassiererin bitten, den Notarzt zu rufen. Im letzten Moment stoppte ich: Was würde dann mit meiner Mutter passieren? Ich konnte sie ja nicht allein hier im Rollstuhl sitzen lassen. Ich beschloss, meine Mutter mit letzter Kraft nach Hause zu bringen und dann den Arzt zu rufen.

Es war nicht leicht, meine Mutter davon zu überzeugen, dass ich nicht mehr konnte. Wütend schimpfte sie auf dem Nachhauseweg vor sich hin und war beleidigt. Ich dagegen war froh, überhaupt noch laufen zu können. Im Schneckentempo schob ich sie schwer atmend durch die Sonne. Es kostete mich meine ganze Konzentration, einen Fuß vor den anderen zu setzen.

Zu Hause angekommen, hatte ich das Gefühl, ich müsse dringend Betablocker nehmen. Vielleicht hatte ich sie doch zu früh abgesetzt? Meine Mutter in die dritte Etage zu hieven, schien mir ein Ding der Unmöglichkeit, also holte ich stattdessen eine Tablette aus der Wohnung und setzte mich mit meiner Mutter noch mal an den Gärtnerplatz – in der Hoffnung, die Medizin würde schnell ihre Arbeit verrichten und es mir bald wieder besser gehen. Stattdessen wurde es schlimmer. Ich hatte wieder das Gefühl, jeden Moment umzukippen. Doch was würde dann aus meiner Mutter werden? Niemand hier wusste Bescheid, wer wir waren und wo sie hingehörte. Mit letzter Kraft bat ich den Kellner, einen Arzt zu rufen. Ich hätte es selbst nicht mehr gekonnt.

Als der Rettungswagen kam, wurde ich vor den Augen meiner Mutter eingeladen. Ich bestand darauf, sie mitzunehmen. Die Ärztin äußerte Verständnis, wollte sich aber erst mal um mich kümmern. Ich hatte einen Puls von hundertzwanzig und wieder ziemlich hohen Blutdruck. Ob ich schon mal was von Vorhofflimmern gehört habe? Ich konnte nur müde nicken. Das war die Krankheit, in deren Folge meine Mutter acht Jahre zuvor den Schlaganfall erlitten hatte.

Nach zähen Verhandlungen wurde meine Mutter doch noch mit ihrem Rollstuhl in den Wagen geladen. Sie schüttelte den Kopf und lachte laut, als wir losfuhren. Entweder hatte sie den Ernst der Lage nicht verstanden, oder sie konnte die Situation nicht ertragen und wollte sie nicht wahrhaben. Was auch nicht verwunderlich gewesen wäre.

Im Krankenhaus wurde nichts herausgefunden. Ich hatte keinen Herzinfarkt und wohl doch kein Vorhofflimmern gehabt. »Bluthochdruckkrise« wurde mir attestiert, aber man wisse nicht, was wirklich vorgefallen sei. Ich solle wieder Betablocker nehmen, diesmal einen anderen. Zusätzlich wurden mir Blutdrucksenker verschrieben. Ich hätte zur Beobachtung dableiben sollen, aber ich musste ja meine Mutter versorgen. Also stand ich auf und fuhr sie wieder nach Hause.

Es ging mir auch schon besser mit den neuen Tabletten, diese würde ich nun weiter nehmen. Meine Mutter zeigte wieder kopfschüttelnd auf die Medikamente und wollte sie mir wegnehmen. Ich musste lachen, obwohl mir nicht danach zumute war.

In den folgenden Wochen hatte ich noch viele dieser Bluthochdruckkrisen. Dazwischen saß ich ängstlich zu Hause und beobachtete peinlich genau meinen Blutdruck. Vor allem nach dem Essen spielte mein Herz oft verrückt, also aß ich noch weniger – und nahm immer weiter ab. Abends erreichte mein Blutdruck oft schwindelnde Höhen. Meine Ärztin wusste mir nicht zu helfen. Mal ging es mir nach der Einnahme von Kalium und Magnesium plötzlich besser, dann half wieder gar nichts. Wenn der Blutdruck 220 erreichte, rief ich den Notarzt.

Einige Male landete ich so wieder in der Notaufnahme – und ich hatte jedes Mal schreckliche Angst. Nicht nur um mich. Was sollte nur aus meiner Mutter werden, wenn ich jetzt auch einen Schlaganfall oder Herzinfarkt erleiden würde? Wer sollte sich um sie kümmern? Nicht nur im Falle meines Todes oder längerer Krankheit, sondern ganz konkret jeden Tag, an dem ich im Krankenhaus lag? Entgegen meiner Erwartung hatte ich aufgrund des inzwischen verschärften Pflegenotstandes in München immer noch keinen neuen Pflegedienst gefunden. Also schon irgendeinen, aber keinen zuverlässigen. Auch die Suche nach einer neuen Pflegerin gestaltete sich sehr schwierig. Mit anderen Worten: Wenn ich nicht da war, wurde meine Mutter kaum oder nur notdürftig durch Aushilfen versorgt. Kein gutes Gefühl, wenn man im Krankenhaus liegt und selbst nicht weiß, was mit einem los ist. Ich musste daher immer wieder nach kürzester Zeit entlassen werden, um mich um meine Mutter zu kümmern. Natürlich war mir meine eigene Gesundheit wichtig. Aber bei meiner Mutter ging es ja immer gleich um Leben oder Tod. Bekam sie einen Tag lang weder ihre Medikamente noch Flüssigkeit, konnte es am nächsten Tag schon zu spät sein.

Also schleppte ich mich von Arzt zu Arzt. Aber niemand

konnte mir helfen. Alle schoben es auf die Psyche. Ich wurde einfach abgestempelt. Es war die Hölle. Jetzt erlebte ich am eigenen Leib das Schicksal meiner Mutter: Man geht mit gravierenden Beschwerden zum Arzt und wird abgewiesen. Einfach nicht ernst genommen.

Irgendwann landete ich aus lauter Verzweiflung bei einem Heilpraktiker. Ich glaubte zwar nicht wirklich an dessen Heilkräfte, wollte aber nichts unversucht lassen. Er attestierte mir eine Nebennierenschwäche, hervorgerufen durch lang anhaltenden extremen Stress. Und verschrieb mir einen hoch dosierten Vitaminmix. Ich nahm aus Misstrauen nur die Hälfte. Aber siehe da: Von der ersten Tablette an ging es mir besser. Als hätte mein Körper nur auf dieses Mittel gewartet, fühlte ich mich von Tag zu Tag ein bisschen gesünder. Irgendwann merkte ich, dass ich wieder ohne Mühe Fahrrad fahren konnte – und wie anstrengend diese einfache Bewegung zuletzt für mich gewesen war, mit nicht mal vierzig Jahren. Das Problem mit dem Bluthochdruck ließ sich leider nicht so leicht in den Griff bekommen und sollte mir noch Probleme bereiten, die mich ziemlich aus der Bahn warfen. Aber immerhin kam ich erst mal auf die Beine und konnte wieder mehr auf meinen Körper vertrauen. Das war auch bitter nötig. Denn jetzt würde ich noch einmal meine ganze Kraft brauchen.

KAPITEL 13
Wie alles endet

Meine Mutter war nicht gerade bester Laune. Als ich selbst krank geworden war, hatte ich mich nicht mehr so intensiv um sie kümmern können wie in den Jahren zuvor. Auch mit den Pflegern hatten wir kein Glück gehabt seit unserer Rückkehr. Dementsprechend war sie genervt – und sie machte sich auch Gedanken um mich.

Es ging mir deutlich besser, trotzdem war ich noch nicht ganz gesund. Inzwischen hatte meine Mutter angefangen, sich Sorgen um mich zu machen, und sogar bitterlich geweint, als ich einmal später nach Hause kam. Sie hatte Angst um mich gehabt. Kein Wunder. Ihr Sohn war tot und dann war auch noch ihre Tochter krank geworden, während sie selbst hilflos im Bett lag.

Ob es an dieser Hilflosigkeit lag oder daran, dass sie den Tod meines Bruders nicht verarbeiten, weil sie nicht darüber sprechen konnte: Meine Mutter wurde zunehmend schwieriger. War sie jahrelang oft die Bestgelaunte von uns gewesen, wurde sie jetzt zunehmend grantig und ungeduldig. Als der Pflegedienst ihr dann auch noch die Schulter brach, war das der Anfang vom Ende.

Ich brachte sie ins Krankenhaus. Wir saßen fünf Stunden in der Notaufnahme, bis der überarbeitete Notarzt beschied: Da sei nichts gebrochen, da müsse auch nichts geröntgt werden. Da meine Mutter nicht sprechen könne, könne sie auch ihre Schmerzen nicht präzise benennen, und ich könne daher gar nicht wissen, was ihr fehle. Und abgesehen davon könne man einen Patienten nicht auf gut Glück von Kopf bis Fuß durchleuchten, erklärte er mir ungeduldig.

Und so irre ging es weiter: Mitten in der Nacht wurde meine Mutter auf eine Station verlegt, um zu checken, ob andere gesundheitliche Probleme der Auslöser für ihre Beschwerden waren. Ich erklärte der Schwester für das Aufnahmeprotokoll, warum wir da seien, und dass ich vermutete, Arm oder Schulter seien gebrochen, man also besonders vorsichtig mit ihr umgehen müsse bei der Pflege. Später sagte die Stationsärztin, davon habe sie nie erfahren.

Am nächsten Tag machte ich Bekanntschaft mit einer besonders perfiden Pflegekraft, die die Zähne meiner Mutter zu gelb fand und diagnostizierte, ihre Beschwerden rührten wohl daher. Später erfuhr ich von der Mitbewohnerin auf dem Zimmer, dass meine Mutter gegen meinen und gegen ihren Willen von ebendieser Schwester in den Rollstuhl gesetzt worden war. Obwohl ich ihr deutlich gesagt hatte, dass das nicht passieren dürfe, weil sie nicht an der kranken Schulter hochgezogen werden sollte. Die Schwester hatte extra gewartet, bis ich weg war, um es dann doch zu tun. Meine Mutter muss geschrien haben wie am Spieß – vor Schmerz.

Immerhin wurde das zum Anlass genommen, sie dann doch zu röntgen – zwei Tage nach Einlieferung. Überraschung: Die Schulter war gebrochen. Es war frisches Blut im Knochen zu sehen. Inwieweit die Pfleger auf der Station und die im Röntgenraum den Bruch noch verschlimmerten, kann ich nur erahnen. Ich saß währenddessen im Flur vor dem Röntgenlabor und hörte schon wieder ihre Schreie.

Meine Mutter war das alles inzwischen genauso leid wie ich und wollte sich von den Ärzten in diesem Krankenhaus partout nicht mehr behandeln lassen. Eigentlich hätte ihre Schulter operiert werden müssen, damit der Bruch heilen konnte. Doch sie weigerte sich beharrlich. Ich als ihre Betreuerin hätte die OP trotzdem durchsetzen können, weil sie medizinisch dringend notwendig war. Aber davon wollten die Ärzte nichts wissen. Meine Mutter wurde derweil extrem ungemütlich: Sie verweigerte die Nahrungsaufnahme, Trinken, Medikamente und jegliche Berührung durch die Pflegekräfte. Sie hatte die Schnauze gestrichen voll. Wer wollte es ihr verdenken? Mein Blutdruck stieg wieder in gefährliche Höhen.

Was blieb mir anderes übrig, als sie mit nach Hause zu nehmen? Die gebrochene Schulter musste einfach so verheilen. Wenigstens war es nicht der gesunde Arm, der betroffen war. Ihr Hausarzt bastelte fingerfertig einen weichen Verband, den sie möglichst wenig spüren, der aber trotzdem den Arm über Wochen stilllegen sollte. Damit der Knochen die Chance hätte, wieder anzuwachsen. Denn meine Mutter verweigerte auch die Schiene, die ihr im Krankenhaus angelegt worden war. Sie musste wahnsinnige Schmerzen haben.

Die folgenden Wochen wurden schwierig. Wir brauchten unbedingt einen neuen Pflegedienst, und die Pflegerin, die ein paar Wochen zuvor erst angefangen hatte, kam schlecht mit der Wesensänderung meiner Mutter zurecht: Gerade war sie noch friedlich und lieb gewesen, nun verweigerte sie zunehmend jede Kooperation. Manchmal schlug sie sogar nach der Pflegerin. Offenbar war meine Mutter traumatisiert durch den Schulterbruch und die rüde Behandlung im Krankenhaus. Und offenbar reichte es ihr jetzt auch mal mit den Schicksalsschlägen. Doch die Pflegerin nahm das persönlich.

In dieser Zeit musste ich alle Seiten extrem viel beruhigen. Meine Mutter, wenn sie schon wieder ihre Medikamente nicht nehmen wollte und dachte, die Pflegerin hätte heimlich ein Schmerzmittel ins Essen gemischt, das sie nicht haben wollte. Und die Pflegerin, wenn sie die Nerven verlor und weinte, weil sie nicht verstand, wie meine Mutter plötzlich so ein Biest sein konnte.

Was soll ich sagen? Auch ich hätte Beruhigung dringend brauchen können. Vor allem hätte ich dringend wieder arbeiten müssen, aber daran war gerade nicht zu denken. Ich musste immer wieder Urlaub nehmen. Und ständig war Terror bei uns zu Hause – und ein Ende nicht in Sicht. Eines Tages war es dann so weit: Mein Herz hielt den Stress nicht mehr aus.

Meine Mutter wollte gerade mal wieder ihre Medikamente nicht nehmen und verweigerte sowohl die Nahrungsaufnahme als auch jede Pflege. Die Pflegerin beschwerte sich wortreich bei mir darüber, wie gefährlich es sei, einen Menschen in seinen Ausscheidungen liegen zu lassen, das könne sie nicht verantworten. Ich zog mich kurz in mein Zimmer zurück, um durchzuatmen. Und dann bekam ich wieder Herzstechen. Meine Fingernägel wurden blau. Der Blutdruck war zu hoch, trotz der Medikamente. Eigentlich hatte ich schon damit gerechnet, an diesem Tag meine Mutter wieder ins Krankenhaus einliefern zu müssen, weil sie offensichtlich große Schmerzen hatte, aber die orale Aufnahme von Medikamenten verweigerte. Auch der Knochenbruch musste erneut geröntgt werden. Doch jetzt rief die Pflegerin den Krankenwagen für mich.

Während der Anamnese sah ich plötzlich Blitze und zackige Muster vor meinen Augen. Ich könne schon bleiben, wenn ich unbedingt wolle, sagte der übermüdete Jungarzt in der Notaufnahme – aber aus seiner Sicht sei das nicht notwendig. Ich hätte einfach nur Bluthochdruck.

Von Wollen konnte keine Rede sein. Eigentlich auch nicht von Können, schließlich musste ich noch am selben Abend meine Mutter versorgen. Doch die Blitze und der Schwindel und die blauen Fingernägel waren neu, und ich wollte das lieber abklären lassen. Schließlich war der Schlaganfall bei meiner Mutter damals auch nicht erkannt worden, und natürlich hatte ich Angst.

Also wurde ich viele Stunden später ins CT geschoben, und am nächsten Morgen sagte mir ein Arzt, nachdem er nur zwei Minuten mit mir gesprochen hatte, ich hätte Migräne. Ich hatte in meinem Leben noch nie Kopfschmerzen und weiß, wie Migräne bei anderen üblicherweise aussieht. Mir schien die Diagnose wie an den Haaren herbeigezogen, um eine schnelle Antwort parat zu haben. Ernst genommen oder beruhigt fühlte ich mich nicht. Immerhin sollten noch ein paar Blutuntersuchungen gemacht werden und ich dafür drei Tage bleiben. Doch ich hatte keine Ahnung, was in dieser Zeit mit meiner Mutter passieren sollte. Die Pflegerin kam ja schon nicht zurecht, wenn ich da war, wie sollte es erst alleine werden?

Zum Glück schickte man mir in diesem Moment eine sehr fähige Psychologin. Die riet mir nicht nur zu einer Anschlussbehandlung bei einer Therapeutin, die mich in dieser verfahrenen Situation stützen könnte, sondern sie blieb auch neben mir sitzen, als die Pflegerin anrief und mit Kündigung drohte, weil sie zu Hause ohne Ansprechpartner mit meiner Mutter restlos überfordert sei. Die Psychologin hielt mir die Hand. Ihr Beistand und ihre ruhige Präsenz vermochten mehr als jedes Arztgespräch. Es gelang mir, die Pflegerin zu überreden, bis zum Ende des Monats zu bleiben.

Gott sei Dank trat wenig später Constanze wieder in unser Leben. Sie war sehr engagiert und kannte meine Mutter noch aus besseren Tagen. Dementsprechend brachte sie gute Laune und neuen Schwung in die Pflege und hatte den Ehrgeiz, dass meine Mutter wieder so lebenslustig wie vorher wurde. Von ihr ließ sie sich auch pflegen. Constanze war unsere Rettung in diesem Moment. Alles schien sich wieder zu beruhigen, und auch ich erholte mich zunehmend. Ich konnte wieder arbeiten und fühlte mich gestärkt.

Nach ein paar Wochen hielt ich es für eine gute Idee, mit meiner Mutter wieder spazieren zu fahren. Sie war seit Monaten nicht mehr draußen gewesen. Die Schmerzen waren so gut wie verschwunden, die Schulter so gut wie abgeheilt.

Dass dennoch etwas nicht stimmte, merkte ich, als wir draußen waren und sanfte Sonnenstrahlen im Café genießen wollten. Sie verstand meine Witze nicht mehr.

Ich kann mich nicht an eine Zeit erinnern, in der wir keine Scherze machten. Mit meinem Bruder hatte ich zeitweise ausschließlich in Witzform kommuniziert. Es macht gute Laune, und man distanziert sich von allzu ernsten Themen – oder macht es dadurch erst möglich, darüber zu sprechen. Auch mit meiner Mutter war daher die bevorzugte Form der Kommunikation der Scherz. Wir konnten auch liebevoll miteinander sprechen oder Zeichen machen, und wir konnten uns tüchtig zoffen. Aber humorvoll zu kommunizieren, war mir oft das Liebste. Es hatte so eine Leichtigkeit.

Deshalb war ich schockiert, als meine Mutter mich an diesem Tag plötzlich fragend ansah, als ich wie üblich in unserer Witzsprache kommunizierte. Sie wusste nicht, was ich meinte. Weil das vom einen auf den anderen Moment passierte, war ich alarmiert: Was war jetzt schon wieder los?

Erst beruhigte ich mich mit der Annahme, sie sei einfach müde. Tatsächlich schlief sie kurz darauf im Rollstuhl ein. Ich legte einen Zahn zu und wollte sie schnell in ihr Lieblingskaufhaus fahren. Beim Anblick von Mode wurde sie normalerweise hellwach. Aber dazu kam es nicht mehr. Nachdem ich sie ein paar Mal gerüttelt hatte, als sie eingenickt war, und sie dann wieder wach wurde, sackte sie kurz vorm Ziel plötzlich ganz in sich zusammen. Ich hatte sofort Panik.

Ich rüttelte und schüttelte sie, aber es war nichts zu

machen. Voller Angst lief ich in die nahe gelegene Apotheke. Dort rief man einen Krankenwagen. Alles dauerte ewig.

Bis die Sanitäter da waren, versuchte ich, meine Mutter immer wieder zu wecken – ohne Erfolg. Dass sie noch lebte, merkte ich nur daran, dass sie ihre Hand ganz leicht bewegte, sehr langsam. Wir standen mitten in der Stadt, umgeben von eiligen Menschen mit Einkaufstüten. Ein Albtraum.

Um die unschöne Krankenhaus-Odyssee, die wir in den folgenden Monaten erlebten, abzukürzen: Es dauerte Monate, bis endlich die richtige Diagnose gestellt wurde. Am Ende wussten wir, dass meine Mutter Epilepsie hatte. Genau wie mein Bruder. Bis dahin war sie aber in so vielen Krankenhäusern und auf so vielen unterschiedlichen Stationen gewesen, dass sie durch falsche Blutverdünner-Medikation einen neuen, kleineren Schlaganfall erlitten hatte, von dem sie sich sogar noch einmal gut erholte. Gleich danach wurde ihr Herzschrittmacher erneuert, der sich später als fehlerhaft herausstellte.

Die vielen Krankenhausaufenthalte hatten sie geschwächt, am Ende bekam sie eine Lungenentzündung nach der anderen.

Auf einer Intensivstation – normalerweise waren das meine Lieblingsstationen, weil man sich dort richtig um sie kümmerte – rammte ihr eine besonders genervte Schwester mit aller Kraft ein Absaugegerät in den Hals und fauchte, das hätte ich nun davon. Ich hatte die Schwester gebeten, meiner Mutter zur Erleichterung der Atmung den Schleim abzusaugen. Es war Weihnachten.

Immerhin, ein schönes Erlebnis hatte die Odyssee auch zu bieten: Mit der zweiten Lungenentzündung plus Herzbeutelentzündung kam meine Mutter auf eine Intensivstation, die wir noch nicht kannten. Dort kämpfte ein junger Arzt mit sehr viel Hingabe um ihren Zustand. Eigentlich hätte sie aufgrund der Fallpauschalen-Abrechnung in Krankenhäusern nach zwei Tagen wieder entlassen werden sollen, und der Oberarzt hatte das auch schon so verkündet. Doch der Assistenzarzt nutzte alle Möglichkeiten, um sie weiter zu behandeln und so zu stabilisieren, dass er sie guten Gewissens nach Hause entlassen konnte. Ich hatte den Eindruck, dass er damit sogar seinen Job aufs Spiel setzte, denn der Oberarzt war sehr verärgert. Meine Mutter hatte dort einen eigenen abgetrennten Bereich, wo Constanze und ich sie ständig besuchen konnten. Das ist auf Intensivstationen oft nicht möglich, weil rundherum Menschen in Lebensgefahr liegen. Aber hier gab es auch noch eine Schwester, die meiner Mutter ein Radio besorgte. Damit sie Ablenkung und ein bisschen gute Stimmung hatte, wenn wir nicht da sein durften.

Ganz offensichtlich liegt die Qualität der Behandlung immer auch am Engagement einzelner Ärzte und Pfleger. Da kann man Glück und Pech haben. Wir hatten beides – im Übermaß.

Zu guter Letzt darf man nicht unterschätzen, welch große Rolle die Krankenkassen bei der Qualität der Behandlungen spielen und wie sehr sie auch im Hintergrund wirken. Sie bestimmen je nach Vertrag, welche Leistungen bezahlt werden und welche nicht. Manchmal entscheidet das über Leben und Tod.

Mit der dritten Lungenentzündung landete meine Mutter wieder in einem Krankenhaus, das wir noch nicht kannten. Sie war gerade einen Tag da, da rief Constanze mich an, die sie besuchte. Sie war sehr aufgeregt. Der Chefarzt habe gesagt, meine Mutter werde heute noch sterben.

Ich musste erst mal lachen. Diese Vermutung war in meinen Augen völlig unangemessen, denn am Abend zuvor war es ihr bis auf die Lungenentzündung noch gut gegangen, und seitdem hatte es keine weiteren Untersuchungen gegeben. Normalerweise werden Angehörige schnell für hysterisch gehalten, wenn sie sich besorgt zeigen, aber jetzt war es andersherum: Der Arzt hatte in meinen Augen ziemlich übertrieben.

Weder kannte er meine Mutter, noch hatte er sich mit ihr eingehend beschäftigt oder sie genauer untersucht. Trotzdem hatte er unserer Pflegerin nach der Morgenvisite eröffnet, in manchen Fällen seien ihnen als Ärzte die Hände gebunden. Dann sei die Zeit gekommen, dass »der da oben« das Zepter in die Hand nehme.

Wohlgemerkt: Meine Mutter hatte nach wie vor eine Lungenentzündung, die behandelt werden sollte. Der Arzt aber wollte gar nicht mehr tätig werden. Er wollte stattdessen die medizinische und auch die pflegerische Versorgung einstellen. Ich konnte mir sein Verhalten nur so erklären, dass er sie von der Intensivstation der vorherigen Klinik mit der Ansage übernommen hatte, sie sei zum Sterben da.

Ich raste in das Krankenhaus und redete mit den Schwestern und der Stationsärztin. Der Chefarzt war für mich nicht zu sprechen. Wir einigten uns darauf, dass meine Mutter behandelt werden sollte. Ich besorgte die Untersuchungsergebnisse aus dem anderen Krankenhaus, und nach drei Tagen bekam sie endlich das passende Antibiotikum.

Schnell ging es meiner Mutter wieder besser. Silvester feierten wir im Krankenhaus. Halbwegs fröhlich, unerlaubterweise mit der wächsernen Form von Bleigießen. Meine Mutter goss ein Schwein. Ich fasste das als Synonym für Glück auf.

Vielleicht werde sie ja tatsächlich wieder stabiler, sagte die Ärztin und schüttelte ungläubig den Kopf, als ich meine Mutter am Entlassungstag erleichtert über den Flur rollte. Schon immer hatte es das Personal nicht glauben können, mit welcher Lebenslust und Kraft meine Mutter den Krankenhausfluren dieser Stadt entkommen war. Allerdings hatte man ihr auch noch nie den sicheren Tod vorausgesagt.

Und meine Freude hielt nicht lange an.

Als meine Mutter nach Hause kam, war die Vierundzwanzig-Stunden-Pflege gesichert. Es hätte nun also endlich wieder bergauf gehen können. Alles war geregelt, und auch ich war wieder stabil.

Doch als ich meiner Mutter eines Mittags ein bisschen Joghurt gab, verschluckte sie sich. Ich betete, dass sie nicht schon wieder eine Lungenentzündung bekommen würde. Nach ein paar Tagen war sie so geschwächt, dass ich sie wieder ins Krankenhaus bringen musste.

Leider war an diesem Tag Fasching in München, und alle Notaufnahmen waren besetzt. Der Krankenwagen brachte sie in das einzig verfügbare Krankenhaus – außerhalb der Stadt. Dort kannte man uns noch nicht, und ich wurde gleich aus der Notaufnahme katapultiert, ohne etwas sagen zu können. Bis weit nach Mitternacht wurde ich im Wartezimmer sitzen gelassen. Als ich nach Stunden fragte, wie es meiner Mutter gehe, wunderte man sich, dass ich überhaupt noch da war. Im Warteraum-Fernsehen lief erstaunlicherweise Ren & Stimpy. Was mich irgendwie beruhigte.

Ich durfte kurz zu ihr. Sie lag auf der Intensivstation und war verwirrt. Aus ihrem Hals ragte ein Wirrwarr an Schläuchen, dick wie Äste. Das sei ein Zugang, erklärte mir die junge Notärztin stolz, so müsse man nicht lange nach einer guten Stelle am Arm suchen, um Blut abzunehmen. Ich war perplex. Noch nie war meiner Mutter so ein dickes Ding in die Hauptschlagader gelegt worden, und es war auch unnötig, wie mir ihr Hausarzt später versicherte. Bisher hatte immer ein Zugang an Arm oder Bein gereicht. Ich wollte es am liebsten gleich wieder entfernen lassen. Aber dann erinnerte ich mich daran, wie schlecht meine Mutter oft behandelt worden war, wenn ich mich beschwert hatte, und ließ es sein. Ich war es auch müde, immer zu kämpfen.

Bevor ich ging, machte ich Schwestern und Ärztin aber noch klar, dass, wenn sie meiner Mutter so einen Ast in den Hals legten, sie wenigstens dafür Sorge zu tragen hätten, dass sie ihn sich nicht rauszöge, wozu sie neigte. Sprich: Sie mussten ihre gesunde Hand am Bett fixieren.

Zu weiterer Zwiesprache war ich nicht mehr fähig, bestellte den Pflegedienst für den nächsten Morgen ins Krankenhaus, weil Constanze im Urlaub war, und fuhr nach Hause. Schwer wie Blei.

In den nächsten Tagen erholte sich meine Mutter wieder von der Lungenentzündung. Die Blutwerte waren gut und ihre Stimmung auch, aber jetzt schien etwas mit ihrem Bauch nicht zu stimmen. Sie hatte starke Bauchkrämpfe und wirkte stundenweise extrem benommen. Am dritten Abend wurde mir gesagt, das Bett meiner Mutter würde nun wieder für andere Patienten benötigt, sie müsse auf die Normalstation. Als die Pfleger sie gegen meinen Willen abholten, waren sie schockiert, weil sie gar nicht wussten, wie sie einen so schwer pflegebedürftigen Menschen auf ihrer Station überhaupt versorgen sollten. Doch die Sache war beschlossen. Auf dem Weg in den Aufzug fiel meine Mutter wieder in eine Art Starre. Ihre Augen drehten sich nach oben, der Mund stand offen. Sie wirkte wie tot. Ich rief sofort nach ihr und schüttelte sie, da kam sie wieder zu sich und lächelte alle freundlich an. Die Pfleger atmeten erleichtert auf.

Als meine Mutter in das neue Krankenhauszimmer geschoben wurde, überfiel sie plötzlich Angst. Aus irgendeinem Grund fühlte sie sich hier nicht wohl. Ich sprach beruhigend auf sie ein, was für schöne rote Wände das Zimmer habe und wie warm es hier sei. Sie nahm meine Hand und schaute mich Hilfe suchend und nachdrücklich an. Sie wollte hier nicht bleiben. Aber was sollte ich tun?

Ich suchte unter den Pflegern einen Ansprechpartner, dem ich die nötigsten Dinge für die Nacht mitteilen konnte, doch wieder einmal fühlte sich niemand zuständig. Einer verwies auf den anderen, und dann waren alle in der »Übergabe«. Wenn ich noch einmal das Wort Übergabe gehört hätte, wäre ich ausgerastet. Ich sprach gezielt den Pfleger an, der sie mit hochgebracht hatte, und er versicherte, er würde nach der Übergabe zu mir kommen. Sie dauerte eine Dreiviertelstunde. Dann sah ich, wie er sich durch einen Hinterausgang aus dem Staub machte.

Also sprach ich die nächstbeste junge Schwester an, die erleichtert war, dass am nächsten Morgen unser Pflegedienst wiederkommen würde, um meine Mutter zu versorgen. Sie seien zu zweit für sechsundvierzig Patienten zuständig und könnten nicht öfter nach meiner Mutter schauen als vorgesehen, also ein- bis zweimal in der Nacht. Ich rang ihr das Versprechen ab, trotzdem ein Auge auf sie zu haben. Die Schwester wirkte ängstlich.

Im Zimmer meiner Mutter lag eine weitere Frau mittleren Alters, der ich ebenfalls das Versprechen abnahm, sich zu kümmern und die Pfleger zu rufen, sollte meine Mutter unruhig werden. Dann verabschiedete ich mich von meiner Mutter. Sie war schon im Halbschlaf.

Was, schoss es mir plötzlich durch den Kopf, wenn sie in dieser Nacht sterben würde? Dann wäre sie in der Stunde ihres Todes angebunden. Für sie wäre dies das Allerschlimmste. Wenn meine Mutter eine Todesart für sich ausschließen würde, dann wäre es die, an ein Bett fixiert zu sterben. Wenn auch nur mit einer Hand. Für einen freien Geist wie sie die Höchststrafe. Und ich hätte es nicht verhindert. Das darf auf keinen Fall passieren, dachte ich noch.

Gleichzeitig beruhigte ich mich selbst: Wie oft hast du diesen Gedanken schon gehabt? Dass sie ausgerechnet jetzt stirbt, in dieser Nacht. Und du es nicht verhindern kannst. Es würde sich anders anfühlen, wenn sie dem Tod so nahe wäre, dachte ich mir. Und was sollte ich auch noch mehr tun? Sie war im Krankenhaus. Ich konnte jetzt nur noch nach Hause gehen und schlafen. Ich hatte alles probiert. Ich war schon auf dem Flur, da zog mich noch mal etwas zurück zu ihr. Sie schlief jetzt tiefer, ich wollte sie nicht mehr wecken. Ich gab ihr einen Kuss auf die Nase, hauchte beruhigend und zuversichtlich: »Was auch immer passiert – alles wird gut!« Dann ließ ich sie zurück.

Mich selbst zu beruhigen, hatte offenbar gut funktioniert. Auf dem Weg nach Hause war ich fast beschwingt. Es war deutlich wärmer als sonst Mitte Februar, und irgendwie war mir auch warm ums Herz. Im Nachhinein weiß ich: Ich habe in diesem Moment aufgegeben. Ich konnte einfach nicht mehr kämpfen. Wahrscheinlich habe ich meine Mutter in diesem Moment auch losgelassen. Ich wollte sie nicht mehr leiden sehen.

Zu Hause angekommen, schlief ich schnell ein. Und wurde morgens um halb sechs durch einen Anruf geweckt. Das Krankenhaus war dran. Genauer gesagt, der Pfleger, der sich am Abend durch die Hintertür geschlichen hatte.

»Ihre Mutter ist in der Nacht gestorben.« Er wisse, das sei jetzt schwer für mich. Man wisse nicht, woran sie gestorben sei. Sie sei ja ein paar Stunden zuvor erst zu ihnen verlegt worden. Man habe noch versucht, sie wiederzubeleben. Aber sie sei während eines Routinerundganges leblos vorgefunden worden, und die Reanimationsversuche seien nicht geglückt. Es tue ihm leid.

Ich hatte Mühe, seinen Worten zu folgen. Ich war noch im Halbschlaf und lag im Bett. Mein Körper war schneller als mein Geist. Während des Telefonates spürte ich plötzlich, wie mein Herz mir bis zum Hals schlug. Es hatte die Bedeutung seiner Worte verstanden. Ich noch nicht.

Es hieß, ich solle gleich ins Krankenhaus kommen.

In der S-Bahn auf dem Weg dorthin klingelte wieder das Telefon. Die Logopädin war dran, die der Hausarzt für meine Mutter organisiert hatte. Sie war gleichzeitig Psychotherapeutin, und der Arzt versprach sich von ihr, dass meine Mutter mit ihrer Hilfe den Tod meines Bruders verarbeiten könne. Eine solche Kombination aus Psychologie und Logopädie war ein Glücksfall, und die Dame war lange ausgebucht. Heute habe sie an meine Mutter denken müssen, deren Schicksal sie sehr berühre, sagte die Frau. Sie wollte einen Termin ausmachen. Ich sagte ihr, dass meine Mutter in der Nacht gestorben sei. Sie war bestürzt.

Auf der Intensivstation, wo man mich jetzt wieder hinschickte, wusste niemand etwas von meiner Mutter. Drei Schwestern musste ich sagen, dass sie gestorben war, bevor ich endlich in einen Ruheraum geführt wurde. Er war ganz in Weiß gehalten, in die Decke war eine Luke eingelassen. An einer Wand stand ein Tisch mit einem Buch, in das man sich eintragen und dem Verstorbenen letzte Wünsche schreiben konnte, ein Poesiealbum für Tote. An der Wand gegenüber war ein Bild von einer Wolke. Und darunter lag, auf einem Rollbett, unter einem weißen Laken: meine Mutter.

Ich konnte kaum glauben, dass ich hier richtig war. Sollte das wirklich meine Mutter sein? Sie sah so winzig aus. Vielleicht hatte sich nur wieder jemand vertan, und sie war gar nicht tot. Dann sah ich am Kopfende ihre roten Löckchen.

Ich hatte wahnsinnige Angst vor diesem Moment. Und dass ich ihn nicht aushalten würde. Ich hatte alles für meine Mutter getan, aber nun konnte ich nichts mehr für sie tun. Vom einen auf den anderen Moment. Wie sollte ich damit umgehen? Wie sollte ich noch einen Tod eines so nahen Angehörigen verkraften, in so kurzer Zeit? Der Tod meines Bruders hatte mich schon fast umgebracht. Was sollte jetzt werden? Ich hatte Angst, an den Umständen zu zerbrechen.

Zudem hatte unser Anwalt Jan kurz zuvor seine Mutter auf ähnliche Weise verloren. Sie noch einmal zu sehen, wie sie tot vor ihm lag, sei der schlimmste Moment seines Lebens gewesen, hatte er mir erzählt. Ich fürchtete mich davor, das Laken zurückzuschlagen, und wollte am liebsten gleich wieder gehen.

Doch ich tat es nicht. Ich setzte mich kurz neben sie und weinte Tränen der Empörung. Dann beugte ich mich über sie und schlug das Laken zurück. Gott sei Dank.

Meine Mutter sah aus, als lebe sie noch. Zwar war ein Auge zu, das andere noch offen, und auf der einen Körperhälfte, der kranken, wurde ihre Haut schon blau. Doch die andere Körperhälfte war noch ganz warm.

Es war verblüffend: Ich musste immer wieder in ihr geöffnetes Auge blicken, um mich zu vergewissern, dass sie wirklich tot war. Sie sah so lebendig aus. Als wäre sie nur in einer Bewegung verharrt, wie so oft in letzter Zeit. Ich versuchte, mir ihren Gesichtsausdruck genau einzuprägen, um ihn nicht zu vergessen. Aber es gelang mir nicht. Sie sah ein bisschen abgekämpft aus, etwas überrascht, aber irgendwie zufrieden. Und nicht tot.

Ich machte ein Foto von ihr mit dem Handy, um sicherzugehen, dass ich diese Mischung, die ich zuvor noch nie gesehen hatte, auf keinen Fall vergessen würde. Ich hatte die Sorge, dass ich mir ihren Ausdruck später viel kläglicher ausmalen würde. Das war entscheidend dafür, wie ich ihren

Tod in Erinnerung behalten würde. Für mich war es existenziell zu wissen, dass sie während des Todes nicht gelitten hatte. Und das hatte sie nicht. Das war deutlich zu sehen. Darüber war ich unglaublich froh.

Gleichzeitig hatte ich ein schlechtes Gewissen. Ob meine Mutter es wohl gutheißen würde, von ihr jetzt noch ein Foto zu machen?

Ich deckte sie wieder zu und setzte mich neben sie. Eigentlich wäre jetzt der richtige Zeitpunkt gewesen zu gehen. Doch ich wurde von Heulkrämpfen geschüttelt. Ich hatte das dringende Bedürfnis, mich bei meiner Mutter zu entschuldigen. Dafür, dass ich nicht noch mehr gemacht hatte. Dass ich ihren Tod nicht verhindern konnte. Aber vor allem nicht ihr Leiden. Es ging mir nicht nur um ihre letzten Tage. Sondern um die ganzen letzten zehn Jahre. Wie oft war ich genervt gewesen. Wie oft zu müde und zu schwach, um weiterzukämpfen. Wie oft hatte ich sie vertrösten müssen. Wie viel Leid hatte sie erfahren. Wie oft hatte ich sie nicht beschützen können, wenn sie völlig schutzlos war. In diesem Moment kam ich mir unglaublich egoistisch vor. Jeder Moment, an dem ich zuerst an mich gedacht hatte und nicht an sie, war einer zu viel.

Ich versuchte, mich wieder zu beruhigen. Schließlich hatte ich schon mehr getan, als ich je gedacht hätte. Ich entschuldigte mich bei ihr unter Tränen, dass ich nicht noch mehr für sie hatte tun können. Dann nahm ich das Laken wieder weg. Es half sofort.

Sie sah immer noch stolz aus. Mutig. Gefasst. Und fast gelassen. Ich setzte mich wieder neben sie und beschloss, noch eine Weile zu bleiben. Eigentlich hätte ich auf die Station gemusst, um die Formalitäten zu regeln. Aber in diesem Moment wollte ich einfach nur bei meiner Mutter bleiben.

Wie absurd, fiel mir auf: Ich hatte immer schon gerne einfach neben ihr gesessen. Sie hatte eine ansteckende Ruhe ausgestrahlt, Zufriedenheit, Zuversicht – außer in ihren verwirrten Momenten zum Schluss. Wie war es möglich, dass sie das immer noch tat, obwohl sie tot war? Ich wäre am liebsten ewig dort sitzen geblieben.

Ich fing an, mich wohlzufühlen, und schrieb ein paar letzte Worte für sie in das Tagebuch. Dann schaute ich sie noch einmal an. Und wenn die Ärzte sich doch geirrt hatten und sie noch lebte? Der Ast steckte immer noch in ihrem Hals, ein paar Pflaster waren dazugekommen und ein Beatmungsschlauch im Mund. Die eine Körperhälfte wirkte nicht mehr lebendig, aber die andere? Ich hatte den Eindruck, da war noch etwas. Als wäre ihr Körper gestorben, aber sie wäre nicht ganz weg.

Ich setzte mich noch mal neben sie, weinte ein bisschen – und dann spürte ich auf einmal einen Eindruck von Stärke in meinem Bauch. Ich schaute meine Mutter an und hatte plötzlich das Gefühl, als ginge diese Stärke von ihr aus. Sie schien direkt aus ihrem Bauch zu kommen und auf mich überzugehen. Ich fühlte mich sofort besser.

Was für eine Leistung, dachte ich bewundernd. Meine Mutter ist tot, aber sie gibt mir noch einmal ihre letzte Kraft. Wie schwierig muss das sein, wenn man tot ist?

Ich war jetzt beruhigt und konnte mich von ihr verabschieden. Eine Stunde lang hatte ich bei ihr gesessen und war froh, dass man mich in Ruhe mit ihr gelassen hatte. Froh, dass ich nicht aus Angst sofort wieder abgehauen war oder sie gar nicht mehr besucht hatte. Wie gut, dass ich mich getraut hatte. Ich war reich beschenkt worden.

Auf der Station holte mich der Krankenhausalltag wieder ein: Niemand wollte mit mir sprechen. Ich musste laut und ungehalten werden, bis endlich jemand begriff, dass in der Nacht meine Mutter dort gestorben war und sich jetzt jemand darum kümmern musste. Endlich kam ein Pfleger und setzte mich in einen Aufenthaltsraum zu anderen Angehörigen. Er würde gleich kommen und mir ihre Sachen bringen. Sein herzliches Beileid.

Ich setzte mich hin, und der Mann am Tisch fragte, wie es meiner Mutter gehe. Als ich ihm sagte, dass sie in der Nacht gestorben sei, war er völlig perplex. Er hatte noch am Vortag mit ihr zusammen im Zimmer gelegen. Sie hatte ihm fröhlich vorgesungen.

Der Pfleger übergab mir ihre Sachen in einer großen Plastiktüte, inklusive Kuscheldecke und Plüschtier, einem Glücksschweinchen. Das hatte sie immer dabei, damit sie etwas zum Greifen hatte und sich ein bisschen mehr zu Hause fühlte in den unzähligen Krankenzimmern, in denen sie gewesen war. Als er mir ihre Brille überreichte, musste ich schwer schlucken. Nichts stand so sehr für meine Mutter wie ihre schwarze Brille. Sie würde sie nie wieder tragen.

Ich hätte nun gehen sollen, aber ich machte mich noch auf die Suche nach der Stationsärztin. Irgendjemand sollte mir sagen, was vorgefallen war. So einfach würde ich mich nicht abspeisen lassen. Und tatsächlich saß die Ärztin in ihrem Zimmer. Sie bat mich gleich rein und sagte: »Ich habe keine Ahnung, was da passiert ist.« Wenigstens war sie ehrlich.

Wir hatten vorher schon gut über meine Mutter sprechen können, und wir taten es jetzt wieder. Ziemlich lange. Am Ende waren wir uns einig, dass meine Mutter obduziert werden sollte. Sie würde der Kriminalpolizei Bescheid sagen. Sie persönlich wäre zwar gegen eine Verlegung auf die Normalstation gewesen, aber am Vorabend nicht da gewesen – und es habe auch nichts Erhebliches gegen die Entscheidung der Kollegen gesprochen. Die Lungenentzündung war schon ausgeheilt. Sie wüssten nun gar nicht, was sie als Todesursache angeben sollten. Erst Monate später sollte ich die Begründung für ihren plötzlichen Tod im Obduktionsbericht lesen: Meine Mutter habe ein viel zu großes Herz gehabt. Da habe einfach jederzeit etwas passieren können.

Ich fuhr wieder nach Hause und traf mich mit Francesca. Sie versuchte, mich nach Kräften aufzumuntern, aber ich war wie im Nebel. Meine Mutter würde nie wieder nach Hause kommen, das war auf eine Weise unbegreiflich nach dieser langen Zeit des Pflegens. Auf der anderen Seite war ich nun auf einen Schlag alle damit verbundenen Probleme los. Auch die Verantwortung. Ich fühlte mich schwindelig. Am Abend weinte ich mich in den Schlaf.

Am nächsten Morgen wachte ich lachend auf. Ich muss irgendetwas sehr Schönes geträumt haben. Und dann passierte das Unglaubliche: Meine Mutter tauchte vor mir auf. Es war wie im Traum, ich sah nur ihr Gesicht. Aber dieses Gesicht war das glücklichste, das ich je gesehen hatte. Sie lächelte mich an und strahlte wie ein Kind. Als könnte sie selbst gar nicht glauben, wie toll jetzt alles sei.

Es dauerte vielleicht ein, zwei Minuten, dann schlief ich wieder ein. Als ich beim nächsten Mal erwachte, wusste ich, dass es meiner Mutter jetzt sehr, sehr gut ging. Ich war wie neugeboren.

In den folgenden Tagen hätte mich niemand sehen dürfen, der mich kannte und wusste, dass meine Mutter gerade gestorben war. Man hätte mich für total durchgeknallt gehalten. Ich tänzelte pfeifend und singend durch die Stadt, machte Besorgungen und freute mich des Lebens. Ich war wie befreit von einer schweren Last.

Aber es war nicht die Last der Pflege. Ich habe meine Mutter immer gerne gepflegt. Es war die Angst um meine Mutter, die ich so viele Jahre hatte und nun nicht mehr haben musste.

Meine Mutter hatte sich von mir verabschiedet, was für ein Glück! Mehr noch: Ich hatte gesehen, wie gut es ihr nun ging. Dass ich mir keinerlei Sorgen mehr um sie machen musste. Und dass ich mich nun wieder um mich selbst kümmern konnte. Weil sie in Sicherheit war. Ich schwebte drei Meter über dem Boden.

Niemals hätte ich gedacht, dass ich den Tod meiner Mutter so gut überwinden würde. Und so schnell. Einige hatten sich Sorgen gemacht, dass ich danach in ein tiefes Loch fallen würde, gerade weil ich mich so lange um sie gekümmert hatte. Und wie stark mir der Tod meines Bruders zugesetzt hatte.

Ganz im Gegenteil ging es mir jetzt ganz ausgezeichnet. Nicht einmal die vielen Formalien für die Bestattung machten mir noch viel aus. Ich suchte eine besonders schöne Urne für sie aus. Außerdem sollte sie bei meinem Bruder bestattet werden, ihm wieder nahe sein. So hätte sie es sich gewünscht.

Es kostete viel Mühe, den Bestatter davon zu überzeugen, dass ich die Urne mit nach Hause nehmen durfte, um sie später selbst zu überführen. Aber irgendwann war es geschafft, und ich konnte die Asche meiner Mutter auf mein Fensterbrett stellen, bevor ich sie ein paar Wochen später zum Friedhof brachte. Genau an die Stelle, wo sie immer aus dem Fenster geblickt hatte. Ich war sehr froh, sie noch einmal bei mir zu haben. Immer wenn ich in ihre Richtung schaute, wurde mir warm ums Herz.

Was kommt nach dem Tod?

Es blieb nicht alles eitel Sonnenschein. Den Tod meiner Mutter konnte ich gut überwinden, aber die Umstände der Bürokratie blieben dieselben. Unzählige Rechnungen trudelten bei mir ein. Jedes Krankenhaus, in dem sie in den letzten Monaten in Behandlung gewesen war, wollte jetzt dringend sein Geld haben. Die Betreuerin war aber nicht mehr zuständig und ich auch nicht. Mit dem Tod endet automatisch die gesetzliche Betreuung.

Weil ich aufgrund der horrenden Kosten das Erbe ausschlagen musste, konnte ich auch nicht anstelle der Anwältin mit der Kasse abrechnen. Ich war nun rechtlich komplett raus aus der Sache. Trotzdem bekam ich die Rechnungen. Und die Mahnungen. Und die Vollstreckungsankündigungen. Und das, obwohl ich allen Rechnungsstellern, es waren genau zweiunddreißig, die Summen zwischen dreiundzwanzig Euro und siebenundzwanzigtausend Euro verlangten, sofort geschrieben hatte, dass meine Mutter gestorben und ich nicht mehr zuständig sei, sondern das Betreuungsgericht.

Weil das niemanden interessierte, beantragte ich bei Gericht, das sich jemand darum kümmern müsse. Es wurde eine Nachlassverwalterin bestellt, wieder eine Anwältin. Ich bot ihr meine Hilfe an, auch weil ständig weiter Rechnungen kamen. Und ich die Einzige war, die wusste, welche davon berechtigt waren und welche nicht.

Sie lud mich zu sich ein. Als ich ihr die Rechnungen und die Umstände erläuterte, wurde ihre Laune immer schlechter. Am Ende sagte sie vorwurfsvoll: »Schlimmer geht es ja wohl nicht!« Ich nehme an, sie meinte, dass sie jetzt so viel Arbeit damit habe.

Der Bestatter war zunächst entgegenkommend. Doch schon eine Woche nach der Beerdigung schickte er mir seine Rechnung und hatte sie – nach nur einer weiteren Woche – bereits an ein Inkassounternehmen verkauft. Das meldete sich dann alle paar Tage bei mir auf dem Handy und verklagte mich anschließend auf Zahlung der Beerdigungs- und Anwaltskosten.

Ich bin trotz allem sehr froh, meine Mutter gepflegt zu haben. Ich würde es jederzeit wieder machen. Schon allein das Bild, das ich von ihr hatte, am Morgen nach ihrem Tod, hat mich für alles entschädigt.

Und auch die vielen schönen Momente mit ihr, die ich sonst niemals gehabt hätte, unsere ganz besonders enge Bindung, ihre Freude, ihr Lächeln, ihre ungebrochene Stärke, ihre Zuversicht, ihre Lebensfreude und ihr Mut haben mir so viel Kraft gegeben und so viel Bewunderung abgerungen, dass ich niemals anders hätte handeln können.

Ich musste meine Mutter pflegen. Anders wäre es nicht gegangen. Anderswo hätte es auch nicht funktioniert. Es gab für meine Mutter keinen anderen Platz auf der Welt als bei uns zu Hause.

Inzwischen ist ihr Platz ein anderer, aber ich kann gut damit leben. Für mich ist sie nicht weg. Das macht mich fröhlich und zufrieden.

Früher war ich ein reiner Stadtmensch. Berge oder Bäume konnten mir gestohlen bleiben. Für mich war stattdessen Architektur erbaulich, Design oder Kunst. Von Menschen erschaffene Ästhetik erschien mir wesentlich interessanter als die Natur. Natürlich galt es, sie zu schützen, aber ich empfand keine persönliche Bereicherung dadurch, an einem See zu sitzen oder Pflanzen zu betrachten. Seit dem Tod meiner Mutter nehme ich die Natur ganz anders wahr. Sie ist für mich präsenter, und sie beruhigt mich. Weil ich mich des Eindrucks nicht erwehren kann, dass meine Mutter darin wohnt. Das ist ziemlich tröstlich.

Ein paar Wochen nach ihrem Tod blickte ich beiläufig aus dem Fenster – und sah plötzlich ein wahres Blütenmeer. Eine beachtliche Menge hellrosa Blüten wehte vorbei. Ich öffnete das Fenster und blickte auf die Straße. Unten waren Radfahrer stehen geblieben und schauten ungläubig gen Himmel. Denn nirgendwo war ein dazugehöriger Kirschblütenbaum zu sehen. Und auch keine Konfettikanone. Ich musste lächeln. Und ich hatte den Eindruck, meine Mutter lächelte zurück.

KAPITEL 14
Wer beurteilt Lebensqualität?

Ich bin kein Freund von Patientenverfügungen.

Viele malen sich Schreckensszenarien aus, wie sie einmal nach einem Unfall oder schwerer Krankheit an Schläuchen hängen und nur noch von Maschinen am Leben erhalten würden – gegen ihren Willen. Nicht mehr für sich selbst entscheiden zu können, ist für viele in unserer individualistischen Gesellschaft heutzutage das Schlimmste, was sie sich vorstellen können. Sie denken, einmal ihrer Autonomie beraubt, wäre das Leben für sie automatisch nicht mehr lebenswert und müsse dringend beendet werden.

Ich kann anderes berichten.

Meine Mutter war selbst so ein Fall. Vor ihrer plötzlichen Erkrankung hätte sie bestimmt gesagt: Schaltet bloß alles ab, wenn ich mal nicht mehr für mich entscheiden kann. Wir haben nie darüber gesprochen, aber sie war der Typ Mensch, dem Autonomie extrem wichtig ist. Doch nach dem Schlaganfall war das anders. Nach einer Orientierungsphase, in der sie vermutlich selbst erst mal nicht wusste, wo unten und oben war und ob es ein Morgen gab, war ihr Lebenswille schnell wieder voll da.

Sie konnte sich zwar nicht mehr auf die übliche Weise

äußern, aber sie machte mit Händen und Füßen und ihrem Gesichtsausdruck ihren Willen klar und scheuchte uns alle ganz schön herum. Vom Sterben war – von Anfang an bis kurz vor Schluss – keine Rede, im Gegenteil. Sie wollte dies und das sehr gerne (die Katze streicheln, neue Kleider, Krimis sehen), anderes bloß nicht (Wasser trinken, früh schlafen, Zähneputzen) und führte ansonsten ein zufriedenes Leben zu Hause, wo sie sich sehr wohlfühlte.

Bestimmt hätte sie sich so ein Leben früher nicht vorstellen können. Aber nun war sie doch glücklich, manchmal sogar glücklicher als früher. Meine Freundin Nora formulierte das einmal so: »Sie scheint extrem froh zu sein, dem Tod noch mal so knapp von der Schippe gesprungen zu sein.«

Auch das kann Lebensqualität bieten – und zwar eine ganz andere als die, die man vorher kannte.

Früher hätte meine Mutter Selbstbestimmung als Glück empfunden, die Freiheit, zu tun und zu lassen, was sie wollte, außerdem einen schönen Urlaub in ihrem Ferienhaus, viele Wählerstimmen für ihre Partei oder einen langen Abend mit ihren Freundinnen. All das konnte sie jetzt nicht mehr erleben.

Aber sie konnte sich auf andere Dinge konzentrieren, die sie auch glücklich machten: ein leckeres Brot, belegt mit ihren Lieblingszutaten, getrüffelter Salami oder Stinkekäse. Die Katze, die auf ihrem Bauch lag, stundenlang schnurrte und sie verliebt aus schrägen Augen anblinzelte. Ein spannender Boxkampf im TV. Ein Besuch meines Bruders nach längerer Abwesenheit. Ein Ausflug in die Stadt, ein kleines Geschenk, die ersten Sonnenstrahlen im Freien nach einem zugigen Winter. Niemand konnte sich über Kleinigkeiten so sehr freuen wie meine Mutter.

Deshalb machte es auch mir so viel Spaß, ihr immer wieder kleine Freuden zu bereiten. Ein Ausflug ins Café, ein Blumenstrauß oder ein Eis – und schon war sie tagelang glücklich. Deshalb konzentrierte ich mich darauf, ihr mit den kleinen Dingen des Alltags das Leben zu versüßen, das war für uns beide eine Art Sport. Ich bin mir sicher: Auch das hat ihr Leben verlängert.

Es war vor allem ihre Entscheidung, sich über Kleinigkeiten zu freuen. Die großen Dinge konnte sie nun nicht mehr erleben, stattdessen konzentrierte sie sich auf das, was ihr noch möglich war. Es war eine Entscheidung für das Leben, für die Freude, für das Glück, überhaupt noch am Leben zu sein. Und es war auch eine Entscheidung für den Genuss.

Die Krankheit hat ihr diesen Willen nicht genommen. Das ist ein großes Glück gewesen, auch für mich. Auch deshalb war die Pflege meiner Mutter für mich eine sehr schöne Zeit. Ihr Lebensmut und ihre Begeisterungsfähigkeit und ihre – meist – gute Laune wogen die ganzen schrecklichen Erlebnisse auf, die wir mit Einrichtungen, Behörden und der Krankenkasse hatten.

Eigentlich stellt man sich das genau andersherum vor: Man denkt, die Pflege eines kranken Menschen sei das Problem, nicht das Umfeld oder die Organisation. Auch deshalb schreibe ich dieses Buch, um solche Vorurteile zu widerlegen.

Es sind die Umstände, die viele Leute zu einer schlechten Pflege und zu einem trübsinnigen Lebensabend zwingen, obwohl es ganz anders möglich wäre. Es ist unverantwortlich, wie der Lebensmut alter und kranker Menschen in Deutschland durch Bürokratie und falsche Politik zerstört wird, wie auch Angehörige dadurch krank gemacht und erniedrigt werden. Die Würde des Menschen wird ausgerechnet in seiner schwersten Stunde angetastet. Ein unhaltbarer Zustand.

Es ist eben nicht so, dass die Würde eines Menschen automatisch stirbt, sobald er seinen Willen nicht mehr äußern kann oder sein Leben von erheblichen Anstrengungen abhängt. Gerade dann entscheidet sich, wie wir mit der Würde umgehen, ob wir sie mit Füßen treten oder auch in schwierigen Momenten bewahren können.

Pfleger waren oft erstaunt, mit welcher Würde meine Mutter ihre Krankheit und ihr Schicksal meisterte. Diese Würde nicht zu verlieren, war zu einem großen Teil ihre eigene Entscheidung und Ausdruck ihrer starken Psyche und ihres Lebenswillens. Aber es war auch harte Arbeit von meiner Seite, weil ich gegen viele Widerstände dafür sorgen musste, dass ihre Würde unter der Pflege nicht beschädigt wurde.

Für den Erhalt dieser Würde müssen wir kämpfen, alle gemeinsam. Es kann nicht sein, dass die Schwächsten unter uns lieber sterben wollen, als in dieser Gesellschaft auf Pflege angewiesen zu sein.

Die Lösung kann nicht sein, vor den Umständen der Pflege in den Tod zu fliehen. Wir müssen stattdessen die Pflege dringend verbessern. Sie muss menschlicher, zugewandter, näher am Patienten sein. Und auch an dessen

Angehörigen. Sie muss unbürokratischer und auch billiger werden. Das alles ist möglich. Aber es erfordert eine komplette Umorganisation. Die von der Politik nicht kommen wird – solange wir uns nicht endlich gegen diese menschenunwürdigen Zustände in der Pflege wehren. Es liegt auch an uns.

Bis dahin kann es nicht die Lösung sein, sich aus dem Staub zu machen, sobald der Pflegefall eintritt. Weder für den Patienten noch für die Angehörigen. Natürlich gibt es auch Fälle, in denen jede Hoffnung verloren oder es zumindest extrem schwierig zu werden scheint. Etwa wenn ein Patient hirntot ist, im Wachkoma liegt, nur durch Maschinen am Leben dauerhaft erhalten werden kann oder über seine Erkrankung so unglücklich ist, dass er nicht mehr leben will. Aber auch diese Fälle wollen gut überlegt sein. Es kommt immer wieder vor, dass jemand doch aus dem Koma erwacht, viele seiner Fähigkeiten zurückerlangt oder – wie im Fall meiner Mutter – sich mit seiner schweren Erkrankung so gut abfindet, dass er noch ein langes und glückliches Leben führen kann. Man kann so etwas auch bei einem Notfall nie ganz ausschließen.

Ich will aber vor allem dafür plädieren, den Blick auf die Pflegebedürftigkeit zu verändern, auf Krankheit und Alter. Wer gesund ist, schiebt diese Themenfelder meist ganz weit weg und möchte sie im Zweifel mit einer Patientenverfügung ausschließen. Auch weil zu wenig darüber bekannt ist und wir als Gesellschaft uns einig sind, diese Themen zu meiden. Weil wir Angst davor haben.

Ich möchte behaupten: Diese Angst ist unnötig. Wir müssen weniger Angst vor Krankheit und Alter haben als vielmehr vor unserem eigenen Umgang damit. Erst dieser macht die letzte Phase unseres Lebens so schwierig, dass viele sie am liebsten meiden würden. Aber unseren Umgang mit Krankheit, Alter und Pflege können wir ändern. Und auch unseren Blick darauf. Doch dafür müssten wir erst mal hinschauen. Um zu erkennen, was die wahren Probleme sind. Welche wir uns nur einbilden. Und welche Probleme hausgemacht sind, gerade weil wir uns mit Grauen abwenden.

Dabei kann es sehr entspannend sein, all das, wonach wir im Leben streben, hinter uns zu lassen: Geldvermehrung, Machtgewinn, Liebesbeziehungen, Erfolg im Beruf. Was wir uns gegenseitig einreden, unbedingt haben zu müssen, vermissen längst nicht alle, wenn es nicht mehr da ist. Spätestens im Alter müssen wir nicht mehr danach streben, uns nicht mehr anstrengen, der Beste, Schnellste, Schönste und Effizienteste zu sein. Wir können uns dann selbst erlauben, zufrieden zu sein mit dem, was wir geleistet, erreicht und erarbeitet haben, wir können auf ein Leben voller Erfahrungen zurückblicken, die wir dann nicht mehr machen müssen.

Das kann extrem erleichternd sein. Man kann sich dann wieder um die kleinen Dinge kümmern, die einem noch bleiben. Das muss kein Rückschritt sein, sondern es kann ein Zugewinn von Lebensqualität sein, aus dem Hamsterrad auszusteigen. Was viele Menschen sich schon in mittleren Jahren wünschen, ist im Alter der natürliche Gang der Dinge. Die Voraussetzung aber, dass Sie das auch genießen können, ist: Sie müssen Ihrem Ende ins Auge sehen. Und akzeptieren, dass auch Sie einmal sterben werden, dass es unausweichlich ist. Und dass das zu seiner Zeit wahrscheinlich auch in Ordnung ist. Erst dann werden Sie so richtig genießen können, Dinge zum letzten Mal zu tun.

Wenn Sie also Ihre Patientenverfügung schreiben wollen: Schauen Sie genau hin, denken Sie genau nach. Was genau wäre für Sie unerträglich? Würden Sie wirklich nicht mehr leben wollen, wenn ein Hauptorgan ohne mechanische Hilfe nicht mehr lebensfähig wäre? Ein Herzschrittmacher ist heute medizinisch keine große Sache mehr. Wenn Sie nicht mehr zu Meinungsäußerungen fähig wären, würden Sie dann lieber sterben wollen? Wenn Ihnen Gliedmaßen amputiert werden müssten, würde dann Ihr Lebensmut schwinden? Ich kenne eine ältere Dame, die vor lauter Angst vor dem Abnehmen eines Zehs verstarb – auf der anderen Seite gibt es Rollstuhlfahrer, die munter sportliche Weltrekorde aufstellen.

Viele Ärzte sagen, dass ihnen Patientenverfügungen im Notfall oft gar nichts nützen, weil sie falsch formuliert sind. Wer etwa schreibt: »Ich möchte nicht an Geräte angeschlossen werden«, wird im Notfall natürlich trotzdem versorgt. Weil schon ein Blutdruckmessgerät ein Gerät ist, genau wie eine Maschine zur vorübergehenden Unterstützung der Lunge bei einer Lungenentzündung. Die Ärzte lassen Sie dann nicht sterben – obwohl Sie es in Ihrer Patientenverfügung so geschrieben haben. Aus Unwissenheit über die Vielfalt an Fällen, die eintreten können. Sprechen Sie darüber vorher mindestens mit einem Arzt.

Für wichtiger als eine Patientenverfügung halte ich eine Vorsorgevollmacht. Suchen Sie sich einen Menschen, dem Sie wirklich vertrauen können. Der, falls Sie es einmal nicht mehr können, in Ihrem Sinne handeln wird. Sprechen Sie mit ihm darüber, was Sie wollen und was Sie nicht wollen, und legen Sie das schriftlich fest. Sie können es auch notariell beglaubigen lassen, vor allem, wenn es um Besitzstände geht. Und geben Sie ihm dann eine Vollmacht, damit er die Dinge so regeln kann, wie Sie es besprochen haben. Das kann sehr beruhigend sein. Und es hat den Vorteil, dass wir alle mehr darüber sprechen. Wie wir leben und wie wir sterben wollen. Das geht uns alle direkt an. Wir sollten diese lebenswichtigen Entscheidungen nicht in die Hände uns unbekannter Ärzte legen, die damit obendrein oft genug überfordert sind. Wer wäre das nicht?

Ich rate aber dringend dazu, eine solche Vollmacht nicht erst im Alter auszusprechen. Es sind mittlerweile viele Betrüger unterwegs, die ältere Mitbürger um ihr Erspartes bringen wollen und sich zu diesem Zwecke deren Vertrauen erschleichen, teils über Jahre hinweg. Vom Enkeltrick über Pfleger, die die Umstände ausnutzen wollen, bis zu Liebesschwindlern im Internet: Immer mehr Kriminelle machen sich die schwindende Geschäftstüchtigkeit alter Menschen zunutze und nehmen sie aus wie eine Weihnachtsgans. Denn in dieser Generation ist noch viel Geld zu holen. Nicht auszudenken, Sie würden einem Betrüger Ihr Vertrauen schenken und eine Vollmacht ausstellen, mit der er sogar noch mehr Macht über Sie hat als ein gesetzlicher Betreuer.

Vorsorgevollmacht und gesetzliche Betreuung schließen sich übrigens gegenseitig aus. Es geht nur das eine oder das andere. Sie können auch im Vorhinein jemanden bitten, später zu Ihrem gesetzlichen Betreuer zu werden. Allerdings hat das letzte Wort darüber im Ernstfall das Betreuungsgericht. Ganz anders als bei der Vorsorgevollmacht. In jedem Fall sollte, wer eins von beidem anstrebt, sich vorher beim Anwalt gründlich beraten lassen.

Deshalb sollten Sie sich rechtzeitig um diese Dinge kümmern, auch wenn sich nicht alles planen lässt, solange Sie geistig noch bei vollem Bewusstsein sind und verlässliche Beziehungen aufbauen können. Es ist nie zu früh, sich um seinen eigenen Tod zu kümmern. Genau genommen beginnt er, sobald wir auf die Welt kommen. Wenn sich immer mehr Menschen für diese Wahrheiten öffnen, können wir auch als Gesellschaft viel offener und lösungsorientierter über diese Dinge reden und bessere Antworten erarbeiten. Und die Politik kann dann nicht länger die Augen vor dem Elend verschließen, das derzeit in der Alten- und Krankenpflege herrscht. Wir müssen das Sterben endlich wieder als grundlegenden Teil des Lebens verstehen, damit es menschenwürdig ablaufen kann. Wir sollten das Altern und Sterben, so gut es geht, selbst gestalten. Ansonsten tun das andere für uns, und das ist oft nicht in unserem Sinne.

Wer sich mit dem Thema beschäftigt, dem wird außerdem klar, dass die meisten Menschen nicht so sterben, wie sie es sich wünschen: nach einem langen erfüllten Leben nachts gesund einzuschlafen und morgens nicht mehr aufzuwachen. Dem wird klar, dass die Pflege zum Leben dazugehört, ob sie nun ein paar Stunden oder Tage dauert oder Jahrzehnte einnimmt. Und dass man trotz Pflege ein lebenswertes Dasein führen kann. Wenn die Rahmenbedingungen stimmen.

Ich hoffe, dass ich – trotz all der Schilderungen dessen, was in der Pflege schrecklich schiefläuft – auch den Blick weiten konnte für die guten Seiten der Pflege. Darauf, was im Alter und auch bei schwerer Krankheit alles noch möglich ist. Wenn man es als Chance begreift und positiv gestaltet. Und wie bereichernd eine solche Lebensphase sein kann – gerade trotz ihrer Schwierigkeiten. Ohne den unbändigen Lebensmut meiner Mutter hätte ich das alles nicht gekonnt. Sie war sehr bewundernswert. Die meisten Menschen, die ich kenne, sind unglücklicher als meine Mutter in ihren letzten Jahren. Hüten Sie sich also davor, ein Leben als unwert zu erachten. Derjenige könnte glücklicher sein als Sie selbst.

KAPITEL 15
Was ich gerne vorher gewusst hätte: Tipps und Tricks

Das Informationsangebot über die Leistungen und Hilfen in der Pflege ist völlig unzureichend.

Erschwerend kommt hinzu, dass das deutsche Pflegesystem und die Rechtslage auch im Gesundheits- und Sozialsystem so komplex sind, dass kaum jemand wirklich durchblickt.

Ich vermute, dass dies mit ein Grund ist, warum es die Politik nicht geschafft hat, die versprochenen Pflegestützpunkte bundesweit und flächendeckend einzuführen – obwohl sie sich 2008 selbst dazu verpflichtet hat.

Denn dazu müsste es Berater geben, die sich auskennen und auch im Einzelfall unterstützen können. Weil sich aber viele Vorschriften und Umstände im Pflegerecht teilweise sogar gegenseitig behindern, haben wir die unhaltbare Situation, dass sich jeder Betroffene erst einmal selbst durch das Dickicht kämpfen muss. Das wird sich wohl erst ändern, wenn das Pflegesystem von Grund auf erneuert und vereinfacht wird. Bis dahin rate ich zu den folgenden Schritten.

Vor der Pflege

1. Sprechen Sie mit Ihren Angehörigen über eine mögliche Pflege. Die einen sind dafür offen und haben schon eigene Vorstellungen. Andere haben schreckliche Angst davor. Deshalb sollte man niemanden mit dem Thema überfallen. Aber eine grundsätzliche Richtung, ob jemand sich ein Heim vorstellen könnte oder gar nicht, kristallisiert sich meist schnell heraus. Auch Sie selbst können überlegen, ob und wie Sie sich eine Pflege zu Hause vorstellen oder organisieren können oder nicht. Es geht erst mal nur darum, sich mit dem Thema grundsätzlich zu beschäftigen. Dann werden Sie von einem plötzlichen Krankheitsfall nicht ganz so überrascht. Und falls nichts passiert: auch gut. Dann können Sie und Ihre Liebsten die Anregung dazu nutzen, den Rest Ihres Lebens bewusster zu gestalten. Sterben müssen wir schließlich alle irgendwann.

2. Es gibt zahlreiche private Zusatzversicherungen, die damit werben, die Pflege im Alter zu erleichtern. Doch so einfach ist es nicht. Den staatlich bezuschussten »Pflege-Bahr« etwa hält die Stiftung Warentest für »nicht empfehlenswert«. Denn die relativ hohen Beiträge müssen im Falle einer Pflegebedürftigkeit weitergezahlt werden, und bei Mittellosigkeit zieht das Sozialamt die Leistungen von der Grundsicherung ab. Andere Versicherungen lehnen Patienten mit chronischen Krankheiten ab. Alte werden sowieso kaum aufgenommen. Auch jungen Menschen wird abgeraten, weil sich die lange Einzahlzeit nicht rentiere. Nur wer Mitte fünfzig, gut bei Kasse und gesund ist, könne sich

lohnende Angebote erhoffen. Allerdings sollten Sie dann schon wissen, ob Sie sich zu Hause oder im Heim pflegen lassen möchten, denn je nach Police lohnen sich die Angebote nur für das eine oder das andere. Man kann übrigens auch zu reich sein für eine Pflegezusatzversicherung. Erste Infos: www.test.de.

Im Pflegefall

1. Kurzzeitpflege, Verhinderungspflege, Pflegezeit: Es gibt zahlreiche Angebote, die für uns alle nicht nutzbar waren. Aber jeder Fall ist anders. Vielleicht hilft Ihnen eines davon. Was es genau gibt, darüber informieren die Homepages des Bundesgesundheitsministeriums und der Verbraucherzentrale. Naturgemäß treten bei der Lektüre Fragen auf. Das Ministerium bietet dazu ein »Pflegetelefon« an (Tel. 030/20179131). Bei den Pflegekassen gibt es ein verbrieftes Recht auf individuelle Fallberatung. Am ehesten empfehle ich aber Selbsthilfegruppen pflegender Angehöriger für einen regelmäßigen Austausch, denn die sind naturgemäß unabhängiger und kennen die Probleme. Wenn Sie jemanden kennen, der pflegt: Fragen Sie ihn! Sie können aber auch einfach zum Rathaus gehen und sich dort passende Ansprechpartner nennen lassen für einen ersten Überblick. Der Hausarzt ist ebenfalls ein erster Ansprechpartner.

2. Über Pflege-Infoseiten im Netz sollten Sie wissen, dass die meisten privat sind und eigene Angebote verkaufen wol-

len. Das im Hinterkopf, können Sie sich über viele Einzelkomponenten wie Betreuungsvollmachten oder Erholungsmöglichkeiten dort aber einen ersten Überblick verschaffen, Infos sammeln und sich dann individuell woanders beraten lassen.

3. Ich rate allen pflegenden Angehörigen, eine gute Rechtsberatung in Anspruch zu nehmen. Um sich angemessen über die Rechtslage in Kenntnis setzen zu lassen. Am besten gleich beim Fachanwalt. Ich habe zu Beginn eine umfassende Rechtsschutzversicherung abgeschlossen, um mich abzusichern. Lesen Sie vor Abschluss das Kleingedruckte, damit nicht genau die Leistungen, die Sie vielleicht brauchen werden, ausgeschlossen werden. Es wird Ihnen niemand etwas schenken. Seien Sie darauf gefasst, dass Sie um viele Ihrer Rechte kämpfen müssen, von denen Sie anfangs denken, sie seien selbstverständlich. Ein Anwalt kann Sie auch über die Rechte aufklären, die Sie noch gar nicht kennen. Angehörige sind in der Pflege nicht unbedingt gut gestellt. Umso wichtiger, dass Sie Ihre wenigen Vorteile wirklich nutzen.

4. Scheuen Sie sich nicht davor, diese Rechte auch durchzusetzen. Wenn nötig, wieder mithilfe des Anwalts. Es macht einen Unterschied, ob Sie sich selbst bei einer Behörde beschweren oder ein Fachanwalt.

5. Spannen Sie weitere Familienangehörige für die Pflege ein. Sie können nicht alles selbst machen. Nutzen Sie die individuellen Fähigkeiten jedes einzelnen und fordern Sie sie

ein. Sonst kann sich der Rest der Familie bald auch noch um Sie kümmern. Machen Sie anderen das klar. Wenn Sie keine weiteren Angehörigen haben: Nutzen Sie Ihr Netzwerk aus Freunden und Nachbarn. Sie müssen niemanden schonen. Pflege geht uns alle an. Der eine oder andere wird Ihnen vielleicht einmal dankbar sein, wenn er dank Ihnen Kenntnisse und Fertigkeiten ausbildet, die er später für die Pflege seiner eigenen Angehörigen nutzen kann. Wenn niemand helfen will oder kann: Besuchen Sie Selbsthilfegruppen. Einige bieten ein Hilfsnetzwerk an. In Gesprächsrunden können Sie auch ungehindert über die Zustände klagen, anstatt Ihr Umfeld damit über Gebühr zu belasten. Allerdings: Wenn sich ein Freund von Ihnen abwendet, anstatt Ihnen beizustehen, dann war er kein richtiger Freund.

Seien Sie aber nicht zu streng mit Ihrem Umfeld. Manche brauchen Zeit, um sich an die neue Situation zu gewöhnen. Ich hatte Freunde, die nur ganz am Anfang und dann wieder ganz am Ende für mich da waren. Nichts für die Langstrecke. Aber trotzdem hilfreich – auf ihre Art.

6. Der vielleicht wichtigste Rat: Sparen Sie sich Ihre Kräfte für Ihre zu pflegenden Angehörigen auf – und für sich selbst. Es lohnt sich nicht, sich an den Umständen abzukämpfen. Das sollte lieber ein Fachmann für Sie tun – oder ein Angehöriger, der sich gut damit auskennt, oder ein Freund oder Bekannter. Die Pflege und der Kampf um Pflegemittel sind zu viel für einen allein. Delegieren Sie diese Aufgaben an vertrauenswürdige Menschen, wo immer es geht. Halten Sie sich den Rücken frei für Ihre eigentlichen Aufgaben. Lassen Sie nicht zu, dass Sie mit organisatorischen Aufgaben zuge-

schüttet werden, wenn Sie eigentlich »nur« pflegen wollen. Pflegen allein ist Aufgabe genug. Andersrum gilt genauso: Wenn Sie gut mit Behörden klarkommen, sich aber vor der Pflege selbst fürchten, dann machen Sie genau das, was Sie gut können. Und organisieren sie die Pflege durch andere. Jeder Fall ist anders.

7. Informieren Sie sich umfassend über die Krankheit Ihres Angehörigen. Die behandelnden Ärzte liegen nicht immer richtig. Je besser Sie selbst Bescheid wissen, desto weniger hilflos fühlen Sie sich. Außerdem kennen Sie Ihren Angehörigen am besten und können alleine durch Ihre Zuwendung schon sehr viel ausrichten.

8. Behalten Sie Ihre Motivation im Auge. Warum pflegen Sie Ihren Angehörigen? Das gerät leicht aus dem Blickfeld bei all den Anforderungen, die einem die Pflege und vor allem die Organisation der Pflege abverlangen. Wenn der Grund Liebe ist, dann zelebrieren Sie diese Liebe. Wenn der Grund Angst vor den Zuständen im Heim oder Ähnliches ist, dann freuen Sie sich, dass Sie zu Hause mit Ihren Angehörigen sicher sind – und selbst die Zügel in der Hand haben. Vielleicht fallen Ihnen weitere Gründe ein. Rufen Sie sich diese ins Gedächtnis, wenn mal wieder alles zu viel wird. Bestimmt geht es Ihnen dann besser.

9. Die Haltung macht den Unterschied: Sehen Sie Ihren Angehörigen nicht nur als Kranken oder als Problem, sondern als vollständigen Menschen. Wenn jemandem das gut gelingt, dann Ihnen! Sie kennen Ihre Liebsten von früher, wie

sie waren und sein wollten. Fördern Sie die positiven Seiten, dann fallen Ihnen die negativen nicht mehr so schwer. Sehen Sie die Pflege als Projekt – oder als Abenteuer. Oder stellen Sie sich vor, der Angehörige wäre Ihr Kind. Was ist an der Pflege eines Alten schlechter als an der eines Kindes?

10. Stabilisieren Sie sich selbst! Weder Sie noch Ihr Angehöriger haben etwas davon, wenn Sie selbst zum Pflegefall werden. Ich weiß genau: Das ist viel einfacher gesagt als getan. Wahrscheinlich hören Sie regelmäßig aus Ihrem Umfeld: »Du musst auch mal Pause machen!« Ich weiß, wie sehr das nervt. Man muss sowieso schon den ganzen Tag irgendwas, und dann soll man auch noch regelmäßig Pause machen. Wie soll das gehen? Finden Sie heraus, was Sie am meisten stärkt. Und dann tun Sie es, ohne Wenn und Aber. Bei mir war es das Tanzen, das mir gutgetan hat. Selbst wenn ich hundemüde war, hat es mir Kraft gegeben und einen Ausgleich geschaffen für alles andere. Auch die Arbeit war für mich oft wie Urlaub. Weil es eine andere Welt war als die zu Hause und ich mich um ganz andere Dinge kümmern musste. Ablenkung kann helfen. Oder das Treffen mit Freunden, mit denen es um ganz andere Themen geht, und weil Sie sich in dieser Zeit gezielt nicht kümmern oder sorgen müssen. Dann sind Sie auch wieder gut gelaunt, wenn Sie nach Hause kommen. Und können diese Stimmung auf Ihren Angehörigen übertragen.

11. Wenn Sie Probleme mit ambulanten Pflegediensten oder dem Pflegeheim haben: Nehmen Sie sie nicht hin! Nach-

lässigkeiten oder Pflegefehler können schlimmste Folgen haben. Auch falsche Abrechnungen oder feindseliges Verhalten müssen Sie nicht dulden. Für die Pflege zu Hause gilt: Sie können jederzeit ohne Angabe von Gründen mit sofortiger Wirkung dem Pflegedienst kündigen. Auch wenn der Ihnen anderes erzählen will. In Heimen sind Sie auf die Kooperation mit Pflegedienst- und Heimleitung angewiesen, weil bei häufigen Beschwerden für Angehörige auch gerne mal Hausverbote verhängt werden. Dann haben Sie das Nachsehen. Allerdings können Sie auch hier bei mangelhafter Pflegeleistung oder Entgelterhöhung sofort kündigen. In jedem Fall haben Sie am besten schon vor der Kündigung Ersatz gefunden.

Die besten Pflegedienste und -heime erfahren Sie durch den Austausch mit anderen Angehörigen. Alle öffentlichen Qualitätsbewertungssysteme haben bisher versagt; das wird sich auch bis auf Weiteres nicht ändern. In der Frage sind Sie also auf sich selbst gestellt.

12. Offizielle Beschwerdestellen sind die Heimaufsicht und der Medizinische Dienst der Krankenkasse. Damit zu drohen, hat uns manchmal geholfen. Auch die städtischen Verwaltungen bauen Beschwerdestellen auf: www.beschwerdestellen-pflege.de. Sie sind aber noch ganz am Anfang.

13. Wenn Sie zu Hause einfach nicht mehr können: Suchen Sie nach einer anderen, halbwegs angemessenen Versorgungsform. Und sei es nur vorübergehend. Das hätte ich am Ende auch getan, wenn wirklich alle Stricke gerissen wären. Wichtig ist aber die Auswahl. Tauschen Sie sich rechtzei-

tig mit anderen Angehörigen darüber aus. Die Adressen der besseren Heime, Pflegedienste oder alternativen Wohnformen erfahren Sie ohnehin nur so.

Trotz aller Probleme, die es dort gibt: Bevor Sie selbst zum Pflegefall werden, müssen Sie für Entlastung sorgen. Sie haben die Verantwortung nicht nur für den Pflegebedürftigen, sondern als Erstes für sich selbst. Erst danach kommen andere. Auch wenn man das über die Pflege oft vergisst.

Im Todesfall

1. Die Beerdigung gestalten Sie nicht nur für den Verstorbenen, sondern auch für sich selbst. Dem Toten nützt jetzt kein teurer Sarg mehr, darüber freut sich nur der Bestatter. Wenn Sie bloß noch wenig Geld haben, sollten Sie ihm das gleich sagen. Ihm ist es lieber, eine schlichte Beerdigung schön zu gestalten, als Monate seinem Geld hinterherzurennen. Das gilt für die Erdbestattung. Meist günstiger ist eine Feuerbestattung, für die sich inzwischen die meisten Menschen entscheiden. Allerdings finde ich, dass im Falle der Verbrennung vorher schon mit dem jeweiligen Menschen über die Art der Bestattung gesprochen werden sollte, wenn möglich und vertretbar. Wenn jemand zeit seines Lebens Angst vor Feuer hatte, ist die Kremierung vielleicht nicht die passende Wahl.

Immerhin gibt es aber inzwischen zahlreiche weitere Möglichkeiten als die Erdbestattung, unter anderem See-, Natur- oder Diamantbestattung. Die einst strengen Beerdigungsrituale brechen inner- und außerhalb der Kirche immer weiter auf. Auch die Zeremonien können – je nach Bestatter – ganz frei gestaltet werden. Wenn Sie also auf der Bestattung tanzen wollen, dann tanzen Sie! Auf meiner eigenen Beerdigung würde ich mir das wünschen.

2. Bei vielen Tageszeitungen können Sie online unter der Traueranzeige für die Verstorbenen virtuelle Kerzen anzünden und ein paar Worte oder Wünsche hinterlassen. Mir hat dieser unmittelbare, jederzeit verfügbare Zugang am Anfang sehr geholfen.

Nach dem Tod

Ich weiß, wie schwer der Tod eines engen Angehörigen sein kann. Weil mein Bruder so jung und so plötzlich gestorben ist, bin ich darüber sogar krank geworden – und auch an den Umständen. Aber ich habe außerdem den Tod meiner Mutter überlebt, und da war es genau umgekehrt. Er war eine Erleichterung. Nicht, weil ich meine Mutter nicht länger hätte pflegen wollen, nichts wäre mir lieber gewesen. Aber es war zu viel Schlimmes vorgefallen für sie, und sie war einfach zu krank geworden, um in Ruhe weiterleben zu können. Am Schluss hatte sie nicht mehr genügend Kraft. Die Situation war für uns beide unerträglich geworden, und der Tod war tatsächlich eine Erlösung.

Man mag von meiner »Vision« am Morgen nach dem Tod einer Mutter halten, was man will, aber ich habe seitdem in Bezug auf sie immer nur gute Gefühle gehabt. Ich habe den Eindruck: Sie ist nicht ganz weg, da war kein Erlöschen im herkömmlichen Sinne. Sie ist auf irgendeine Weise, die ich mir selbst nicht erklären kann, noch da – und es geht ihr sehr gut. Das ist ein extrem beruhigendes Gefühl. Vor allem für mich, die ich mir mehr als zehn Jahre lang immer Sorgen um sie machen musste, die meisten zum Schluss. Ich bin froh, dass es so gekommen ist, und ich fühle mich erleichtert. Nicht, weil sie nicht mehr da ist, sondern weil ich alles dafür getan habe, dass es ihr zu Lebzeiten gut ging.

Dieses Geschenk will ich anderen Angehörigen mit auf den Weg geben. Wenn es Ihnen gelingt, es als Gabe zu sehen, dass Sie Ihren Angehörigen auf seinem letzten Weg begleiten dürfen, dann überdauert die Dankbarkeit den Tod. Ich habe diesen Umstand als extrem tröstlich empfunden. Vor dem Tod meiner Mutter hatte ich schlimme Angst vor dem Ereignis. Aber danach herrschten Ruhe und Friede und Dankbarkeit. Vielleicht ergeht es Ihnen ähnlich. Ich möchte Ihnen mitgeben, dass der Tod nicht das Schlimmste ist, was passieren kann. Manchmal kommt er zur rechten Zeit.

Was ich als letzte Version meiner Mutter gesehen habe, war ein vollkommenes Strahlen, die höchste Form von Glück. Und wer sagt uns, dass es nicht so ist? Vor diesem Ereignis habe auch ich den Tod immer nur negativ gesehen. Jetzt glaube ich, dass wir uns viel zu viel Angst machen lassen vor dem Tod. Und darüber große Teile unseres Lebens versauen. Denn diese Angst führt zunehmend dazu, dass Alte wieder jung sein wollen und Junge bloß nie alt. Aber jedes Lebensalter hat seine Vor- und Nachteile. Wenn es uns wieder gelingt, den Tod als etwas Natürliches zu sehen, das unser Leben begrenzt, aber ansonsten nicht beschränken muss, dann haben wir viel weniger Sorgen. Damit lebt es sich freier. Und schöner.

Und überhaupt: Wer sagt uns denn, dass der Tod so schrecklich ist, wie es viele befürchten? Meines Wissens ist noch keiner zurückgekommen, um davon zu berichten. Es gibt aber Nahtoderfahrungen, und die meisten sind positiv. Man kann das alles für Spinnereien halten und auch mein Erlebnis als Schutzmechanismus der Psyche. Aber was, wenn es nicht so ist?

Erlauben Sie sich einmal, den Tod als etwas Positives zu begreifen. Sie haben Ihren Angehörigen zwar nicht mehr um sich, aber vielleicht wartet etwas noch Besseres auf ihn? Und auch auf Sie?

Und vor allem: Sie können nicht mehr tun, als Ihren Angehörigen bis dahin behutsam zu begleiten. Er wird Ihnen sehr dankbar sein – auch wenn er es nicht immer zeigen kann oder will. Und vielleicht kommt der Dank auch erst nach dem Tod. Indem Sie ein gutes Gewissen haben. Egal, ob Sie selbst gepflegt haben oder pflegen lassen: Es kommt darauf an, seine Angehörigen in dieser Übergangszeit nicht alleinzulassen. Und sich gut um sie zu kümmern. So kann auch die Zeit nach deren Tod noch sehr bereichernd sein. Und dann fangen Sie wieder an, richtig zu leben.

NACHWORT UND DANKSAGUNG

Nicht dass wir uns falsch verstehen: Es soll in diesem Buch nicht darum gehen, die professionelle Pflege zu diskreditieren. Einrichtungen wie Heime wird es schon aufgrund schwindender sozialer Bindungen weiter geben müssen. Wir haben immer mehr Singles, auch um die wird sich irgendwann jemand kümmern müssen. Genau wie um die Alten und Kranken, deren Familienangehörige aus welchen Gründen auch immer nicht zur Pflege bereit oder in der Lage sind. Dafür habe ich volles Verständnis. Genauso wie für ausgebrannte Beschäftigte in der Pflege und dem Gesundheitssektor.

Aber man kann eine Gesellschaft daran messen, wie sie mit ihren Schwächsten umgeht, und da steht Deutschland im Moment leider nicht gut da.

Meiner bescheidenen Meinung nach braucht es nicht mal große finanzielle Sprünge, um die Lage zu verbessern. Zunächst müssten die Finanzen gerechter verteilt und effizienter eingesetzt werden. Dafür aber muss man ungeschminkt über die jetzige Situation sprechen können. Und darüber, was sich alles ändern muss. Das will ich mit diesem Buch anstoßen.

Darüber hinaus möchte ich an dieser Stelle meinen Dank

aussprechen: Ich danke allen Pflegekräften, die sich vorbildlich um meine Mutter gekümmert haben. Auch wenn ich von vielen anderen Fällen berichten kann: Unter ihnen gab es tolle, lebensfrohe, liebevolle und verantwortungsbewusste Menschen, genau wie unter den Krankenhausmitarbeitern und Ärzten in Reha-Abteilungen und auf viel zu vielen Intensivstationen. Insbesondere danke ich unseren privaten Pflegern, die sich aufopferungsvoll für meine Mutter eingesetzt haben. Ohne sie hätte ich die Pflege zu Hause nicht leisten können. Ich danke sehr der Stadt München und dem Sozialbürgerhaus, ohne dessen Hilfe meine Mutter nach sechs Jahren im Heim gelandet wäre und ohne das wohl auch das Ende ihres Lebens katastrophaler verlaufen wäre. Ich danke dem engagierten Hausarzt meiner Mutter in München und dem Pfarrer in Bonn, der meine Familie mit großer Anteilnahme beigesetzt hat. Ich danke unserem Anwalt für seinen Einsatz, ohne den ich nach dem Tod meines Bruders ganz schön blöd aus der Wäsche geguckt hätte. Ich danke meinem geliebten Bruder in memoriam für seine langjährige Begleitung und unschätzbare Hilfe und für seinen unnachahmlichen Humor. Er fehlt mir sehr. Ich danke meinen lieben Freunden für ihren wertvollen und witzigen Beistand, auch denen, die uns nur zeitweise begleitet haben. Ich danke meiner Agentin, Christine Proske, für ihre kluge und professionelle Unterstützung an dem Buch, dem Blanvalet Verlag für sein Vertrauen und der Lektorin, Kathrin Wolf für ihre freundliche Hartnäckigkeit.

Und am Ende danke ich meiner Mutter. Für alles.

QUELLENVERZEICHNIS

Aufgeführt sind nur die Kapitel, in denen aus im Internet auffindbaren Quellen oder Büchern direkt oder indirekt zitiert wird.

Vorwort: Heute wird ihr Bett leer bleiben

Gnirke, Kristina, »Und es regiert der Wahnsinn«, in: Der Spiegel v. 15.02.2018; https://www.spiegel.de/wirtschaft/unternehmen/deutschland-alltag-einer-klinikpflegerin-es-regiert-der-wahnsinn-a-1193264.html [18.08.2019]

Einführung: Gedanken und Fakten zur Pflege:

Pflegebedürftige nach Versorgungsart, Geschlecht und Pflegestufe 2017, Statistisches Bundesamt (Destatis) Wiesbaden, https://www.destatis.de/DE/Themen/Gesellschaft-Umwelt/Gesundheit/Pflege/Tabellen/pflegebeduerftige-pflegestufe.html;jsessionid=2E964B359729EC792F1368DEBCD994E6.internet712 [23.08.2019]

Pressemitteilung Nr. 019 vom 18. Dezember 2018, Statistisches Bundesamt (Destatis) Wiesbaden, https://www.destatis.de/DE/Presse/Pressemitteilungen/2018/12/PD18_501_224.html [23.08.2019]

o.V., Jeder Zehnte pflegt einen Angehörigen, Deutsche Ärztezeitung, 26.4.2019, Neu-Isenburg: https://www.aerztezeitung.de/politik_gesellschaft/pflege/article/985514/aktuelle-studie-jeder-zehnte-pflegt-angehoerigen.html [23.08.2019]

Bertelsmannstiftung, Pflegereport 2030, Gütersloh (2012) https://

www.bertelsmann-stiftung.de/de/unsere-projekte/pflege-vor-ort/projektthemen/pflegereport-2030/ [23.08.2019]
Bundesgesundheitsministerium Berlin, 20.3.2018, Beschäftigte in der Pflege: https://www.bundesgesundheitsministerium.de/themen/pflege/pflegekraefte/beschaeftigte.html [23.08.2019]
o.V., »Studie: Pflegemarkt wird stark wachsen«, Deutsches Ärzteblatt Köln, 22.11.2017, https://www.aerzteblatt.de/nachrichten/83591/Studie-Pflegemarkt-wird-stark-wachsen [23.08.2029]
Umsatzvolumen des deutschen Pflegemarktes wächst rasant, Klinik Management aktuell online, Georg Thieme Verlag Stuttgart, 22.11.2017, https://www.kma-online.de/aktuelles/pflege/detail/umsatzvolumen-des-deutschen-pflegemarktes-waechst-rasant-a-36205 [23.08.2029)
Tina Groll, Wer pflegt wen?, Die Zeit, 30.1.2019, Hamburg: https://www.zeit.de/gesellschaft/zeitgeschehen/2019-01/pflege-krankenpflege-altenpflege-beschaeftigung-heime-zahlen/komplettansicht [23.08.2029]
Christoph Lixenfeld, Schafft die Pflegeversicherung ab, Die Tageszeitung, Berlin 30.6.2018: https://taz.de/Kommentar-Altenpflege-in-Deutschland/!5514147/ [23.08.2019]
o.V., PricewaterhouseCoopers, Deutsche fürchten überlastetes Pflegepersonal in den Heimen, Frankfurt 28.12.2017, https://www.pwc.de/pflege2017 [23.08.2029]
Anette Dowideit, Schafft endlich die Altenheime ab!, Die Welt, Berlin, 20.11.2017, https://www.welt.de/debatte/kommentare/article170726131/Schafft-endlich-die-Altenheime-ab.html [23.08.2019]

Kapitel 4: Mit Pflegedienst und Helfern zu Hause

Sabine Meuter, »Immer mehr Männer pflegen Angehörige«, in: Spiegel Online vom 19.03.2018; https://www.spiegel.de/gesundheit/diagnose/altenpflege-immer-mehr-maenner-versorgen-angehoerige-a-1198426.html [08.08.2019]
o.V., »Männer und Pflege«, Bundesforum Männer – Interessenverband für Jungen, Männer & Väter, Berlin; https://bundesforum-maenner.de/maenner-und-arbeit/pflege/ [08.08.2019]

Kapitel 7: Und täglich grüßt der Gerichtsvollzieher: Private Pflege in Deutschland macht arm

Soziales Forum 2011: »Pflegearmut – Folge der Pflege-, Gesundheits- und Grundsicherungsreformen«. Sozialverband VdK NRW, Düsseldorf 2011; https://www.vdk.de/nrw/pages/aktionen/fachtagung/26569/soziales_forum_2011 [12.08.2019]

Pflegegeld, Bundesministerium für Gesundheit, Berlin, 3.4.2019, https://www.bundesgesundheitsministerium.de/pflegegeld.html [23.08.2029]

Schöps, Corinna, »Wenn die Eltern älter werden«, in: Die Zeit Nr. 22/2018 v. 23.05.2018; https://www.zeit.de/2018/22/pflege-eltern-staat-angehoerige-altersheim-hilfe/komplettansicht [12.08.2019]

Britta Beate Schön, »Unterhalt von Kindern für ihre Eltern«, Finanztipp Berlin, 23.7.2019, https://www.finanztip.de/elternunterhalt/ [23.08.2019]

Kapitel 9: Kriminelle und andere Missstände: Was die Politik ändern muss

o.V., Zeugen nannten Högel »Rettungs-Rambo«, Frankfurter Allgemeine Zeitung online, Frankfurt 4.1.2019, https://www.faz.net/aktuell/gesellschaft/kriminalitaet/prozess-gegen-patientenmoerder-zeugen-nannten-hoegel-rettungs-rambo-15972306.html [23.08.2019]

o.V., »Patientenmörder Niels Högel in 85 Fällen schuldig gesprochen«, Süddeutsche Zeitung online, München 6.6.2019, https://www.sueddeutsche.de/panorama/niels-hoegel-prozess-urteil-1.4477151 [23.09.2019]

»MDK-Behandlungsfehler-Begutachtung: Gutachter bestätigen jeden vierten Behandlungsfehler-Vorwurf«, Pressemitteilung des MDS, Berlin/Essen 05.06.2018; https://www.mds-ev.de/presse/pressemitteilungen/neueste-pressemitteilungen/2018-06-05.html [12.08.2019]

Dowideit, Anette, »Ambulante Pflegedienste betrügen am häufigsten«, in: Welt v. 20.04.2019; https://www.welt.de/

wirtschaft/article191451537/Falschabrechnungen-Die-groessten-Abrechnungsbetrueger-sind-Pflegedienste.html [12.08.2019]
Alexander Dinger, »So skrupellos arbeitet die Pflege-Mafia in Berlin«, Berliner Morgenpost, 6.8.2017, Berlin: https://www.morgenpost.de/berlin/article211483275/So-skrupellos-arbeitet-die-Pflege-Mafia-in-Berlin.html [23.08.2019]
Jörg Diehl, »So funktioniert der Milliarden-Betrug mit Pfkegediensten«, Der Spiegel, Hamburg 18.4.2016: https://www.spiegel.de/wirtschaft/unternehmen/pflegedienste-so-funktioniert-der-milliarden-betrug-a-1087823.html [23.08.2019]
Matthias Gebauer, »So funktionierte die Betrugsmasche der Pflegemafia«, Der Spiegel, Hamburg 30.8.2017: https://www.spiegel.de/wirtschaft/soziales/pflege-mafia-prozess-gegen-eine-bande-von-pflegebetruegern-a-1165195.html [23.08.2019]
Gnirke, Kristina, »Wie Krankenkassen beim Betrug in der Pflege zusehen«, in: Der Spiegel v. 16.10.2018; https://www.spiegel.de/wirtschaft/unternehmen/wie-krankenkassen-beim-betrug-in-der-pflege-zusehen-a-1232905.html [12.08.2019]
https://www.welt.de/politik/plus181461386/Ambulante-Intensivpatienten-So-dreist-wird-in-der-Pflegebranche-betrogen.html
Dowideit, Anette, »Millionenbetrug in der Pflegebranche«, in: Welt v. 08.09.2018; https://www.welt.de/print/die_welt/article181463952/Millionenbetrug-in-der-Pflegebranche.html [12.08.2019]
Daniel Drepper, »Darum müssen Sie für die Pflege so viel zahlen«, Die Zeit online, Berlin (oder Hamburg. Je nachdem ob das auch ein Print-Artikel war) 15.9.2016: https://www.zeit.de/wissen/gesundheit/2016-09/pflegeheime-buerokratie-deutsches-pflegesystem [23.08.2029]
Drepper, Daniel, Jeder pflegt allein: Wie es in deutschen Heimen wirklich zugeht. Correctiv, Essen 2016
Rieger, Armin, Der Pflege-Aufstand. Ein Heimleiter entlarvt unser krankes System. Würdige Altenpflege ist machbar. Ludwig Verlag, München 2017
o.V., »Jens Spahn fordert höhere Pflegebeiträge für Kinderlose«, Zeit online, Berlin 16.10.2018: https://www.zeit.de/politik/deutschland/2018-10/pflegeversicherung-jens-spahn-gesundheitsminister-erhoehung-beitraege-kinderlose [23.08.2019]

https://www.handelsblatt.com/politik/deutschland/dak-pflegereport-mehrheit-der-deutschen-hat-angst-sich-pflege-nicht-mehr-leisten-zu-koennen/23633240.html
Gregor Waschinski, »Mehrheit der Deutschen hat Angst, sich Pflege nicht mehr leisten zu können«, Handelsblatt, Düsseldorf 14.11.2018: https://www.handelsblatt.com/politik/deutschland/umfrage-steuerzuschuss-zur-pflegeversicherung-grosse-mehrheit-der-deutschen-ist-dafuer/23595906.html [23.08.2019]

Kapitel 10: Finanzielle Ungerechtigkeit: Wie man pflegende Angehörige stärken könnte

Born, Gudrun, »Verteilung der Mittel aus der sozialen Pflegeversicherung«, in: Pflegebalance, wir pflegen – Interessenvertretung begleitender Angehöriger und Freunde e.V., Frankfurt 2018; http://www.pflegebalance.de/Pflege-Rente/2018-Mittelverteilung_soz_Pflegeversicherung_Okt.pdf [12.08.2019]
Waschinkski, Gregor, »40.000 unbesetzte Stellen in der Pflege: So kämpft die GroKo gegen den Fachkräftemangel«, in: Handelsblatt v. 04.06.2019; https://www.handelsblatt.com/politik/deutschland/pflegeoffensive-40-000-unbesetzte-stellen-in-der-pflege-so-kaempft-die-groko-gegen-den-fachkraeftemangel/24415158.html?ticket=ST-10112495-Pg3E7LnedRl7phphXiDb-ap3 [12.08.2019]
Höhl, Rebekka, »Rund 40.000 Pflegestellen unbesetzt«, in: ÄrzteZeitung v. 08.01.2019; https://www.aerztezeitung.de/politik_gesellschaft/pflege/article/979191/neue-zahlen-bundesagentur-viele-pflegestellen-unbesetzt.html [12.08.2019]
Hombach, Stella, »Meine Mutter in ein Heim zu geben, war keine Option«, in: Die Zeit v. 30.01.2019; https://www.zeit.de/arbeit/2019-01/pflegeauszeit-buerokratie-pflege-krankenkasse-protokolle [12.08.2019]
Himmelrath, Armin, »Fast jeder zweite Arbeitnehmer startet mit befristetem Vertrag«, in: Der Spiegel v. 30.08.2018; https://www.spiegel.de/karriere/arbeitsvertraege-45-prozent-aller-neueinstellungen-nur-befristet-a-1225655.html [12.08.2019]
o.V., »Pflegestützpunkte«, Bayerisches Staatsministerium für Gesundheit

und Pflege, München o.J.; https://www.stmgp.bayern.de/pflege/pflegestuetzpunkte/ [12.08.2019]

Braeseke, Grit, et. al., Studie zur Erfüllung der Koordinierungs- und Vernetzungsaufgaben sowie Qualitätssicherung in Pflegestützpunkten. IGES Institut, Berlin 2018; https://www.iges.com/sites/iges.de/myzms/content/e6/e1621/e10211/e23547/e24014/e24015/e24017/attr_objs24019/Endbericht_KVQSPS_IGES_gesamt_Final__20181220__ger.pdf [12.08.2019]

Schomber, Katrin, »Frauen schlechter versorgt als Männer«, in: Pharmazeutische Zeitung 09/2006 v. 28.02.2006; https://www.pharmazeutische-zeitung.de/ausgabe-092006/frauen-schlechter-versorgt-als-maenner/ [12.08.2019]

Hellner, Clara, »Männer sind halt keine Patientinnen«, in: Die Zeit v. 25.02.2019; https://www.zeit.de/wissen/gesundheit/2019-02/gendermedizin-gesundheit-aerzte-patient-medikamente-maenner-frauen-gleichberechtigung [12.08.2019]

Nieberding, Mareike, »Was Frauen krank macht«, in: SZ Magazin 21/2019 v. 23.05.2019; https://sz-magazin.sueddeutsche.de/frauen/frauen-gesundheit-medizin-87304?reduced=true [12.08.2019]

Groll, Tina, »Wer pflegt wen?«, in: Die Zeit v. 30.01.2019; https://www.zeit.de/gesellschaft/zeitgeschehen/2019-01/pflege-krankenpflege-altenpflege-beschaeftigung-heime-zahlen [12.08.2019]

Statistisches Bundesamt, Pressemitteilung Nr. 019 v. 18.12.2018, Wiesbaden 2018; https://www.destatis.de/DE/Presse/Pressemitteilungen/2018/12/PD18_501_224.html [12.08.2019]

Hamberger, Beatrice, »So viel verdient eine Pflegekraft in Deutschland«, in: Gesundheitsstadt Berlin v. 12.07.2018; https://www.gesundheitsstadt-berlin.de/so-viel-verdient-eine-pflegekraft-in-deutschland-12481/ [12.08.2019]

Bispinck, Reinhard, et al., »Einkommens- und Arbeitsbedingungen in Pflegeberufen«, in: Projekt Lohnspiegel. Arbeitspapier 23, Oktober 2013; https://www.boeckler.de/pdf/ta_lohnspiegel_2013_21_pflegeberufe.pdf [12.08.2019]

Klie, Thomas, Wen kümmern die Alten? Auf dem Weg in eine sorgende Gesellschaft. Droemer Verlag, München 2019

Dörner, Klaus, Helfensbedürftig: Heimfrei ins Dienstleistungsjahrhundert. Paranus Verlag, Neumünster 2014

Fussek, Claus, und Schober, Gottlob, Es ist genug! Auch alte Menschen haben Rechte. Droemer, München 2019

Kapitel 11: Andere Angehörige

Picken, Wolfgang, WIR: Die Zivilgesellschaft von morgen. Gütersloher Verlagshaus, Gütersloh 2018

Kapitel 15: Was ich gerne vorher gewusst hätte: Tipps und Tricks

o.V., »Die besten Angebote für die private Zusatzversicherung«. Stiftung Warentest v. 17.10.2017; https://www.test.de/Private-Pflegeversicherung-im-Test-So-fuellen-Sie-die-Pflegeluecke-4837475-0/ [18.08.2019]
https://www.bundesgesundheitsministerium.de
https://www.verbraucherzentrale.de